# 하나님의 천비

김영수

국학자료원

# 축사

우선 김영수 회장님이 『하나님의 천비』라는 책을 출판하시게 된 것을 진심으로 축하하고 감사드립니다. 축사를 쓰는데 앞서 본서를 펴내시고 보실 분들에게 누를 끼치는 것이 아닐까 하는 생각이 듭니다. 왜냐하면 아직도 밤과 같은 삶을 사는 무명의 저변을 벗어나지 못해 미거(未去)한 이 사람이기 때문입니다. 그러나 "바로 이것이다!"라는 감이 왔기에 용기를 내어 펜을 들었습니다.

본서를 통하면 이러한 저 같은 사람도 종의 종에서 하나님까지의 종적 8단계와 개인에서 하나님까지의 횡적 8단계인 필성(必成)의 노정 중 각자의 좌표와 섭리완성을 위한 남은 궤적(軌跡)을 찾아 각기 섭리적 과업에 대해 보다 효과적인 방안을 세울 수 있다고 여겨집니다. 또 그동안 참부모님께서 이룩하신 토대 위에 급변한 하나님 섭리에 적응하여 사명을 완수한다면 하나님은 인류에게 다시는 지옥이 없는 창조 본연의 세계가 영존케 하심을 느끼게 되었습니다.

우리는 새로운 섭리로 나가시는 참부모님의 말씀을 듣고도 시시각각의 섭리를 이해하지 못하고 그저 따르면서 참부모님께서 완성하시면 나도 완성하는 것처럼 착각하고 있었습니다. 각자가 할 일을 못한 채 필성의 과정을 망각하고 금쪽같은 하나님 섭리 완성의 기회를 놓치고 있습니다. 이러한 어리석음을 자각케 하는 본서야 말로 우리를 깨우쳐 주는 채찍과 같겠습니다.

나는 평소 김영수 회장님을 함께 축복을 받은 434가정으로서 목회를 하시다가 섭리의 중요 기업체인 통일중공업에서 부장직, 공장장 등의 중책과 터키 국가메시아와 국내에서는 연합회장 및 UPF지부장으로 꾸준한 활동을 해 오신 보통 분으로 알아 왔습니다. 공적 모임에서 자주 만날 수는 있었으나 평소에는 별 다른 말씀이 없었다가 오래전 어느 행사 모임 때 우연히 김영수 회장님과 자리를 같이 하게 되었습니다. 그 행사의 중간에 잠시 잠깐 짬이 생겼을 때 김 회장님이 이러 저러한 것을 어떻게 생각하느냐는 의미 깊은 물음이 있었습니다. 나는 정신이 번쩍 나는 듯 충격을 받았습니다. 그 이후 늘 충격의 여운이 남아서 다시 한 번 만나 진지한 대화를 하고 싶은 생각이 들어 만날 기회를 갖고자 했습니다. 마침 대전에서 그 자리를 갖게 되었습니다.

나는 본서를 통해 참으로 많은 깨우침과 충격을 받았습니다. 이 책에 발췌된 말씀 자료들은 다양한 분야에서(팔대경전, 통일세계 등) 직 간접적인 연합자료로 참부모님께서 여러 상황에서 주셨던 말씀을 이해하기 쉽도록 일 일이 도식(圖式)을 해가며 설파하심 등 참으로 감동적인 내용이 한두 가지가 아니었습니다.

6~7센티미터 두께의 파일이 5~6권으로 보이는데 그 중 한권을 보니 말씀을 도식으로 나타낸 것이 가득했고 또 다른 파일을 보니 제목마다에

발췌한 수많은 말씀의 관련 자료에 구체적인 근거가 표시되어 있었습니다. 나는 그 말씀 자료를 보면서 이는 어느 일순간에 이루어진 결과가 아닌 너무도 엄청난 많은 시간과 남다른 정성의 결실이라는 것을 느꼈습니다. 그래서 사모님께 은밀히 물어보았더니 한마디로 "우리 회장님은 평생 말씀을 붙들고 그렇게 사셔요."라고 하셨습니다. 나는 김 회장님이 참부모님께서 말씀하신 무지에는 완성이 없으니 바로 알아야 한다고 하신 말씀대로 바르게 확실히 알고 알리려 하시는 귀하신 분이심을 알게 되었습니다.

말씀을 소문도 없이 준비하신 거인이시요, 섭리적 말씀 공부와 연구의 인간문화재라고 부르고 싶은 분(寶人物)을 알게 되니 갑자기 마음이

바빠짐을 억제할 수 없어 전하고 싶은 분에게 함께 하자고 연락도 해보곤 했습니다. 그리고 벌써 뜻이 있는 분들이 자리를 함께 하고 있음을 보면서 급변하는 섭리의 흐름 앞에 우리 모두가 함께 하나님 섭리 완성의 길을 가기 위해 본서가 보다 효율적인 길잡이가 되는 필독서가 되었으면 하는 마음을 갖게 됩니다.

아울러 이렇게 오랜 동안 정성과 심혈을 기울여 닦으신 주옥같은 말씀의 내용들을 집필까지 하시며 공유의 감사함을 베푸신 김영수 회장님께 깊은 감사의 마음을 표합니다. 앞으로 많은 사람들이 본서를 통해 섭리 앞에 결실을 거두어 더욱 더 큰 보람을 느꼈으면 합니다.

끝으로 김영수 회장님의 본서 출판을 다시금 축하드리며 앞길에 만사만승하시고 강안대성(康安大成)하시기를 기원합니다.

2016년 2월 21일

룩샘부르크 국가메시아 유임종

# 축사

김영수 회장님은 백제의 수도 정기를 타고 나신 입지전적 인물이십니다.

일찍이 복귀섭리의 초창기에 정분옥권사의 개척지 내산면에서 태어나신 김영수 회장님은 유소년시절을 보내시던 중, 한줄기 섭리의 빛줄기를 보자마자 하나님과 소통하셨습니다. 그 후 뜻길에 입교하시고 7년 동안 농촌계몽전도 개척, 애천·애인·애국의 길을 걸으시면서 천운을 받아 역사적인 430가정 축복(이계순 여사)을 받으셨습니다. 계속해서 공직을 출발하시며 성실과 진실 그리고 신뢰로 당진 지역장, 조국의 현대화(중공업화)의 초석인 통일산업 주식회사에 공장장으로 뜻 따라 섭리 따라 애국애족의 정열을 쏟으시고 일편단심(一片丹心) 일취월장(日就月將) 하셨습니다. 더 나아가 국가메시아(터키) 회장과 우간다의 분봉왕으로 참부모님을 따라 한평생을 위하여 살면서도 수신에 뜻을 두고 성균관대학교, 선문대학교에서 학업에 정진 하시는 불굴의 모습, 수신정신에 감동 받지 않을 수 없습니다.

김영수 회장님은 보통 사람들이 정년 은퇴 후에 인생의 무상을 느끼며 방황을 할 나이에도 꾸준히 건강한 모습으로 여일하게 사회봉사를 하시고 하늘이 원하는 곳이라면 어디든지 말없이 묵묵히 감사하며 신나하고 재미있게 UPF, 남북통일운동국민연합 활동의 선봉에 서계시는 그 열정을 볼 때 마다 감화를 받습니다. 지금도 인류의 구세주, 메시아, 재림주, 참부모, 평화의 왕(만왕의 왕)을 모시고 축복 받고(원죄 청산) 뜻을 위해 지속적으로 헌신 봉사를 하시면서 대전광역시(충남)의 별이 되고 계십니다. 뿐만 아니라 말년에는 한민족대학원에서 강의 하시며 그 지역사회의 섭리의 빛, Little 참부모가 되시어 존경과 사랑을 받으시면서 참부모님의 뜻, 하나님의 천비를 발간하신 그 높은 뜻 앞에 경의를 표합니다.

특히 생명보다 더 귀한 말씀(뜻길, 하나님의 뜻과 세계, 축복과 이상가정, 통일세계, 가정맹세, 평화경, 천성경)을 통해 통일원리의 귀중성과 축복의 가치 그리고 제1아담, 제2아담(고전 15:45:후아담) 제3아담, 제4아담까지 연구 하시고 갈길 몰라 방황하는 전 인류를 위해 지로(指路) 등이 되어주신 뜻 대단하고 존경스럽습니다. 앞으로도 모범적인 길을 가셔서 참부모님의 소원 신종족메시아 사명완수를 통한 국가복귀(남북통일), 세계평화 천일국 창건에 사생결단 전력투구 실천궁행 하시는 선봉장이 되어 주시고 더욱더 건강하신 모습으로 행복한 축복가정으로서 하나님(하늘부모님)의 천비 연구에 정진하시는 불사조 김영수 회장님 양위분이 되시기를 앙망합니다.

끝으로 이시대의 모든 축복가정들이 김영수 회장님처럼 불굴의 정신으로 그 지역사회에서 당당하고 자랑스러운 통일가의 축복가정이 되시기를 바라면서 다시 한 번 하나님의 천비 출판에 감사하고 축하드립니다.

천일국 5년 천력 1월 15일(정월대보름)

양력 2017년 2월 11일

천일국 특별순회사 송영섭

# 머리말

이 책은 제가 평소 참부모님의 말씀을 훈독하며 그 말씀 속에 깊은 하나님의 섭리를 발견하고 알게 된 귀한 깨달음의 내용의 일부분을 참부모님의 말씀에 입각하여 정리하고 엮은 말씀들이다.

목회를 할 때나 국가메시아로 활동할 때 언제나 누구에게든지 기회가 있을 때마다 말씀을 하며 살고 뜻길을 따라온 저에게 이 책자는 인생의 일부 또는 전부가 된다고 해도 과언이 아닐 것이다.

이번에 한민족대학원에서 강의한 원고를 중심으로 하여 엮어 둔 『성약말씀을 통해 하나님 섭리를 말한다』라는 책을 보충해서 새로운 내용을 갖추어 또 다시 『하나님의 천비』라는 이름으로 책을 내게 되었다. 제가 보아도 많은 부분에 미숙한 점이 있지만 이 책을 잘 활용하면 분명히 하나님의 계획을 알게 될 것을 믿어 의심치 않는다. 아무쪼록 보시는 분들마다 유익한 점을 발견하시고 하나님 섭리의 청사진을 알 수 있는 길잡이가 되길 바란다.

끝으로 이 책을 내게 된 것을 하나님과 참부모님께 감사드리고, 그동안 책이 나오기까지 함께 정성을 모아 주시고 배려해주신 모든 분들께 감사를 드립니다.

2016년 1월 25일 김영수

# 일러두기

<발췌 말씀자료 범위와 표시>

※ 뜻길 (1978년 출판)

※ 하나님의 뜻과 세계 → 하뜻

※ 축복과 이상가정 → 축복

※ 통일세계 → 통일

※ 세계 통일국 개천일 소책자(1988. 10. 3/경기도 용인 일화연수원)
→ 개천일

※ 천지부모 통일안착 생활권 시대 소책자 → 생활권시대

※ 가정맹세

※ 천성경 (2005년도 출판)

※ 평화신경 → 평화

※ 2011년 연두표어

※ 성경 → 마 ○/○

<"하나님의 뜻과 세계" 발췌된 말씀의 페이지 및 때와 장소>

하뜻 9~26 복귀와 축복 / 1969. 2. 2 / 일본 도쿄교회

하뜻 27~39 이상상대 / 1969. 2. 4 / 일본 도쿄교회

하뜻 75~112 승패와 현재 / 1971. 12. 5 / 한국 본부교회

하뜻 125~136 복귀의 길 / 1972. 4. 1 / 프랑스 파리교회

하뜻 137~172 참부모와 우리들 / 1972. 5. 7 / 일본 동경교회

하뜻 193~209 미국에서의 3년과 오늘 / 1973. 7. 1 / 미국 통일신학 대학원

하뜻 377~406 통일식과 새로운 운세 / 1976. 1. 31 / 한국 본부교회

하뜻 437~468 역사적 부모의 날 / 1977. 4. 18(음3. 1) / 미국 세계 선교본부

하뜻 469~497 하나님의 섭리역사 / 1977. 5.1 / 미국 벨베디아 수련소

하뜻 543~560 축복을 맞이하는 하루 / 1978. 9.22 / 일본 가미가와

하뜻 561~611 축복가정과 가정교회 운동 / 1978. 10. 22 / 한국 중앙수련소
(777가정 제8회 정기총회 격려사)

하뜻 663~696 협회창립 27주년 기념사 / 1981. 5. 1 / 한국 본부교회

하뜻 697~740 전체탕감 / 1983. 4. 3 / 한국 설악산

하뜻 753~776 나를 중심한 부모와 자녀와 만물세계 / 1983. 6. 5 / 미국
통일신학 대학원

# 차례

## 제3장 타락의 3단계와 원죄의 사위기대



## 제4장 제2아담 예수님의 삼대축복 탕감복귀노정



## 제5장 제3아담 참부모님의 삼대축복 탕감복귀노정

## 제6장 축복가정의 삼대축복 탕감복귀노정

## 제7장 축복가정과 제4아담

# -서 론-

하나님의 복귀섭리는 타락한 인간을 구원하시고 창조본연의 세계를 재현하는 데 있다. 참부모님은 하나님께서 무지에 떨어진 인간들에게 시대마다 중심인물을 통해서 그 시대에 맞는 말씀을 하셨다고 가르쳐 주셨다. 그리고 우리는 참부모님이 말씀을 다 가르쳐 주셨다고 알고 있다. 그러나 다음과 같은 말씀을 훈독해 보면 바로 알 수 있다. (천2009) 선생님은 설교집 가운데 깊은 내용은 말씀 못했다고 하셨고 지금도 말씀 못하신다고 하시며 우리들에게 그 말씀을 스스로 찾으라고 하셨다.

뜻길 184 원리에 첨부돼야할 것은 통일교회의 역사와 그 속에 선생님의 역사가 들어가야 한다.

원리는 재림주 참부모님을 소개하는 말씀이다. 그런데 위의 말씀과 같이 원리의 주관주로서 통일교회를 창립하시고 섭리를 이끌어 나오신 선생님의 모든 역사와 통일교회의 역사가 원리에 첨부되어야 한다는 것은 하나님의 섭리를 설명하고 이해하는데 있어 원리 자체만으로는 부족하다는 뜻이 아니겠는가.

뜻길 181 원리를 중심하고 하나님을 중심에 모시고 나올 때는 선생님도 책임져 준다.

하나님이 아니고는 하나님의 뜻의 모든 것을 다 안다는 것은 성급한 판단이라는 생각이 든다. 참부모님도 만약에 누군가가 밝혀진 그 외의 원리를 발표한다면 그 원리를 먼저 처음부터 마지막까지 다 들어보시고 처음과 나중이 같으냐는 문제에 대해 감정을 하실 것이다. 그리고 그 목적과 방향이 누구로 말미암은 것이냐에 대해서도 감정하시고 그것이 하나님을 중심한 원리라면 참부모님도 공인해주시고 책임져줄 수밖에 없다고 생각되지 않는가?

뜻길 181 말은 듣고 감정(鑑定)하라. 처음과 나중이 같으냐($\alpha = \omega$)? 누구의 이익을 위해서 하고(目的과 方向), 누구로 말미암아(動機) 하느냐에 의거해서 감정하라.

모든 존재물은 개성진리체이다. 개성진리체이면서 하나님을 중심한 천주적 연합연체이다. 사람들도 모두가 각각 개체이면서 천주적 연체이다. 하나님의 뜻을 중심하고 구원섭리에 택함 받은 어떠한 중심인물이라 할지라도 하나님 자체가 아닌 이상 본인 외의 섭리는 알 수가 없을 것이다. 왜냐하면 택함 받은 중심인물은 하나님 섭리의 전체가 아닌 그 어느 분야에 대해서만 알고 이룰 수 있기 때문이다.

아담으로 택함 받은 경우, 또는 해와로 택함 받은 경우, 장자로 택함 받은 경우, 그 입장에서 각각 해야 할 책임분담이 있는 것이다. 부모로 택함 받은 부모끼리는 부부이기 때문에 부부만큼 서로 알 수 있겠지만, 자녀 또는 종으로 택함을 받았다면 택함 받은 그 당사자가 아니면 다 알 수 없을 것이다. 하늘은 각자에게 사명을 주어 마지막에 종합섭리를 하시기 때문에 큰 사명을 가진 사람이라면 서로 격의 없이 품고 감정하고 선악을 분별한 결과가 모두 선이라면 서로 협력하고 협조하여야 하는 것이 하나님의 택함 받은 자로서의 자세가 아닌가 싶다.

뜻길 37 복귀의 길은 찾아가는 길, 원리의 길은 밟아가는 길.

뜻길 52 복귀해 가는 원리는 가르쳐 줄 수 없다. 그러므로 자신이 찾아가야 한다.

뜻길 33 무엇이 참인가, 무엇이 악인가 하는 것은 하나님도 가르쳐 주시지 않는다. 혹, 하나님께서 정(正)이라고 가르쳐 주신다면, 한때는 부정(不正)이라고 가르쳐 주실 때가 있다. 오직 자신이 분간해야 한다.

천성경 2009 선생님이 그 설교집 가운데에도 깊은 내용은 말 못했습니다. 지금도 말 못합니다. 말씀이 귀한 것을 알고 말씀 밑에 생명의 원천이 생수의 원천 물의 원천이 아닙니다. 강수(降水)가 아닙니다. 영원한 생명수가 솟아 나올 수 있는 길을 모색해야 (찾아야)할 것이 통일가 무리들의 책임인데도 불구하고 뭘 했습니까?

(181－268, 1988. 10. 3)

뜻길 180 예수님의 말씀을 영원히 마르지 않는 생명샘이라 하지 않던가? 여러분도 말을 하는 분수가 되지 말고 말씀 실체가 되고 다함이 없는 생명샘을 파라.

천성경 1108 인간이 자기 책임분담을 못했으니 아담 완성자가 책임분담을 해야 합니다. 미지의 세계를 개발해 나가야 됩니다. 그렇기 때문에 원리의 길을 개발해 가야합니다. 찾아가야 한다는 것입니다. 원리의 길은 찾아가는 길이요, 탕감의 길은 밟아 가는 길입니다. 그냥 그대로 밟아가야 합니다. 야곱이 탕감한 것, 예수의 탕감, 모세의 탕감노정을 오늘 통일교 문선생의 탕감노정을 통해 밟아가야 합니다. 천릿길이 아니라도 세 발짝이나 네 발짝이라도 밟아가야 됩니다. 그런 조건이 귀한 것입니다. (223-306, 1992. 8. 2)

천성경 2008 선생님의 말씀은 선생님이 한 게 아닙니다. 선생님이 말한 것이 아닙니다. 하늘이 선생님을 통해 하신 말씀입니다.

(289-295, 1998. 2. 1)

하뜻 37~38 그와 같은 탕감조건을 선생님은 어떻게 연구하여 알게 되었는지 불가사의할 것입니다. 하나님께서 가르쳐 주셨다면 그것은 탕감이 되지 않는 것입니다. 아담이 스스로 알아서 해결할 일을 못했기 때문에 인류역사는 6천년동안 연장되어 왔습니다. 그러므로 탕감조건을 세우는 방법도 선생님이 스스로 연구해서 알아내야 합니다.

하뜻 496 진리를 탐구하는 데도 마찬가지입니다. 기성교회와 같이 성경을 본다고 해서 될 수 있는 게 아닙니다. 얼마나 방대한 잼대로 재야하는지 생각해 보라는 것입니다. 실험하는 사람이 이것저것 갖다 맞추어 보듯이 진리나 원리를 캐나가는 것도 마찬가지입니다. 그런 것을 생각하면 선생님이 많이 발견했지 않아요? 여러분은 이왕에 갈 바에는 잘 가야 합니다. 4월까지는 잘못 갔다 하더라도 5월부터는 잘 가야 합니다. 힘차게 가야합니다. 선생님에게 지지 않게끔 갈수 있는 여러분이 되기를 바랍니다.

내가 언젠가 이야기했지만 누구에게 나의 사명을 맡기고 내가 죽을 수 있겠는가 하고 생각할 때가 많습니다. 내가 사랑하던 하나님을 누가 사랑할까하는 것입니다. 여러분만은 꼭 이것을 해내야 합니다. 여러분이 그렇게 한다면 절대로 망하지 않을 것입니다. 그와 같은 정신을 가지고 사는 사람들은 이 역사상에서 누구보다도 하나님의 축복을 더 많이 받을 것이고, 통일교회를 정통적으로 계승해 나갈 것입니다. 선생님이 지금 58세입니다. 12년만 있으면 70세이고 22년 후면 80세가 됩니다. 나는 효진군을 보고 "네가 준비해야 할 것이 얼마나 많으냐, 바쁘게 생활해야 된다"고 말합니다. 심각해야 합니다.

뜻길 27 하나님이 아담 해와를 창조하심은 아담 해와 자녀에게 목적이 있었기 때문이다. 메시아를 세우신 것도 메시아 자체에 목적이 있는 것이 아니라 인류에게 목적이 있는 것이다.

뜻길 348 "우리는 천민이다." 선민은 하나님을 완전히 지니지 못한 백성이요, 천민은 하나님을 완전히 지닌 백성이다. 우리는 천민이기에 죽어도 사탄이 가져가지 못한다.

하뜻 610 그래서 여러분은 가정교회를 통해 제2의 하나님이 되어야 하겠습니다. 여러분이 천륜을 상속받는 날에는 하나님도 여러분의 것이 되고, 천사장도 여러분의 것이 되고, 세계 만민이 다 여러분의 것이 됩니다. 그리고 천륜을 상속받은 사람이 기뻐하면 다 기뻐하고 슬퍼하면 다 슬퍼해야 합니다. 그를 통하지 않으면 살 길이 없는 것입니다. 여러분이 가정교회에서 승리하면 선생님이 60평생 닦은 모든 것을 인계 받을 수 있게 됩니다. 이제 순간적으로 변화가 올 것입니다. 음지가 밝아질 것입니다. 이 사탄세계에 찬란한 새아침이 밝아올 것입니다. 새 역사의 창조는 메시아가 혼자서 하는 것이 아니라 소메시아들과 같이 하는 것입니다. 이제 수천만의 소메시아가 쏟아져 나올 것입니다. 여러분도 한번 동참해 보겠습니까? 희망찬 통일의 앞날이 동터오고 있다는 사실을 여러분이 알아야 합니다.

# ◈ 제1장 하나님의 참사랑과 아담 해와의 삼대축복 완성

방대한 참부모님의 성약말씀 중에서 창조원리와 하나님의 뜻을 이루는데 중심이 되는 아담 해와의 삼대축복을 어떻게 이루어 가야 하는가를 쉽게 이해할 수 있는 말씀을 선발하는데 노력하였다.

아담 해와는 생육을 하고 생육 완성한 다음 번식 번성하여 그 터 위에서 마지막 축복인 상속과 주관의 축복을 이루어야 했다. 축복가정들의 심화교육이 필요하다는 평소의 생각에서 도움 되도록 정성을 기울여 보았다.

## 제1절 하나님의 삼대축복

### 1) 제1축복 (생육)

뜻길 10 뜻은 내가 있기 전에 있었다. 하나님이 뜻의 시작이요, 뜻의 내용이요, 뜻의 목적이다.

천성경 2156 하나님의 뜻은 창조이상을 완성함으로써 이루어지는 것입니다. 그러면 하나님의 창조이상이 무엇이냐? 물론 만물을 짓는 것이 하나님의 창조이상이기도 하겠지만 아담과 해와를 중심삼고 창조이상을 이루려 했다는 것입니다. 하나님의 창조이상 완성 뜻의 완성은 무엇이냐? 하나님을 중심삼고 하나님의 사랑을 중심삼고 사위기대를 완성함으로 말미암아 창조이상도 완성되고 뜻도 완성되는 것입니다. 다시 말해서 하나님의 뜻을 완성한다는 말은 언제나 하나님의 사랑을 중심삼고 사위기대적 사랑기반을 내포하고 있다는 사실을 여러분은 확실히 알아야 된다는 것입니다.

(102－174, 1978. 12. 24)

천성경 2159 뜻길은 창조이상의 완성입니다. 창조이상의 완성은 사위기대 완성을 말합니다. 아버지를 중심삼고 어머니를 중심삼고 아들을 중심삼고 딸을 중심삼은 것이 아닙니다. 참사랑을 중심삼은, 참가정을 중심삼은 사위기대 완성입니다. 참사랑을 중심삼은 책임분담 완성입니다. 책임분담 완성이란 것은 모든 사랑이상을 기준으로 남자 여자가 완전히 하나 되어 하나님이 창조하던 그 모든 기준에 일치되면 지상에서 종적인 기준으로 이어받은 모든 아담과 해와의 전통을 육신을 통해 횡적으로 비로소 전개시켜 나가는 것을 말합니다. 아들딸은 하나 둘만 낳게 되어 있지 않습니다. 아담과 해와시대에 오면 동서남북으로 아들딸을 많이 낳게 되어 있습니다. (228－249, 1992. 7. 5)

창 1/28 하나님이 그들에게 복을 주시며 하나님이 그들에게 이르시되 생육하고 번성하여 땅에 충만하라, 땅을 정복하라, 바다의 물고기와 하늘의 새와 땅에 움직이는 모든 생물을 다스리라 하시니라.

축복 18 사람은 나에게만 머물러 있으면 안 됩니다. 나로부터 삼 단계를 거쳐 나가야 합니다. 이것이 나와 상대와 자녀인 것입니다. 하나님을 중심삼은 나와 상대와 자녀의 관계, 이것이 사위기대입니다. 그리고 이 사위기대를 완성하는 것이 하나님의 창조목적인 것입

니다. (1967. 12. 31 전 본부교회)

천성경 550~1 하나님께서 인간을 왜 만들었을까? 첫째는 하나님 자신이 부모의 입장에 서기 위함입니다. 부모는 영계에서도 무형입니다. 모형이 없습니다. 그래서 모양을 가진 인간의 부모가 되기 위해서는 모양을 가져야 됩니다. 그렇지 않으면 중심이 될 수 없는 것입니다. 두 번째는 뭐냐 하면 수직선은 한 점에 머무릅니다. 면적이 없습니다. 즉, 영계에서는 번식할 수 없다는 것입니다. 수직차원에서 그것을 횡적으로 전개하여 360도 구체가 되어야 많은 공간이 생기게 됩니다. 세 번째는 사랑의 상대권의 영원성을 유지하기 위함입니다.

하나님의 상대되는 것은 아담과 해와 뿐이 아니라는 것입니다. 아담과 해와가 상대의 위치에 섬과 동시에 그 자녀들도 상대의 위치에 서게 되는 것입니다. 그러니까 하나님의 상대위치를 영속적으로 보존시키기 위해 인간을 창조했던 것입니다. 아담과 해와도 하나님을 아버지라고 부릅니다. 그러면 그 자녀들은 하나님을 삼촌이라고 부를까요, 할아버지라고 부를까요? 아버지라고 부릅니다. 상대란 평등한 것입니다. 하나님의 사랑을 횡적으로 번식하여 그 사랑의 가치를 완성해야 합니다. 완성된 사랑의 가치는 하나입니다. 평등하다는 것입니다. (222−338, 1991. 11. 7)

뜻길 219 상대기준이라는 말은 심정을 두고 한 말이다. 완성이라는 것도 바로 심정의 완성을 말하는 것이다.

천성경 1549 개인을 완성하기 위해서는 뭘 해야 된다구요? 창조성 완성입니다. 제2창조주격의 입장에 세우기 위한 것입니다. 그렇지 않고는 영원한 하나님의 주체 앞에 영원한 대상격으로 설수 없는 것입니다. 피조물 자체만으로라면, 알겠어요? 그래서 창조주격 입장에 동참시키기 위해서는 이게 절대 불가결 요인입니다. 이것이 없으면 인간이 하늘 절대자 앞에 대등한 자리를 취할 수 없기 때문에 이런 법을 세우지 않을 수 없었던 것입니다.

(137－266, 1986. 1. 3)

**천성경** 2152 하나님과 우리의 마음이 하나 되는 것이 영육일체와 같은 입장에 서는 것입니다. 영육일체의 남자 영육일체의 여자가 하나님과 하나 돼 가지고 결혼식을 하는 것입니다. 결혼식은 한 날, 한 시에 한 쌍으로 결혼하는 것입니다. 그래서 아담과 해와의 결혼식인 동시에 하나님의 결혼식이라는 것입니다. 그래서 정분합(正分合)입니다. 정에서 갈라진 것이 합하는 데는 혼자 합하는 것이 아닙니다. 아담과 해와만이 아니라 하나님으로부터 합하는 것입니다. (269－125, 1995. 4. 9)

**천성경** 1100 지상과 천상을 통일하고 심신을 통일하는 것은 책임분담 완성입니다. 종적인 하나님과 횡적인 참부모가 하나라는 것입니다. 거기에 통일된 사랑, 하늘과 지상을 연결하는 사랑, 몸과 마음이 하나 된 사랑, 남자와 여자가 하나 된 사랑이 문제입니다. 통일된 사랑의 기반을 닦을 수 있고 거기에서 처음으로 하늘의 사랑과 하늘의 생명과 하늘의 혈통이 연결될 수 있고 그것의 횡적인 확대가 팔방으로 전개됨으로써 왕권이 생기는 것입니다.

(218－124, 1991. 7. 14)

**천성경** 1101 남자 여자는 천주의 압축된 핵입니다. 부부가 참사랑을 하는 데는 온 우주가 걸려듭니다. 남자와 여자는 사랑을 위해서 태어났습니다. 본래 인간은 종적 횡적으로 되어 있습니다. 책임분담을 완성함으로써 종적인 주인이 설정되고 다음에 횡적인 주인이 설정되는 것입니다. 그것은 참사랑에 의해 성립되는 것입니다. (218－136, 1991. 7. 14)

천성경 1101 책임분담은 첫째 참된 자녀가 되는 것입니다. 둘째는 참된 형제가 되는 것입니다. 셋째는 참된 부부가 되는 것입니다. 넷째는 참된 부모가 되는 것입니다. 그래서 아들딸로 태어나 자녀가 되고 형제가 되고 부부가 되고 부모가 되는 것, 부모가 돼가지고 하나님대신 창조하는 겁니다. 하나님이 아담과 해와를 짓고 좋아하던 그 사실을 내적 외적으로 체휼하는 것입니다. 얼마나 귀하다는 것을 알겠어요? (225－126, 1992. 1. 5)

하뜻 739 가인과 아벨과 선생님의 자녀를 연결함으로써 소생, 장성, 완성기반이 이루어지고 그런 하나의 중핵을 중심으로 하여 세계의 모체가 되는 전통이 세워지게 됩니다.

천성경 2153 여자의 마음과 남자의 마음이 하나 되고 여자의 몸과 남자의 몸이 하나 되면 하나님의 형상이 되는 것입니다. 그러면 그 중심에 하나님이 임재하셔서 영원히 정착할 수 있다는 겁니다. 정분합작용이 3단계를 거쳐 마음적 기준과 몸적 기준이 일체이상을 이루는 것입니다. 사랑의 일체, 종횡으로 이상세계의 일체권이 이루어진다는 것입니다. 심신 일체라는 개념으로 모든 것이 통합되는 것입니다. (294－313, 1998. 8. 9)

천성경 2158 사위기대가 3단계잖아요? 하나님, 아담과 해와, 아들딸입니다. 이 경우가 종적입니다. 이것이 횡적으로 전개되어야 합니다. 횡적으로 착륙함으로 말미암아 종적인 요소가 이것을 기반으로 해서 무수히 평행으로 번져나가는 것입니다. 이것이 하나의 모델이 됩니다. 아담이 이상했던 사위기대가 전 세계적으로 발전하기 위해서는 이러한 전통적인 가정의 내용을 이루어야 합니다. 이것을 이루지 않고는 횡적인 연결을 지을 수 없다는 것입니다. 따로 갈라서 생각하지 말라는 것입니다. 아담과 해와가 결혼해서 산다면 벌써 하나님이 오른편에 와있고, 자기 아들딸은 왼편에 서는 것입니다. 이게 하나입니다. 이 셋이 하나 되어 있다는 것을 알아야 합니다. (240－14, 1992. 12. 11)

천성경 1656 하나님이 어떤 분이시냐 하면 해와는 하나님의 내적, 영적인 면에서 하나님의 아내입니다. 아담 속에 들어가고 해와 속에 들어가 하나님이 사랑하려고 한다는 것입니다. 이성성상으로 분립해 사랑을 중심삼고 하나 만들고 사방을 전부 다 사랑만이 연결시킬 수 있는 것입니다. 하나님과 인간관계는 그렇게 된 것입니다. 하나님은 내적인 나입니다. 그런데 이성성상의 분립적인 입장에 있기 때문에 다르다 이겁니다. 그것이 왜 분립했느냐? 사랑을 보다 자극적으로 느끼기 위해서입니다. 자극적이면서 위치를 이동하기 위한 것이고, 또 환경을 변경시키기 위한 것입니다. 위치를 변화시키니까 번식이 벌어지는 것입니다. 종적인 하나님 가지고는 번식 못 합니다. 종적인 자리는 한 자리지 두 자리가 있을 수 있습니까? (187－94, 1989. 1. 6)

2) 제2축복 (번성)

아담 해와가 번성의 축복을 이루기 위해서는 생육기간(성장기간)에는 미완성 입장이므로 축복결혼을 받을 수 없다. (창2/17)따먹지 말라가 바로 그 뜻이다. 원래 하나님의 축복결혼은 책임분담을 다하고 완성한 아담 해와가 축복을 받은 후 결혼생활을 하면서 완성한 인간이 완성한 자녀들을 번식하게 되어 있었다. 이렇게 되어 있었더라면 인류의 타락은 없었을 것이다.

천성경 370 왜 형제가 필요하냐? 종횡을 중심삼고 연결되는 것이 형제입니다. 아담과 해와를 횡적이라고 하게 되면, 하나님과 아담과 해와는 종적인 것입니다. 이것은 평면밖에 안됩니다. 그렇기 때문에 횡적인 기준이 필요하고 전후가 필요합니다. 가정애를 초월할 수 있는 것은 형제애밖에 없습니다. 만민동포애란 말과 같습니다. 그것이 있어야 구형이 벌어지는 것입니다. (236-11, 1992. 11. 2)

천성경 370 동포애, 형제애를 가지고 세계를 품어야 모든 것이 이상적인 구형이 되는데 부딪치더라도 충격이 없는 것입니다. 그래야 비로소 하나님이 생각하던 모든 실체가 여기에 와 가지고 결실되는 것입니다. 하나님의 자녀이상이 여기에 와 가지고 결실되어서 합함으로 자녀의 사랑 결실체가 되는 것입니다. 그 다음에 형제의 사랑결실체, 부부의 사랑결실체, 부모의 사랑 결실체가 되는 것입니다. 무형의 하나님이 창조당시에 구상했던 모든 실체를 다 이루면 하나님과 상하, 전후, 좌우가 일치할 수 있는 것입니다.

형제를 통해서 국민이 형성되고 인류가 형성되는 것입니다. 형제는 전후를 표시하는 것이지만 그것이 살이 되는 것입니다. 이것이 납작하게 있다가 살이 붙은 것입니다. 거기에서 원형이 생기는 것입니다. 그러니까 원형을 만드는 것은 형제요 국민인 것입니다. 형제가 확장되어서 국민이 되는 것입니다. 형제애라는 것은 세계애와 통하는 것입니다. 많은 형제들이 자라는 가정은 세계의 인류를 품고 이상적인 천국, 지상천국과 천상천국을 만드는 모델과 같은 겁니다. 그렇기 때문에 형제는 여기에서 확장되는 것입니다. (235-268, 1992. 10. 1)

천성경 2157 그런데 신앙생활을 하는 지금까지의 사람들은 하나님의 사랑을 중심삼고 창조이상을 완성하려는 그런 뜻을 몰랐다는 것입니다. 그것은 하나님 뜻의 완성 창조이상의 완성을 말합니다. 그것이 사위기대 완성입니다. 사위기대를 완성하면 어떻게 되느냐? 하늘과 땅이 자리를 잡게 마련입니다. 하늘과 땅이 비로소 정착하게 되는 것입니다. 하늘은 위의 축과 같고 땅은 아래의 축과 같아서 이걸 중심삼고 하나가 되는 것입니다. 여기서 자녀는 중앙의 축을 향해 하나 될 수 있는 평면적인 형태를 갖추어야 합니다. 그래가지고 이것이 자람으로 말미암아 중앙에 올라가서 하나의 원형을 그리고 더 나아가서는 사랑적 이상인 구형을 이루는 것입니다. (170-62, 1987. 11. 8)

천성경 2161 하늘나라에 가면 생산지가 없습니다. 하나님이 사람을 만든 것은 무엇 때문이냐? 수직에는 번식이 없기 때문입니다. 수직의 자리는 한 점밖에 없습니다. 하나님이 한 점, 수직의 자리에서 사랑을 하니까 거기에서는 번식할 수 없습니다. 영계에서는 번식을 못합니다. 그렇기 때문에 횡적인 360도가 필요합니다. 횡적세계에는 동서남북으로 번식할 수 있는 자리가 얼마든지 있습니다. 그래서 그것이 하늘나라의 백성을 생산하기 위한 생산지라는 것입니다. (206−137, 1990. 10. 3)

천성경 2153 하나님은 참사랑으로 아담과 해와를 지었습니다. 그 아담과 해와는 뭐냐 하면 하나님 본래의 성상과 형상이 전개된 실체입니다. 하나님의 보이지 않는 성상과 형상이 실체로 나타난 것이 창조된 아담과 해와입니다. 그렇기 때문에 이게 커 올라가야 합니다. 커 가지고 하나님과 하나 되어야 하는 것입니다. 완성한 아담과 해와가 되었더라면 그들의 몸과 마음이 자동적으로 하나 되는 것입니다. 그러나 타락 때문에 그들의 몸과 마음이 싸웠던 것입니다. 지금까지 이것을 몰랐습니다. 하나님의 창조이상대로 인간이 완성되었다면 몸과 마음이 싸우지 않습니다. 싸우는 사람이 되었다는 것 자체가 하나님이 없다고 부정할 수 있는 조건이 되는 것입니다. (238−29, 1992. 11. 19)

천성경 2154 형제권의 심정을 횡적으로 확대한 상대권이 참사회, 참국가, 참세계입니다. 인간은 누구나 자기 자신이 우주의 대표가 되고 싶어 합니다. 참사랑을 배후로 하는 인연을 중심삼고 보면 모두가 평등하니까, 그것을 어기는 자는 설자리가 없게 되는 것입니다. 입술은 참사랑에 따라서 연결됩니다. 그렇기 때문에 생명, 사랑과 혈통, 이것이 자기 자신입니다. (190−214, 1989. 6. 19)

뜻길 27 하나님이 아담 해와를 창조하심은 아담 해와의 자녀에게 목적이 있었다. 메시아를 세우신 것도 메시아 자체에 목적이 있는 것이 아니라 인류에게 목적이 있는 것이다.

천성경 2084 자식으로 말미암아 부모의 완성을 가져오는 것입니다. 그 아들딸이 효도함으로 말미암아 어머니 아버지의 완성이 벌어집니다. (223-174, 1991. 11. 10)

천성경 2085 여러분의 사랑과 생명과 혈통은 부체가 되는 것입니다. 그렇기 때문에 부모를 완성시키는 것은 나의 완성을 가져올 수 있는 것입니다. 내가 크면 어머니 아버지와 같이 하나되어야 된다는 것입니다. 그렇기 때문에 서로 완성하는 것입니다.

(223-174, 1991. 11. 10)

천성경 1543 절대신앙에는 사랑이 따라갑니다. 부자지관계에 있어서는 절대 믿고 절대사랑하고 절대복종하는 것입니다. 서로 완성하기 위해서는, 부모는 자식을 위해서 태어났으니 자기의 피와 살과 정성, 이모든 것을 투입하여 자기보다 낫기를 바랍니다. 무한히 낫기를 바라는 것입니다. 투입하고, 투입하고, 투입해 잊어버리고 무한히 투입, 영원히 투입하고 잊어버리는 것입니다. 그 말이 뭐냐 하면 개인 가정을 넘고, 종족, 세계를 넘고 하나님이 있다면 하나님의 위에까지 올라가야 된다 이겁니다. (295-255, 1998. 9. 8)

절대신앙 절대사랑 절대복종위에 절대 유일가정, 영원불변의 가정 하나님을 모실 수 있는 영원한 세계를 이루어 지상천국을 이루고 그것이 천상천국으로 직결되는 하나의 체제를 이루어야 합니다. 하나님에 대해서 손자도 아버지라 하고 아들도 아버지라 하고 아버지도 아버지라 부르면서 하나님을 동가치적으로 아버지를 모시는 아담과 같은 자리를 만민이 갖게 되야 합니다. 여러분은 이

제부터 조상이 되는 것입니다. (235-293, 1992. 10. 25)

천성경 2054 참사랑을 중심삼고는 부자일체, 부부일체, 형제일체가 되는 것입니다. 아버지를 사랑의 주인으로 만들어 주는 것은 아들이요, 남편을 사랑의 주인으로 만들어 주는 것은 아내요, 형님을 사랑의 주인으로 만들어 주는 것은 동생인 것입니다.

(316-235, 2000. 2. 13)

천성경 2091 여러분은 하나님 앞에 효자가 되어야 합니다. 효자는 혼자서 될 수 있는 것이 아닙니다. 삼위기대를 중심삼고 세 형제가 하나 되어야 효자가 될 수 있는 것입니다. 여러분 삼위기대 알지요? 그 삼위기대가 하나 되어야 합니다. 그것이 이스라엘의 제1의 기반인 것입니다. 지파, 족속 다시 말하면 씨족 창립의 기원이 되는 것입니다. (30-220, 1970. 3. 23)

3) 제3축복 (아담가정의 주관)

주관축복은 상속축복이며 하나님의 뜻이 인간책임분담에 의하여 이루어지는 마지막 축복이다. (하나님책임 95%와 인간책임분담 5%가 합하여 완성)

아담가정의 완성은 하나님, 아담 해와, 가인 아벨 3대부부가 완성하고 3대부모가 완성해야 한다. 즉 3대를 이루어야 한다는 것이다. (천 2274 가정하게 되면 3대를 말한다.)

개인의 심신일체, 가정의 부부일체, 부자일체, 자녀일체, 형제일체 3대일체가 이루어 져야 한다. 그래야 비로소 하나님의 뜻이 이루어진 가정으로써 아담 해와의 책임과 가인 아벨의 책임이 완료하게 되는 것이다. 즉 3대 책임분담이 이루어지지 않고는 제3축복인 주관의 축복이 완성될 수 없고 하나님의 뜻의 완성도 이룰 수 없기 때문에 타락된 인류 앞에는 3대 책임을 하고 나오는 3대 메시아가 있게 된다.

통일 241호 (p27) 내가 물어보자고요? 부자일신 부부일신 그다음에 뭐예요? 형제일신이라는 말 있던가요? (형제일신 없습니다) 이제 만들면 될게 아니예요? 사탄이 제일 미워하는게 형제일신이에요. 가인과 아벨을 중심삼고 완전히 갈라 놨다 이겁니다. 형제일신 됐다가는 사탄이 망한다고요. 그래서 역사이래의 가르침에 형제 일신이 없습니다. 통일교회는 형제일신이 있어요. 부부일신 있기 전에 형제일신이 먼저입니다.

(1990. 11. 17 / 제31회 자녀의 날 본부교회)

하뜻 459 이 지구성을 주관할 수 있으려면 하나 돼야 합니다. 하나 돼 가지고 태어난 아들딸이 주관하게 돼 있지, 타락하여 갈라진 아들딸을 가지고 주관하게 안 돼 있다는 것입니다. 원리적으로 볼 때, 두 주인이 주관하게 되어 있지 않은 것입니다. 한 주인이 주관하게 돼 있기 때문에 형제가 하나 된 자리에서 주관하게 되어 있는 것입니다. 가인 아벨을 중심하고 탕감복귀하지 못하고 실패로 돌아갔으니, 다시 어머니 복중에서 다시 낳았다는 조건으로서 형이 동생으로 태어나고 동생이 형으로 태어나는 혈통전환의 섭리역사를 구약시대부터 하지 않으면 안 된다는 것입니다. 그래서 이러한 섭리를 쌍태를 중심삼고 야곱과 에서 때에 한 것입니다.

천성경 2067 하나님의 조국은 어디로부터 어떤 길로 찾아온다고 했습니까? 그것은 원수를 사랑하는 길, 개인의 원수를 사랑하고, 가정의 원수를 사랑하고, 종족의 원수를 사랑하고, 국가 세계의 원수를 사랑하는 전통을 남겨 놓는 길로 찾아오는 것입니다. 그 길이 아니면 하나님의 조국은 나타날 수 없다는 것을 여러분은 알아야 합니다. (2000. 3. 9 / 남북통일전진대회 강연문)

천성경 2154 인간의 순수한 참사랑이 성장하고 완성되는 자리는 참된 가정입니다. 참부모의 사랑 참부부의 사랑 참자녀의 사랑 그리고 참형제의 사랑이 함께 완숙되고 실천되는 참사랑의 첫무대는 참가정입니다. 참부모의 참사랑을 통해 하나님의 참사랑을 배우면서 참형제의 참사랑을 통해 참나라와 참세계의 인류에 대한 보편적 참사랑을 훈련시키는 평화세계의 기본 핵의 자리가 참가정입니다. 뿐만 아니라 부모와 자녀간에 이어지는 참사랑을 통해 과거와 현재와 미래의 세대가 일관된 참사랑의 가치관으로 연결되어 나아가게 되는 역사적 연결고리의 기본 단위도 참가정입니다. (288－199, 1997. 11. 28)

천성경 2267 거짓 사랑이 시작됨으로 말미암아 몸 마음을 갈라놓았고, 부부를 갈라놓았고, 형제를 갈라놓았기 때문에, 탕감복귀 원칙에 있어서 하나 될 수 있는 가정을 찾기 위해서는, 몸 마음이 하나 되고 부부가 하나 되고 형제가 하나 될 수 있는 자리를 다시 이룸으로 말미암아 천상천국과 지상천국이 연결되는 것입니다.

(260－317, 1994. 5. 19)

천성경 2166 (813) 사랑의 소유를 중심삼고는 상대의 고향이 내 고향이 되고, 상대의 가정이 내 가정이 될 수 있습니다. 거기서 자녀의 완성 형제의 완성 부부의 완성 부모의 완성이 이루어지는 것입니다. 하나님의 교본에 제시된 모든 내용을 이루지 못한 것을 오늘날 참부모를 통해 재현해 가지고 알게 되고 그것을 재차 실행함으로 말미암아 타락하지 않은 본연적 입장에서 하나님이 완전히 한의 고개를 넘어서 교육에 대한 정의를 내릴 수 있는 것입니다. 그럼으로 말미암아 천국 백성으로서 합격 자, 합격 가정이 되는 것입니다. (226-173, 1992. 2. 4)

천성경1533 하나님을 중심삼고 참된 모든 피조세계의 본질적 사랑, 이상의 사랑을 가지고 있기 때문에 절대부부, 절대자녀, 절대형제, 절대부모를 중심삼은 가정이 되어야 됩니다. 이것이 제2자르딘 선언입니다. 절대신앙, 절대사랑, 절대복종, 하나님의 속성이 뭐냐 하면 절대속성, 유일속성, 불변속성, 영원속성입니다.
(1998. 8. 7)

천성경 2018 이스라엘 민족이 애굽에 나가서 400년 동안 살던 것과 마찬가지로 우리가 43년 동안 그 놀음 했으니 고향에 돌아가서 사랑의 뿌리를 내려야 됩니다. 하나님을 사랑하고 부모를 사랑하고 형제를 사랑해야 합니다. 그래서 세계적 사탄이 참소할 수 있는 기원을 끊어 버려야 됩니다. (178−139, 1988. 6. 1)

## 제2절 하나님이 아담 해와를 어떻게 창조 하셨는가

성약말씀을 공부하고 원리의 길을 가는 모두는 하나님이 최초에 인류조상인 아담 해와를 어떻게 창조 했을까? 하는 생각과 몇 살로 지음을 받았을까? 최초의 조상이란 부모가 없다는 것인데 무엇을 먹고 자랐을까? 자연의 과일을 따먹고 자랐다면 혼자 스스로 따먹을 수 있는 시점은 어떤 단계일까? 하는 의문을 갖게 될 것이다. 저 또한 그러한 생각을 가지고 있었던 것이 사실이다. 후일 훈독을 통해 이 문제에 대한 답을 얻게 되었다.

하나님이 아담 해와를 어떻게 창조하셨는가를 알기 위해서는 제2아담인 예수님과 제3아담인 재림주 문선명 선생님을 하나님이 어떻게 창조하셨는가를 참조하면 이해의 도움이 될 것으로 확신 한다.

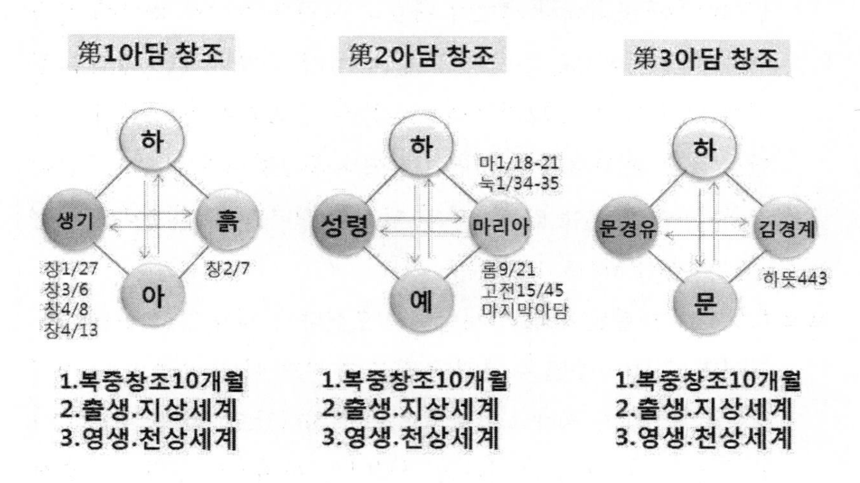


축복 128 그렇기 때문에 복귀섭리 가운데서도 아담과 같은 존재가 지상에 재출현해야 되는 것입니다. 그것이 메시아 재림사상입니다. 그 아담이 나오지 않고는 해와를 지을 수 없습니다. 아담이 나오기

전에 사람이 있었더라도 그것은 사람이 아닙니다. 흙덩이와 마찬가지입니다. 사람 같은 꼴은 있지만 사람이 아닙니다. 그것은 하나님의 공인된 창조이상법도로서 사람으로 인정할 수 없는 것입니다. 단 아담만이 하나님이 원하는 사람입니다. 그것을 다시 탕감복귀 하는 것이 재림사상입니다. 둘째번 나타난 메시아입니다. 그 메시아가 나와야만 비로소 하나님이 원하는 해와, 신부를 맞이할 수 있는 것입니다.

앞으로 오시는 주님은 무엇으로 오시느냐? 예수님은 제2의 아담으로 오셨지만 앞으로 오시는 주님은 제3의 아담으로 오십니다. 제3의 아담이 왜 와야만 됩니까? 그것은 이 땅이 잘못되었기 때문입니다. 이 땅위에서 사고가 났으니 이것을 수리해 놓아야 하기 때문입니다. 이것을 수리할 수 있는, 고장 나지 아니한 새로운 주인이 와야 합니다. 그러므로 여러분은 새로운 주인이 와서 사고 난 것을 언제 고쳐 주실 것인가를 고대해야 합니다. 제3의 아담이 누구냐? 이 땅위에 인류조상의 이름을 지니고 세 번째로 오시는 분입니다. (1968. 5. 1 전 본부교회)

축복 129 우리는 끝날이 되면 재림주가 오신다는 것을 알고 있습니다. 그러면 오시는 주님은 어떤 목적을 가지고 이 땅위에 오실 것인고? 종의 시대가 지나고 아들의 시대가 지나갔으므로 앞으로 오시는 주님은 아버지로 오신다는 것입니다. 아버지의 영광으로 오신다는 것입니다. 아버지의 영광으로 오셔서 무엇을 하실 것이뇨? 인간 개체에 아버지의 마음을 불어 넣을 것입니다. 아들의 마음이 아닙니다. 예수의 마음이 아닙니다. 아버지의 마음입니다.
(1960. 5. 22 전 본부교회)

구세주는 어떠한 분이냐? 오늘날 타락한 세계에 있어서 믿음과 소망의 실체입니다. 여러분이 믿는 목적은 믿음의 실체인 메시아와 일체가 되는 것이요, 소망의 목적도, 사랑의 목적도 그분과 일체가 되는 것입니다. 인류를 수습하여 에덴을 복귀하기 위하여 오시는 분이 메시아이기 때문에 그분을 완전히 차지하는 사람은 그분의 세계를 차지할 수 있는 것이요, 그분의 사랑을 차지할 수 있는 것입니다. 또한 그분은 하나님을 완전히 붙들 수 있기 때문에 그분을 완전히 붙들 수 있는 사람은 하나님을 완전히 붙들 수 있는 것입니다. (1964. 1. 1 전 본부교회)

고전 15/45 기록된 바 첫사람 아담은 산 영이 되었다 함과 같이 마지막 아담은 살려주는 영이 되었나니

천성경 1591 아담 해와를 하나님이 지었다면 어떤 단계로부터 지었는가? 아담 해와를 장성한 사람으로 지었다고 생각할 수 없습니다. 아기로부터 지었다는 것입니다. 하나님이 아기를 밴 어머니가 품어 키우는 것과 마찬가지의 과정을 거쳐서 지었다는 논리를 세우지 않고는 이 모든 3단계의 질서를 통한 존재의 형성이라는 것을 설명할 도리가 없습니다. 유아기가 있었다는 것입니다. 그 다음에 장성기가 있었고, 완성기가 있었습니다. 이것은 천리의 도리입니다. 아담 해와에게 유아기가 있었는데 그 유아기는 어떤 유아기였겠는가?

무형의 하나님이 무형의 세계에서부터 유형의 과정을 거쳐 올 수 있는 아기의 존재를 품고 키웠다는 논리로부터 시작해야 됩니다. 그러면 아기가 태어나 자라서 성숙해 가지고 결혼할 수 있는 자리까지 부모가 될 수 있는 자리까지 어떻게 나가느냐? 하나님이 청

년기, 장년기, 노년기와 같은 과정을 거쳐 온 사실을 하나님이 자라던 무형의 과정을 실체로 보기위한 존재가 자녀라는 것입니다. 이런 논리가 형성되어야 부자 일신 이라는 논리가 나오는 것입니다. 하나는 종적이고 하나는 횡적이니, 종횡일신의 이론을 취할 수 있습니다. (225-198, 1992. 1. 20)

천성경 547 아담과 해와를 하나님이 지었다면 어떻게 지었을까? 흙으로 빚어서 지었다면 어떤 흙으로 지었을까? 어디서 출발했을까? 어디서부터 시작했느냐는 것입니다. 아담과 해와를 장성한 사람으로 지었다고 생각할 수 없습니다. 아기로부터 지었습니다. 하나님이 아기를 밴 어머니가 품어 키우는 것과 마찬가지의 과정을 거쳐 지었다는 논리를 세우지 않고는, 이 모든 3단계의 질서를 통한 존재 형성이라는 것을 설명할 도리가 없습니다. 그래서 아담과 해와에게도 유아기가 있었다는 것입니다. 그 다음에 장성기가 있었습니다. 이건 천리입니다. 그 다음에 완성기가 있었습니다. 유아기는 어떤 유아기였겠느냐? 무형의 하나님이 무형의 세계에서부터 유형의 과정을 거쳐 올 수 있는 아기의 존재를 품고 키웠다는 논리로부터 시작해야 됩니다. (225-198, 1992. 1. 20)

—제1아담 창조—

창 1/27~28 하나님이 자기 형상 곧 하나님의 형상대로 사람을 창조하시되 남자와 여자를 창조하시고 하나님이 그들에게 복을 주시며 하나님이 그들에게 이르시되 생육하고 번성하여 땅에 충만하라, 땅을 정복하라, 바다의 물고기와 하늘의 새와 땅에 움직이는 모든 생물을 다스리라 하시니라 창 2/7 여호와 하나님이 땅의 흙으로 사람을 지으시고 생기를 그 코에 불어넣으시니 사람이 생령이 되니라.

창 4/8 가인이 그의 아우 아벨에게 말하고 그들이 들에 있을 때에 가인이 그의 아우 아벨을 쳐 죽이니라

창 4/13~15 가인이 여호와께 아뢰되 내 죄벌이 지기가 너무 무거우니이다 주께서 오늘 이 지면에서 나를 쫓아내시온즉 내가 주의 낯을 뵈옵지 못하리니 내가 땅에서 피하며 유리하는 자가 될지라 무릇 나를 만나는 자마다 나를 죽이겠나이다. 여호와께서 그에게 이르시되 그렇지 아니하다 가인을 죽이는 자는 벌을 칠배나 받으리라 하시고 가인에게 표를 주사 그를 만나는 모든 사람에게서 죽임을 면하게 하시니라

–제2아담(예수) 창조–

마 1/18~21 예수 그리스도의 나심은 이러하니라 그의 어머니 마리아가 요셉과 약혼하고 동거하기 전에 성령으로 잉태된 것이 나타났더니 그의 남편 요셉은 의로운 사람이라 그를 드러내지 아니하고 가만히 끊고자 하여 이 일을 생각할 때에 주의 사자가 현몽하여 이르되 다윗의 자손 요셉아 네 아내 마리아 데려오기를 무서워하지 말라 그에게 잉태된 자는 성령으로 된 것이라 아들을 낳으리니 이름을 예수라 하라 이는 그가 자기 백성을 그들의 죄에서 구원할 자이심이라 하니라

눅 1/31 보라 네가 잉태하여 아들을 낳으리니 그 이름을 예수라 하라

눅 1/35 천사가 대답하여 이르되 성령이 네게 임하시고 지극히 높으신

이의 능력이 너를 덮으시리니 이러므로 나실 바 거룩한 이는 하나님의 아들이라 일컬어지리라

마 1/25 아들을 낳기까지 동침하지 아니하더니 낳으매 이름을 예수라 하니라

눅 2/11 오늘 다윗의 동네에 너희를 위하여 구주가 나셨으니 곧 그리스도 주시니라

눅 2/21 할례할 팔일이 되매 그 이름을 예수라 하니 곧 잉태하기 전에 찬사가 일컬은 바러라

롬 9/21 토기장이가 진흙 한 덩이로 하나는 귀히 쓸 그릇을, 하나는 천히 쓸 그릇을 만들 권한이 없느냐

–제3아담(문선명) 창조–

하뜻 443 여러분 레버런 문을 살펴 볼 때 성격이 대단할 것 같아요, 얌전하고 유해서 할 말도 못하는 사람 같아요? 성격이 대단한 사람이라는 것을 알아야 합니다. 성격이 극에서 극이라는 것입니다. 사탄세계의 어떤 사람도 다 뜻 가운데 들어갈 수 있게끔 하기 위해서 극에서 극을 오가는 성격을 가진 선생님을 택하셨다는 것입니다. 하나님은 그런 작전을 하시는 것입니다.

천성경 2156 본래 하나님께서는 천지만물을 창조해 놓고, 모든 것이 인간을 통해 완성되게 함으로 말미암아 하나님의 위신과 인간의 위신을 세우려고 했습니다. 그러면 인간의 완성은 물론이요, 하나님의 창조이상의 완성도 자동적으로 완결된다는 결론에 도달하게 됩니다. 그렇게 되었더라면, 하나님은 만 우주의 중심의 권위를 갖추고 인간은 그의 아들딸로서 한 몸이 되어 하나님의 이상적 사

랑의 세계가 이 지상에 실현되었을 것입니다. 그리하여 하나님의 슬픔이 시작되는 것이 아니라 하나님의 기쁨이 시작되었을 것입니다. 그랬더라면 하나님은 기쁨 가운데서 인간의 권위를 백 퍼센트 찬양했을 것입니다. 하나님이 인간을 그렇게 높이 찬양하는 것을 본받아 인간도 역시 하나님을 대해서 높이 찬양했을 것입니다. 그러면 공동운명에 처하게 되었을 것입니다. (92−145, 1977. 4. 1)

하나님은 인간조상 아담과 해와를 중심삼고 만물을 주관할 뿐만 아니라 사랑의 가정을 이루려 하십니다. 우리 통일교회에서는 이 기준을 "사위기대 완성" 이라고 정의를 내리고 있습니다. 결국 하나님의 뜻은 창조이상을 완성하는 것인데, 그 창조이상을 완성하는 것이 구체적으로 말하면, 사위기대 완성이라는 것입니다.
(80−268, 1975. 11. 2)

하나님의 뜻은 창조이상을 완성함으로써 이루어지는 것입니다. 그러면 하나님의 창조이상이 무엇이냐? 물론 만물을 짓는 것이 하나님의 창조이상이기도 하겠지만 아담과 해와를 중심삼고 창조이상을 이루려 했다는 것입니다. 하나님의 창조이상 완성 뜻의 완성은 무엇이냐? 하나님을 중심삼고 하나님의 사랑을 중심삼고 사위기대를 완성함으로 말미암아 창조이상도 완성되고 뜻도 완성되는 것입니다. 다시 말해서 하나님의 뜻을 완성한다는 말은 언제나 하나님의 사랑을 중심삼고 사위기대적 사랑기반을 내포하고 있다는 사실을 여러분은 확실히 알아야 된다는 것입니다.
(102−174, 1978. 12. 24)

천성경 1649 그러면 사랑이 먼저냐, 생명이 먼저냐? 이게 문제가 됩니다. 요즘에 마음이 먼저냐, 몸이 먼저냐? 유물이론의 철학사조가

들어가 세계에 문제가 되는 것과 마찬가지로 사랑이 귀하냐, 생명이 귀하냐? 이게 문제입니다. 어떤 것이 먼저냐? 이거 선후를 가려내야 됩니다. 사랑이 먼저입니다. 하나님이 창조이상을 세울 때 하나님을 중심삼고 세우지 않았습니다. 사랑을 중심삼고 세웠기 때문에 상대세계를 창조하기 시작했다는 것입니다.

(193−145, 1989. 10. 3)

천성경 2153 하나님은 참사랑으로 아담과 해와를 지었습니다. 그 아담과 해와는 뭐냐 하면 하나님 본래의 성상과 형상이 전개된 실체입니다. 하나님의 보이지 않는 성상과 형상이 실체로 나타난 것이 창조된 아담과 해와입니다. 그렇기 때문에 이게 커 올라가야 합니다. 커 가지고 하나님과 하나 되어야 하는 것입니다. 완성한 아담과 해와가 되었더라면 그들의 몸과 마음이 자동적으로 하나 되는 것입니다. 그러나 타락 때문에 그들의 몸과 마음이 싸웠던 것입니다. 지금까지 이것을 몰랐습니다. 하나님의 창조이상대로 인간이 완성되었다면 몸과 마음이 싸우지 않습니다. 싸우는 사람이 되었다는 것 자체가 하나님이 없다고 부정할 수 있는 조건이 되는 것입니다. (238−29, 1992. 11. 19)

고전 3/16 너희는 너희가 하나님의 성전인 것과 하나님의 성령이 너희 안에 거하시는 것을 알지 못하느냐

요 14/20 그날에는 내가 아버지 안에, 너희가 내 안에, 내가 너희 안에 있는 것을 너희가 알리라

마 5/48 그러므로 하늘에 계신 너희 아버지의 온전하심과 같이 너희도 온전하라

천성경 1591 인간의 완성은 어디에 있느냐? 남자면 남자 자체로 완성할 길이 없고, 여자면 여자 자체로 완성할 길이 없습니다. 그것은 전부 다 반제품이기 때문입니다. 그러므로 남자와 여자가 완전히 하나 된 사랑을 중심삼고만이 완성된다는 것입니다. 아담이 완성하는 데는 누가 절대 필요하겠습니까? 하나님이 절대 필요한데, 하나님은 종적으로 절대 필요합니다. 아담이 완성되려면 종횡의 인연을 가져야 합니다. 종횡의 사랑의 인연을 갖지 않으면 회전운동, 구형운동이 불가능합니다. 그렇기 때문에 횡적으로 아담에게 절대 필요한 것은 해와입니다. 마찬가지로 해와에게도 절대 필요한 것이 아담입니다. (145－319, 1986. 6. 1)

천성경 2152 하나님과 우리의 마음이 하나 되는 것이 영육일체와 같은 입장에 서는 것입니다. 영육일체의 남자 영육일체의 여자가 하나님과 하나 돼 가지고 결혼식을 하는 것입니다. 결혼식은 한 날, 한 시에 한 쌍으로 결혼하는 것입니다. 그래서 아담과 해와의 결혼식인 동시에 하나님의 결혼식이라는 것입니다. 그래서 정분합(正分合)입니다. 정에서 갈라진 것이 합하는 데는 혼자 합하는 것이 아닙니다. 아담과 해와만이 아니라 하나님으로부터 합하는 것입니다. (269－125, 1995. 4. 9)

천성경 1648 사랑을 중심으로 한 몸이 되는 것입니다. 심신일체가 되는 것입니다. 여자와 남자의 심신일체는 무엇에 의해서 이루어 진다구요? 키스가 아닙니다. 손을 잡는 것도 아닙니다. 거기를 완전히 맞춤으로써 완전히 일체화되는 것입니다. (229－251, 1992. 4. 12) 생식기를 중심삼고 만들었다는 사실을 알아야 합니다. 남자가 그렇게 된 것은 생식기를 닮아서 그렇게 된 것입니다. 여자가 그렇게 된 것은 생식기를 닮아서 그렇게 된 것입니다. 이런 말은 문 총재로부터 시작되었습니다. 누구도 그런 말을 안 했습니다. 도서관에 없습니다. 인류역사에 없는 새로운 말입니다.

(193－145, 1989. 10. 3)

천성경 1101 남자 여자는 천주의 압축된 핵입니다. 부부가 참사랑을 하는 데는 온 우주가 걸려듭니다. 남자와 여자는 사랑을 위해서 태어났습니다. 본래 인간은 종적 횡적으로 되어 있습니다. 책임분담을 완성함으로써 종적인 주인이 설정되고 다음에 횡적인 주인이 설정되는 것입니다. 그것은 참사랑에 의해 성립되는 것입니다.

(218－136, 1991. 7. 14)

하나님이 참사랑의 주인인데, 이 참사랑으로 전부가 연결됩니다. 일체이상 실현으로 하나님 사랑이 하나에 연결되어 있기 때문에 일체이상입니다. 가정이나 개인이나 떨어진 게 없다 이겁니다. 일체이상 실현으로 천상 지상이 통합되어 본연의 아담과 해와가 장자권 취득으로 말미암아 영계가 지상에 순응하게 됩니다. 그게 사랑을 중심삼고 그래야 된다는 겁니다, 참사랑으로. 우리 원리로 다시 말하면 책임분담 완성하는 것입니다. (212－137, 1991. 1. 2)

뜻길 27 하나님이 아담 해와를 창조하심은 아담 해와의 자녀에게 목적이 있었다. 메시아를 세우신 것도 메시아 자체에 목적이 있는 것이 아니라 인류에게 목적이 있는 것이다.

천성경 2159 뜻길은 창조이상의 완성입니다. 창조이상의 완성은 사위기대 완성을 말합니다. 아버지를 중심삼고 어머니를 중심삼고 아들을 중심삼고 딸을 중심삼은 것이 아닙니다. 참사랑을 중심삼은, 참가정을 중심삼은 사위기대 완성입니다. 참사랑을 중심삼은 책임분담 완성입니다. 책임분담 완성이란 것은 모든 사랑이상을 기준으로 남자 여자가 완전히 하나 되어 하나님이 창조하던 그 모든 기준에 일치되면 지상에서 종적인 기준으로 이어받은 모든 아담과 해와의 전통을 육신을 통해 횡적으로 비로소 전개시켜 나가는 것을 말합니다. 아들딸은 하나 둘만 낳게 되어 있지 않습니다. 아담과 해와시대에 오면 동서남북으로 아들딸을 많이 낳게 되어 있습니다.
(228−249, 1992. 7. 5)

## ◈ 제2장 아담 해와의 삼대축복노정의 결과

하나님께서 아담과 해와에게 순결을 지키고 사랑을 완성하는 책임을 주셨다.

아담 해와가 천사의 유혹을 물리치고 성년식을 할 때까지 순결을 지켰더라면 아담 해와는 순결한 남성, 여성으로써 함께 성년식을 하고 축복결혼을 했을 것이다. 결혼한 아담 해와는 자녀를 번성하여 하나님의 종족과 민족, 국가를 형성하고 하나님의 주권국가를 이루게 됨으로써 하나님의 선(善) 주권의 세계가 이루어지게 되어 있었다.

아담과 해와는 하나님의 계명인 따먹지 말라는 인간책임분담을 지키지 못하여 제1축복을 이루지 못했고 사육(死育)함으로 제2축복인 번성축복도 이루지 못하고 오히려 타락의 사번성(死繁盛)을 함으로써 제3축복인 선(善) 주권의 세계가 아닌 타락의 악(惡) 주권의 세계를 이루게 된 결과가 되었다.

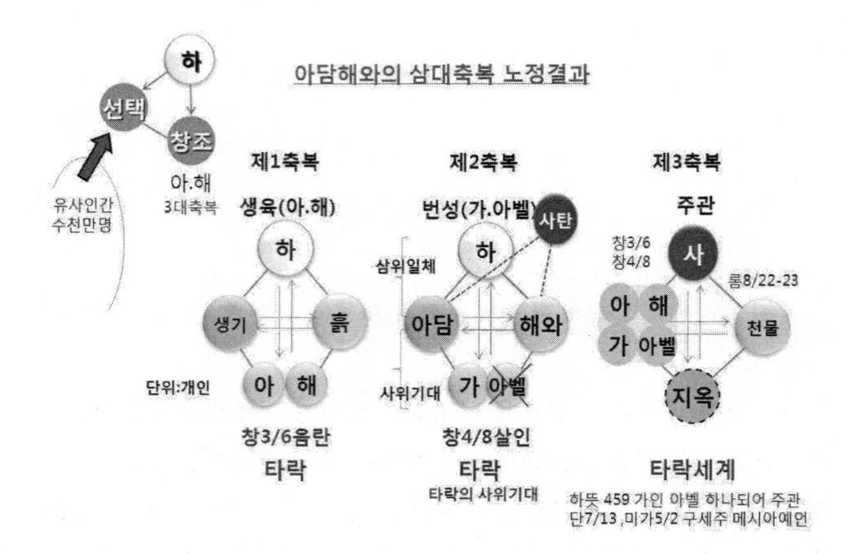


## 제1절 삼대축복 (생육, 번성, 주관)

창 1/28 하나님이 그들에게 복을 주시며 하나님이 그들에게 이르시되 생육하고 번성하여 땅에 충만하라, 땅을 정복하라, 바다의 물고기와 하늘의 새와 땅에 움직이는 모든 생물을 다스리라 하시니라

천성경 1591 인간의 완성은 어디에 있느냐? 남자면 남자 자체로 완성할 길이 없고, 여자면 여자 자체로 완성할 길이 없습니다. 그것은 전부 다 반제품이기 때문입니다. 그러므로 남자와 여자가 완전히 하나 된 사랑을 중심삼고만이 완성된다는 것입니다. 아담이 완성하는 데는 누가 절대 필요하겠습니까? 하나님이 절대 필요한데, 하나님은 종적으로 절대 필요합니다. 아담이 완성되려면 종횡의 인연을 가져야 합니다. 종횡의 사랑의 인연을 갖지 않으면 회전운동, 구형운동이 불가능합니다. 그렇기 때문에 횡적으로 아담에게

절대 필요한 것은 해와입니다. 마찬가지로 해와에게도 절대 필요한 것이 아담입니다. (145-319, 1986. 6. 1)

천성경 1101 남자 여자는 천주의 압축된 핵입니다. 부부가 참사랑을 하는 데는 온 우주가 걸려듭니다. 남자와 여자는 사랑을 위해서 태어났습니다. 본래 인간은 종적 횡적으로 되어 있습니다. 책임분담을 완성함으로써 종적인 주인이 설정되고 다음에 횡적인 주인이 설정되는 것입니다. 그것은 참사랑에 의해 성립되는 것입니다. (218-136, 1991. 7. 14)

하뜻 459 이 지구성을 주관할 수 있으려면 하나 돼야 합니다. 하나 돼 가지고 태어난 아들딸이 주관하게 돼 있지, 타락하여 갈라진 아들딸을 가지고 주관하게 안 돼 있다는 것입니다. 원리적으로 볼 때, 두 주인이 주관하게 되어 있지 않은 것입니다. 한 주인이 주관하게 돼 있기 때문에 형제가 하나 된 자리에서 주관하게 되어 있는 것입니다.

## 제2절 제1축복 (생육)

창 2/17 선악을 알게 하는 나무의 열매는 먹지 말라 네가 먹는 날에는 반드시 죽으리라 하시니라

창 3/6 여자가 그 나무를 본즉 먹음직도 하고 보암직도 하고 지혜롭게 할 만큼 탐스럽기도 한 나무인지라 여자가 그 열매를 따먹고 자기와 함께 있는 남편에게도 주매 그도 먹은지라

유 1/6~7 또 자기 지위를 지키지 아니하고 자기 처소를 떠난 천사들을

큰 날의 심판까지 영원한 결박으로 흑암에 가두셨으며 소돔과 고모라와 그 이웃 도시들도 그들과 같은 행동으로 음란하며 다른 육체를 따라 가다가 영원한 불의 형벌을 받음으로 거울이 되었느니라

천성경 2267 거짓 사랑이 시작됨으로 말미암아 몸 마음을 갈라놓았고, 부부를 갈라놓았고, 형제를 갈라놓았기 때문에, 탕감복귀 원칙에 있어서 하나 될 수 있는 가정을 찾기 위해서는, 몸 마음이 하나 되고 부부가 하나 되고 형제가 하나 될 수 있는 자리를 다시 이룸으로 말미암아 천상천국과 지상천국이 연결되는 것입니다.

(260-317, 1994. 5. 19)

## 제3절 제2축복 (번성)

창 4/4~5 아벨은 자기도 양의 첫 새끼와 그 기름으로 드렸더니, 여호와께서 아벨과 그의 제물은 받으셨으나 가인과 그의 제물은 받지 아니하신지라 가인이 몹시 분하여 안색이 변하니

창 4/8 가인이 그의 아우 아벨에게 말하고 그들이 들에 있을 때에 가인이 그의 아우 아벨을 쳐 죽이니라

통일 196호 (p14) 사탄이 인류역사를 지배하게 된 결정적인 이유는 어디에 있었느냐 하는 것입니다. 첫째는 아담과 해와가 타락한 것이고 둘째는 가인이 아벨을 죽임으로 말미암아 사탄이 인류역사를 지배하게 된 것입니다. 이 두 가지 조건이 사탄으로 하여금 종적지배와 횡적지배를 할 수 있게 했습니다. 지상세계만이 아니고 영계까지 사탄이 지배하게 됐습니다. 탕감조건을 세우기 위해서는 아

담적인 존재와 아벨적인 존재가 있어야 하는데, 그것은 사탄을 종적, 횡적으로 분별시키기 위해서입니다.

아담 대신 존재를 통해서 타락한 아담의 자리를 복귀하는 것이고, 그 기반 위에서 아벨의 자리를 복귀시켜야합니다. 아담 대신 존재를 통해서는 아담이 타락한 종적 기반을 탕감복귀하는 것이요, 다음은 아벨의 대신자가 가인의 대신자를 굴복시킴으로 말미암아 아벨이 잃어버린 횡적 기반을 탕감복귀 시키는 것입니다. 횡적인 타락에 있어서는 가인이 아벨을 죽임으로 이루어졌으므로 복귀의 과정에서는 아벨이 가인을 순종 굴복시킴으로 이루어지게 되어 있습니다. (1987. 2. 4 미국 이스트가든)

천성경 1327 타락은 아들딸, 가인에 의해서 결정되는 것입니다.
(237－249, 1992. 11. 17)

하뜻 457 가인이 아벨을 죽인 것은 제2의 타격

하뜻 459 그런데 가인이 아벨을 죽인 것은 천사장이 아담을 타락시킨 것과 마찬가지가 되었습니다. 그래서 두 세계의 싸움이 시작된 것입니다.

천성경 1534 하나님께서는 아들딸을 잃어버린 슬픔도 크지만 손주를 갖지 못한 한도 있다. (1998. 8. 21)

천성경 243 하나님은 3세대를 원하시는데 이 3세대를 갖지 못했습니다. 1대는 하나님, 2대는 아담과 해와, 3대는 아직까지 갖지 못했습니다. 지금까지 하나님을 중심삼고 인류가 번성하지 못하고 오직 사탄에 속하게 되었다는 것입니다. 그 사탄은 사랑의 원수입니다.
(215－171, 1991. 2. 17)

천성경 1109 여러분은 천국 가는 길을 모릅니다. 탕감 길을 모릅니다. 탕감 길을 알아요? 책임분담을 완성 못했기 때문에 책임분담 조건에 걸려 있는 겁니다. 책임분담을 못해서 사탄이 침범했다는 것입니다. 개인, 가정, 사회, 국가, 세계, 영계까지 전부 다 사탄이 침범하고 있는 겁니다. (137-104, 1985. 12. 24)

천성경 1107 타락한 인간은 인간 책임분담뿐만이 아닙니다. 전체 창조의 97퍼센트를 전부 다 유린해 버렸습니다. 창조과정 전부가 무너졌다 이겁니다. 그러니 얼마나 어려우냐는 겁니다. 그러므로 인간이 97퍼센트에 해당될 수 있는 책임을 해주지 않고는 책임분담을 완성할 수 있는 길이 영원히 없다는 것입니다. (115-67, 1981. 11. 4)

## 제4절 제3축복 (주관)

고후 4/4 그중에 이세상의 신이 믿지 아니하는 자들의 마음을 혼미하게 하여 그리스도의 영광의 복음의 광채가 비치지 못하게 함이니 그리스도는 하나님의 형상이니라

요 12/31 이제 이 세상에 대한 심판이 이르렀으니 이세상의 임금이 쫓겨나리라

요 8/44 너희는 너희 아비 마귀에게서 났으니 너희 아비의 욕심대로 너희도 행하고자 하느니라 그는 처음부터 살인한 자요 진리가 그 속에 없으므로 진리에 서지 못하고 거짓을 말할 때 마다 제 것으로 말하나니 이는 그가 거짓말쟁이요 거짓의 아비가 되었음이라

마 12/34 독사의 자식들아 너희는 악하니 어떻게 선한 말을 할 수 있느

냐 이는 마음에 가득한 것을 입으로 말함이라

마 23/33 뱀들아 독사의 새끼들아 너희가 어떻게 지옥의 판결을 피하겠느냐

롬 8/19~23 피조물이 고대하는 바는 하나님의 아들들이 나타나는 것이니 피조물이 허무한 데 굴복하는 것은 자기 뜻이 아니요 오직 굴복하게 하시는 이로 말미암음이라 그 바라는 것은 피조물도 썩어짐의 종 노릇 한 데서 해방되어 하나님의 자녀들의 영광의 자유에 이르는 것이니라 피조물이 다 이제까지 함께 탄식하며 함께 고통을 겪고 있는 것을 우리가 아느니라 그뿐 아니라 또한 우리 곧 성령의 처음 익은 열매를 받은 우리까지도 속으로 탄식하여 양자 될 것 곧 우리 몸의 속량을 기다리느니라

## ◈ 제3장 타락의 3단계와 원죄의 사위기대

하나님의 창조원리가 3단계와 사위기대를 통해서 신인일체, 심신일체, 부부일체, 부자일체, 자녀일체, 형제일체, 종족일체, 민족일체, 국가일체, 세계일체, 천주일체, 하나님일체까지 8단계로 이루어지게 되어 있었다.

그런데 천사장 누시엘이 위치를 이탈하여 하나님의 뜻을 뒤엎고 자기 중심한 세계를 이루게 되었는데, 그 결과 하나님의 창조원리를 그대로 타락원리로 사용하여 사탄이가 원하는 타락의 3단계와 사위기대을 이루게 되었다.

타락의 시도는 누시엘이(계12/9) 위치를 이탈하고 해와와의 영적타락으로 타락의 소생이 완료 되었고 이어서 해와와 아담이 육적 타락함으로서(창3/6) 타락의 장성이 완료 되었으며 가인이 아벨을 살인(창4/8) 함으로 타락의 결실이 맺어지게 되었다. 이와 같이 타락의 3단계와 사위기대가 이루어짐으로서(천1327) 타락의 정분합작용을 통하여 육천년 동안 타락의 세계가 계속 되어 왔기 때문에 복귀의 3단계와 복귀의 사위기대가 완성되지 않는 한 타락의 세계는 영원히 계속될 수밖에 없다.

## 제1절 하나님의 삼대축복

창 1/4 빛이 하나님이 보시기에 좋았더라 하나님이 빛과 어둠을 나누사

창 1/31 하나님이 지으신 그 모든 것을 보시니 보시기에 심히 좋았더라 저녁이 되고 아침이 되니 이는 여섯째 날이니라

창 1/28 하나님이 그들에게 복을 주시며 하나님이 그들에게 이르시되 생육하고 번성하여 땅에 충만하라, 땅을 정복하라, 바다의 물고기와 하늘의 새와 땅에 움직이는 모든 생물을 다스리라 하시니라

창 2/17 선악을 알게 하는 나무의 열매는 먹지 말라 네가 먹는 날에는 반드시 죽으리라 하시니라

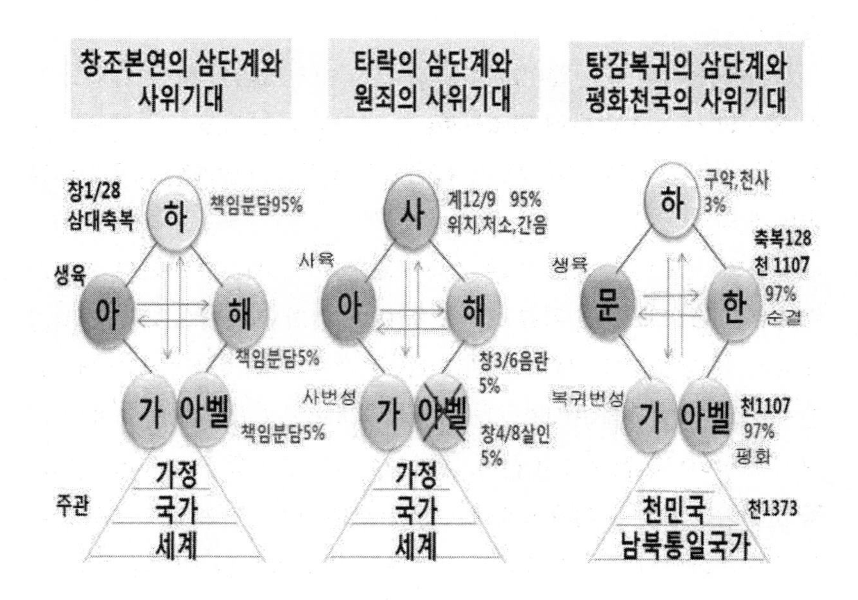


## 제2절 타락의 3단계

천성경 1934 앞으로 이 세계문제를 해결하고, 인류의 도덕문제를 해소

시키기 위해서는 타락 원리가 없으면 안 됩니다. 타락 원리 없이는 인간문제가 시정되지 않습니다. 이건 사탄이 하늘을 배반하고 역사를 끌어 나온 최후의 절망적 종말현상이라는 것입니다. 이것은 인류를 파탄, 멸망시키기 위한 사탄의 전략입니다. 이것을 해소하지 않으면 역사가 풀어지질 않는다는 것입니다. 역사가 풀어지지 않으면 역사를 청산 지을 수 없는 것입니다.
(219-266, 1991. 10. 11)

### 1) 천사의 타락 (타락의 1단계)

계 12/9 큰 용이 내쫓기니 옛 뱀 곧 마귀라고도 하고 사탄이라고도 하며 온 천하를 꾀는 자라 그가 땅으로 내쫓기니 그의 사자들도 그와 함께 내쫓기니라

벧후 2/4 하나님의 범죄한 천사들을 용서하지 아니하시고 지옥에 던져 어두운 구덩이에 두어 심판 때까지 지키게 하셨으며

유 1/6~7 또 자기 지위를 지키지 아니하고 자기 처소를 떠난 천사들을 큰 날의 심판까지 영원한 결박으로 흑암에 가두셨으며 소돔과 고모라와 그 이웃 도시들도 그들과 같은 행동으로 음란하며 다른 육체를 따라 가다가 영원한 불의 형벌을 받음으로 거울이 되었느니라

### 2) 아담 해와의 종적타락 (타락의 2단계)

창 2/25 아담과 그의 아내 두 사람이 벌거벗었으나 부끄러워하지 아니하니라

창 3/6 여자가 그 나무를 본즉 먹음직도 하고 보암직도 하고 지혜롭게 할 만큼 탐스럽기도 한 나무인지라 여자가 그 열매를 따먹고 자기

와 함께 있는 남편에게도 주매 그도 먹은지라

창 3/7 이에 그들의 눈이 밝아져 자기들이 벗은 줄을 알고 무화과나무 잎을 엮어 치마로 삼았더라

욥기 31/33 내가 언제 다른 사람처럼 내 악행을 숨긴 일이 있거나 나의 죄악을 나의 품에 감추었으며

요 8/44 너희는 너희 아비 마귀에게서 났으니 너희 아비의 욕심대로 너희도 행하고자 하느니라 그는 처음부터 살인한 자요 진리가 그 속에 없으므로 진리에 서지 못하고 거짓을 말할 때 마다 제 것으로 말하나니 이는 그가 거짓말쟁이요 거짓의 아비가 되었음이라

마 23/33 뱀들아 독사의 새끼들아 너희가 어떻게 지옥의 판결을 피하겠느냐

마 3/7 요한이 많은 바리새인들과 사두개인들이 세례 베푸는 데로 오는 것을 보고 이르되 독사의 자식들아 누가 너희를 가르쳐 임박한 진노를 피하라 하더냐

롬 8/19~23 피조물이 고대하는 바는 하나님의 아들들이 나타나는 것이니 피조물이 허무한 데 굴복하는 것은 자기 뜻이 아니요 오직 굴복하게 하시는 이로 말미암음이라 그 바라는 것은 피조물도 썩어짐의 종 노릇 한 데서 해방되어 하나님의 자녀들의 영광의 자유에 이르는 것이니라 피조물이 다 이제까지 함께 탄식하며 함께 고통을 겪고 있는 것을 우리가 아느니라 그뿐 아니라 또한 우리 곧 성령의 처음 익은 열매를 받은 우리까지도 속으로 탄식하여 양자 될 것 곧 우리 몸의 속량을 기다리느니라

### 3) 가인이 아벨을 쳐 죽인 것이 횡적타락이다 (타락의 3단계)

**—타락의 사위기대—**

창 4/8 가인이 그의 아우 아벨에게 말하고 그들이 들에 있을 때에 가인이 그의 아우 아벨을 쳐 죽이니라

하뜻 457 가인이 아벨을 죽인 것은 제2의 타격

하뜻 459 그러나 메시아(참부모)는 어차피 와야 한다는 것입니다. 3대 이내에 메시아가 오면 전부 다 한꺼번에 가정적으로 복귀될 수 있었다는 것입니다. 메시아를 타락하지 않는 부모의 자리에 세워가지고 거꾸로 접붙여 들어갈 수 있었다는 것입니다. 그런데 가인이 아벨을 죽인 것은 천사장이 아담을 타락시킨 것과 마찬가지가 되었습니다. 그래서 두 세계의 싸움이 시작된 것입니다.

축복 673 삼형제가 하나되지 못한 것이 타락이지요? 그렇지요? 셋이 하나되지 못한 것이 타락이기 때문에 복귀원칙에 따라서 세 형제가 한 살림살이를 해가지고 하나되지 못하면 천국은 절대로 이룰 수 없는 것입니다.

(1971. 5. 6 중앙수련소/축복가정, 부인전도대원 수련회)

축복 676 가인을 아벨과 같이 사랑했습니다. 하고 사탄이 공인할 수 있는 기준을 세워야 사탄이 떨어져 나간다. 삼위기대는 한 형제다 고로 이 세 사람이 하나 되면 선생님 대신 행사를 할 수 있다. 삼위기대를 망각하고 자기 가정을 위주하면 망한다. 이름만 선생님을 대신하지 말고 책임과 심정에 있어서 선생님을 대신해야 한다. 원칙은 삼위기대 중 한가정이 세가정의 생활을 책임지고 두 가정은

나가서 전도해야 한다. (1968. 11. 20 자녀의 날 전 본부교회)

통일 434호 (p39) 여러분의 얼굴을 보면 축복이다, 해봐요. "축복이다!" 축(祝)자는 무슨 자냐 하면, 보일 시(示)변에 형님(兄)을 했어요. 형님을 보여주는 것이다! 이 우주 가운데 슬픔이 뭐냐? 형님의 모습을 보면서 형님의 모든 것을 배워 가지고 형님이 보고 좋아하는 우주의 동위권을 찾지 못한 것이 타락이다, 이렇게 봐요.

(2007. 7. 1 / 제17회 칠일절 말씀 천정궁)

천성경 2337 그러면 하나님의 완성인 동시에 하나님의 아기씨로부터 형제 완성, 부부 완성, 부모 완성의 자리에서 아담과 해와도 자녀에서 형제로부터 부부 완성, 부모 완성을 이루고, 아담의 아들딸도 그런 자리에서 완성하는 것입니다. 이런 3대 창조주의 기준을 이 땅 위에 갖추지 못하고 보지 못한 것이 타락입니다.

(264−195, 1994. 10. 9)

천성경 1740 타락이 뭐냐? 하나님이 1대라면 아담이 2대입니다. 3대 된 핏줄의 손자를 못 가진 것이 타락입니다. 손자를 못 가진 것이 타락입니다. (2000. 3. 3)

천성경 395 여기에 아들딸이 있게 된다면 아들딸은 과거 현재 미래의 총화이기 때문에 세 부모 세 조상들의 3사랑을 연해서 4대를 사랑해야 됩니다. 그러므로 하나님이 손자를 못 본 것이 타락입니다.

(211−206, 1990. 12. 30)

천성경 1534 하나님은 제1창조주로서 아담과 해와를 창조하시고, 아담해와는 제2창조주로서 우리를 창조했다. 그러므로 우리는 제3창조주가 되는 것이다. 하나님께서는 아들딸을 잃어버린 슬픔도 크지만 손주를 갖지 못한 한도 있다. 제1창조주와 같은 심정을 가지고 한집에서 함께 살아야 한다. (1998. 8. 21)

통일 196호 (p14) 사탄이 인류역사를 지배하게 된 결정적인 이유는 어디에 있었느냐 하는 것입니다. 첫째는 아담과 해와가 타락한 것이고 둘째는 가인이 아벨을 죽임으로 말미암아 사탄이 인류역사를 지배하게 된 것입니다. 이 두가지 조건이 사탄으로 하여금 종적지배와 횡적지배를 할 수 있게 했습니다. 지상세계만이 아니고 영계까지 사탄이 지배하게 됐습니다.

탕감조건을 세우기 위해서는 아담적인 존재와 아벨적인 존재가 있어야 하는데 그것은 사탄을 종적, 횡적으로 분별시키기 위해서입니다. 아담대신 존재를 통해서 타락한 아담의 자리를 복귀하는 것이고 그 기반 위에서 아벨의 자리를 복귀시켜야 합니다. 아담대신 존재를 통해서는 아담이 타락한 종적 기반을 탕감복귀하는 것이요, 다음은 아벨의 대신자가 가인의 대신자를 굴복시킴으로 말미암아 아벨이 잃어버린 횡적 기반을 탕감 복귀시키는 것입니다. 횡적인 타락에 있어서는 가인이 아벨을 죽임으로 이루어졌으므로 복귀의 과정에서는 아벨이 가인을 순종굴복시킴으로 이루어지게 되어 있습니다. 그런데 가인이 아벨을 죽임으로써 아담자신은 아들딸이 없게 되었습니다. (1987. 2. 4 미국 이스트가든)

천성경 1327 타락은 아들딸, 가인에 의해서 결정되는 것입니다. (237－249, 1992. 11. 17)

## ◈ 제4장 제2아담 예수님의 삼대축복 탕감복귀노정

참부모님은 성약말씀을 통해서 타락한 인류가 구세주로 오신 예수님을 믿기만 하면 천국에 간다고 하는 기독교의 교리를 명쾌하게 설명하여 주셨다. 또 아담 해와가 이 지상에서 사위기대를 이루고 하나님의 3대축복이 이루어졌더라면 그들이 지상천국에서 생활하고 육신을 벗고 영계에 가면 자동적으로 천상천국세계가 이루어지게 되어 있었다고 설명하여 주셨다. 그런데 아담 해와는 하나님의 3대축복 노정을 이루지 못했음으로 복귀섭리역사상 예수님과 재림주는 3대축복을 탕감복귀하는 3대축복 탕감복귀노정을 걷게 되었다.

예수님의 삼대축복 탕감복귀 노정 결과

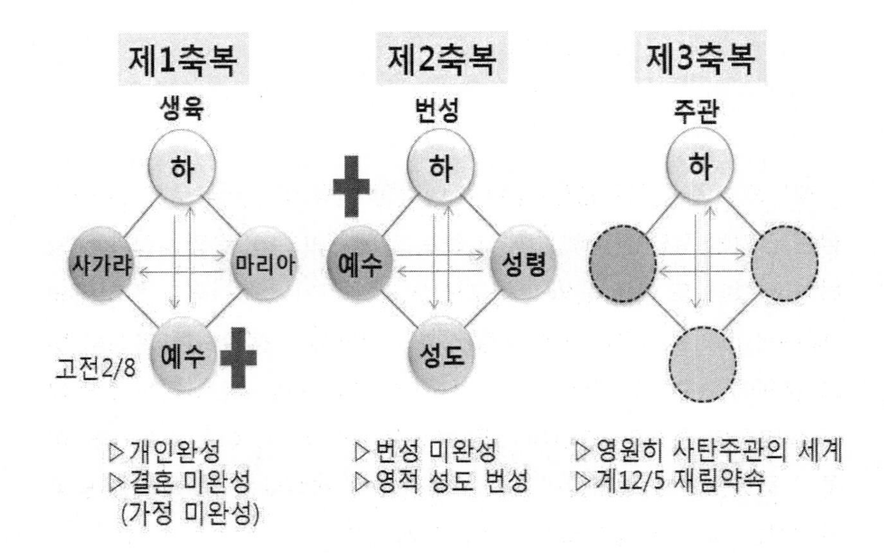


하뜻 9 복귀섭리의 완성은 역사상에 나타났다가 미완성으로 남아진 모든 내용을 현실로 끌어내서 다시금 해명하고 탕감하여 복귀해 나가지 않으면 안 됩니다. 이것을 실현하겠다고 나선 것이 통일교회입니다. 선생님의 사명은 스스로 그것을 실행하고 뒤따라오는 세계의 모든 통일 식구들에게 이를 실행토록 하는 것입니다. 여러분들의 사명은 말씀에 따라서 복귀섭리의 완성을 향해 전진하는 것입니다. 남자는 타락전 아담 이상의 기준위에 서야하고 예수님을 대신한 몸으로서 부족함이 없어야 합니다. 여자는 타락전 해와 이상의 기준위에 서야하고 예수님의 신부로서 부족함이 없어야 합니다. 통일교회의 사명은 그러한 남녀를 탄생시키는 것입니다. 예

수님은 유대민족의 불신으로 인하여 십자가에 돌아가심으로써 지상의 기반을 완전히 잃고 말았습니다. 이렇듯 예수님께서 성취하지 못했던 모든 일을 여러분 개개인이 탕감하고 예수님 이상의 기준에 서지 않으면 안 됩니다.

## 제1절 제2아담 예수님의 제1축복(생육) 탕감복귀노정

아담이 에덴동산에서 책임분담을 못하여 ①말씀의 실체가 되지 못했고 ②해와를 지키지 못하여 가정을 이루지 못했다. 결과적으로 아담은 ③자녀를 선(善) 번식하지 못하고 악(惡)의 자녀를 번식하게 되었으며 ④하나님의 선(善)주권의 세계가 아닌 악(惡)주권의 세계를 이루는데 조상이 되었다.

예수님은 타락한 아담(제1아담) 대신 제2아담으로 오셨으므로 제일 먼저 말씀의 실체로 성장하고 그 다음에 해와를 찾아야 했다. 예수님은 에덴동산에서 잃어버린 해와를 지상에서 찾아 세워 타락한 아담가정 대신 예수님의 가정을 이루어야 했었다.

눅 1/27 다윗의 자손 요셉이라 하는 사람과 약혼한 처녀에게 이르니 그 처녀의 이름은 마리아라

눅 1/31 보라 네가 잉태하여 아들을 낳으리니 그 이름을 예수라 하라

눅 1/32 그가 큰 자가 되고 지극히 높으신 이의 아들이라 일컬어질 것이요 주 하나님께서 그 조상 다윗의 왕위를 그에게 주시리니

눅 1/33 영원히 야곱의 집을 왕으로 다스리실 것이며 그 나라가 무궁 하리라

눅 1/34 마리아가 천사에게 말하되 나는 남자를 알지 못하니 어찌 이일 이 있으리이까

눅 1/35 천사가 대답하여 이르되 성령이 네게 임하시고 지극히 높으신 이의 능력이 너를 덮으시리니 이러므로 나실 바 거룩한 이는 하나님의 아들이라 일컬어지리라

눅 1/36 보라 네 친족 엘리사벳도 늙어서 아들을 배었느니라 본래 임신하지 못한다고 알려진 이가 이미 여섯 달이 되었나니

38 마리아가 이르되 주의 여종이오니 말씀대로 내게 이루어지이다 하매 천사가 떠나 가니라

39 이 때에 마리아가 일어나 빨리 산골로 가서 유대 한 동네에 이르러

40 사가랴의 집에 들어가 엘리사벳에게 문안하니

41 엘리사벳이 마리아가 문안함을 들으매 아이가 복중에서 뛰노는지라 엘리사벳이 성령의 충만함을 받아

48 그의 여종의 비천함을 돌보셨음이라 보라 이제 후로는 만세에 나를 복이 있다 일컬으리로다

56 마리아가 석 달쯤 함께 있다가 집으로 돌아가니라

눅 2/11 오늘 다윗의 동네에 너희를 위하여 구주가 나셨으니 곧 그리스도 주시니라

눅 2/21 할례할 팔일이 되매 그 이름을 예수라 하니 곧 잉태하기 전에 천사가 일컬은 바러라

마 1/18 예수 그리스도의 나심은 이러하니라 그의 어머니 마리아가 요셉과 약혼하고 동거하기 전에 성령으로 잉태된 것이 나타났더니

마 1/19 그의 남편 요셉은 의로운 사람이라 그를 드러내지 아니하고 가

만히 끊고자 하여

마 1/21 아들을 낳으리니 이름을 예수라 하라 이는 그가 자기 백성을 그들의 죄에서 구원할 자이심이라 하니라

마 1/24 요셉이 잠에서 깨어 일어나 주의 사자의 분부대로 행하여 그의 아내를 데려왔으나

마 1/25 아들을 낳기까지 동침하지 아니하더니 낳으매 이름을 예수라 하니라

고전 15/45 기록된바 첫 사람 아담은 산 영이 되었다 함과 같이 마지막 아담은 살려주는 영이 되었나니

## 제2절 제2아담 예수님의 제2축복(번성) 탕감복귀노정

하나님의 아들딸이 되었어야 할 인류는 타락으로 인하여 사탄의 종의 종이 됨으로 말미암아 개인, 가정, 종족, 민족, 국가, 세계, 천주 모두가 마귀의 세상이 되었다. 즉 하나님의 복귀섭리를 어디서 어떻게 시작해야 할지 바늘끝 만큼도 허용되지 않는 죄악의 세계가 떼장밭과 같이 서로 어우러져 있는 세상이 되어 버린 것이다.

이러한 가운데 하나님은 구세주 예수님을 이 땅에 제2아담의 사명으로(고전15/45) 보내게 되었다. 제1아담은 말씀을 버리고 죄인이 되었지만 제2아담의 사명으로 오신 예수님은 말씀을 찾아 12세 때 교법사들과 말씀 논쟁을 한 일이 있었다. 그 때 그들에게 이 아이가 앞으로 큰일을 할 수도 있다는 두려움을 준 것이다.

예수님은 말씀만 찾으면 되는 것이 아니라 하나님이 아담의 갈빗대로 해와를 창조하신 것과 같이 스스로 해와를 찾아 세워야 했었다. 아

담이 하나님 앞에 해와와 함께 결혼식을 못했던 것을 예수님은 하나님 앞에 해와를 복귀하여 결혼식을 하고 하나님의 가정을 이루어 자손을 번식해야 했었다. 그러나 예수님은 결혼을 할 수 없었다. 왜냐하면 결혼식은 혼자 할 수 없기 때문이다. 처녀가 낳은 아버지 없는 아들로 태어나 정상적인 인간으로 대접을 받지 못했던 예수님에게 누가 딸을 줄 수 있었으며 어떤 여자가 그 시대의 핍박을 이기고 예수님의 신부로 자처하고 혼사를 성사 시킬 수 있었느냐는 것이다.

예수님은 핍박 받는 고독한 외로운 삶속에서 제자들마저도 배신하고 비참한 생애를 사시다가 가신 독생자이시다. 이와 같이 예수님은 독신으로 가셨기 때문에 제2축복(번성)을 이룰 수 없었던 것이다.

요 14/6 예수께서 이르시되 내가 곧 길이요 진리요 생명이니 나로 말미암지 않고는 아버지께로 올자가 없느니라

마 10/34~39 내가 세상에 화평을 주러 온 줄로 생각하지 말라 화평이 아니요 검을 주러 왔노라 내가 온 것은 사람이 그 아버지와, 딸이 어머니와, 며느리가 시어머니와 불화하게 하려 함이니 사람의 원수가 자기 집안 식구리라 아버지나 어머니를 나보다 더 사랑하는 자는 내게 합당하지 아니하고 아들이나 딸을 나보다 더 사랑하는 자도 내게 합당하지 아니하며 또 자기 십자가를 지고 나를 따르지 않는 자도 내게 합당하지 아니 하니라 자기 목숨을 얻는 자는 잃을 것이요 나를 위하여 자기 목숨을 잃는 자는 얻으리라

요 6/53 예수께서 이르시되 내가 진실로 진실로 너희에게 이르노니 인자의 살을 먹지 아니하고 인자의 피를 마시지 아니하면 너희 속에 생명이 없느니라

요 16/25 이것을 비유로 너희에게 일렀거니와 때가 이르면 다시는 비유로 너희에게 이르지 않고 아버지에 대한 것을 밝히 이르리라

축복 127 예수님은 어떠한 자격을 가지고 왔느냐? 아버지로 오셨습니다. 인류의 참아버지, 즉 참 조상으로 오신 것입니다. 그러나 참어머니를 데리고 오는 것이 아닙니다. 원래 인간이 참어머니를 사탄에게 빼앗겼기 때문에 사탄세계에서 죽기를 각오하고라도 빼앗아 와야 합니다. 끝 날에 주님이 오셔서 신부를 맞이할 때 신부가 해방되는 것입니다. (1968. 7. 14 전 본부교회)

요 2/3~4 포도주가 떨어진지라 예수의 어머니가 예수에게 이르되 저들에게 포도주가 없다 하니 예수께서 이르시되 여자여 나와 무슨 상관이 있나이까 내 때가 아직 이르지 아니하였나이다

요 3/14 모세가 광야에서 뱀을 든 것 같이 인자도 들려야 하리니

마 26/39 조금 나아가사 얼굴을 땅에 대시고 엎드려 기도하여 이르시되 내 아버지여 만일 할 만하시거든 이 잔을 내게서 지나가게 하옵소서 그러나 나의 원대로 마시옵고 아버지의 원대로 하옵소서 하시고

마 16/23 예수께서 돌이키시며 베드로에게 이르시되 사탄아 내뒤로 물러가라 너는 나를 넘어지게 하는 자로다 네가 하나님의 일을 생각지 아니하고 도리어 사람의 일을 생각하는도다

요 19/30 예수께서 신 포도주를 받으신 후 이르시되 다 이루었다 하시고 머리를 숙이니 영혼이 떠 나가시니라

고전 2/8 이 지혜는 이 세대의 관원들이 한 사람도 알지 못하였나니 만일 알았더라면 영광의 주를 십자가에 못 박지 아니하였으리라

—예수님이 십자가에 돌아가신 후…—

행 2/1~4 오순절 날이 이미 이르매 그들이 다 같이 한곳에 모였더니 홀연히 하늘로부터 급하고 강한 바람 같은 소리가 있어 그들이 앉은 온 집에 가득하여 마치 불의 혀처럼 갈라지는 것들이 그들에게 보여 각 사람 위에 하나씩 임하여 있더니 그들이 다 성령의 충만함을 받고 성령이 말하게 하심을 따라 다른 언어들로 말하기를 시작하니라

요 20/19 이 날 곧 안식 후 첫날 저녁 때에 제자들이 유대인들을 두려워하여 모인 곳의 문들을 닫았더니 예수께서 오사 가운데 서서 이르시되 너희에게 평강이 있을 지어다

계 12/5 여자가 아들을 낳으니 이는 장차 철장으로 만국을 다스릴 남자라 그 아이를 하나님 앞과 그 보좌 앞으로 올려가더라

축복 128 앞으로 오시는 주님은 무엇으로 오시느냐? 예수님은 제2의 아담으로 오셨지만 앞으로 오시는 주님은 제3의 아담으로 오십니다. 제3의 아담이 왜 와야만 됩니까? 그것은 이 땅이 잘못되었기 때문입니다. 이 땅위에서 사고가 났으니 이것을 수리해 놓아야 하기 때문입니다. 이것을 수리할 수 있는, 고장 나지 아니한 새로운 주인이 와야 합니다. 그러므로 여러분은 새로운 주인이 와서 사고 난 것을 언제 고쳐 주실 것인가를 고대해야 합니다. 제3의 아담이 누구냐? 이 땅위에 인류조상의 이름을 지니고 세 번째로 오시는 분입니다. (1968. 5. 1 전 본부교회)

## ◈ 제5장 제3아담 참부모님의 삼대축복 탕감복귀노정

## 제1절 제3아담 참부모님의 제1축복(생육) 탕감복귀노정
## (1960－1967 1차 7년노정)

제3아담으로 오신 참부모님은 하나님의 3대축복을 탕감 복귀하는 사명자로 오셨다. 아담이 생육노정을 이루지 못하여 잃어버린 내용을 본인(제3아담)의 책임으로 모두 찾아야 했다.

아담은 ①하나님의 말씀을 불신함으로 하나님의 말씀과 ②하나님의 말씀실체(아담)를 잃어 버렸으며 ③천사세계 뿐만 아니라 ④해와와 ⑤자녀(아들딸), ⑥만물과 ⑦하나님(하나님의 이상세계)까지도 잃어버리고만 결과가 되었다.

아담이 5%책임분담을 했었다면 위의 모든 것을 하나님으로부터(95%) 상속축복 받게 되어 있었다. 그러나 아담은 본인의 책임분담을 못함으로 타락하였으니 탕감복귀의 원칙에 따라 제3아담으로 오신 문선명 참부모님은 본인이 스스로 잃어버린 책임분담 5%가 아닌 97%를 찾아야 만 하셨다. (천1107) 그래서 참부모님은 구세주의 길을 넘어 재창조주의 길을 가신 것이다. (천1548)

## 제1아담 제1축복 생육노정

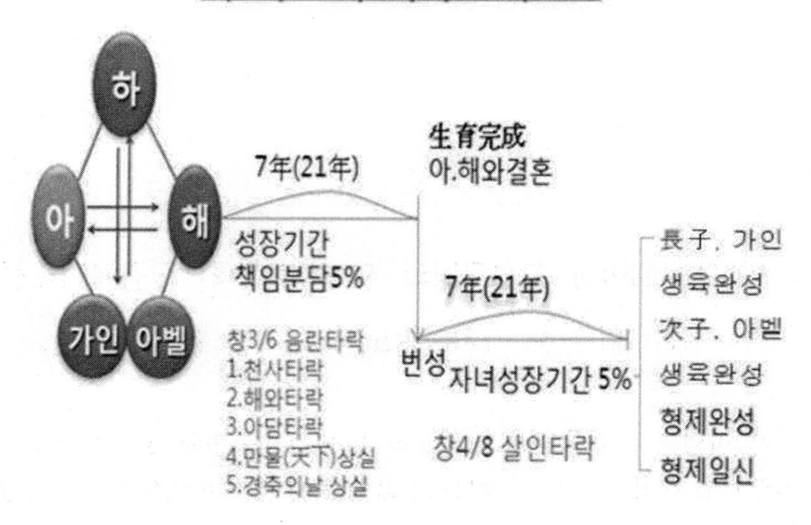


## 제3아담(文) 제1축복 탕감복귀노정

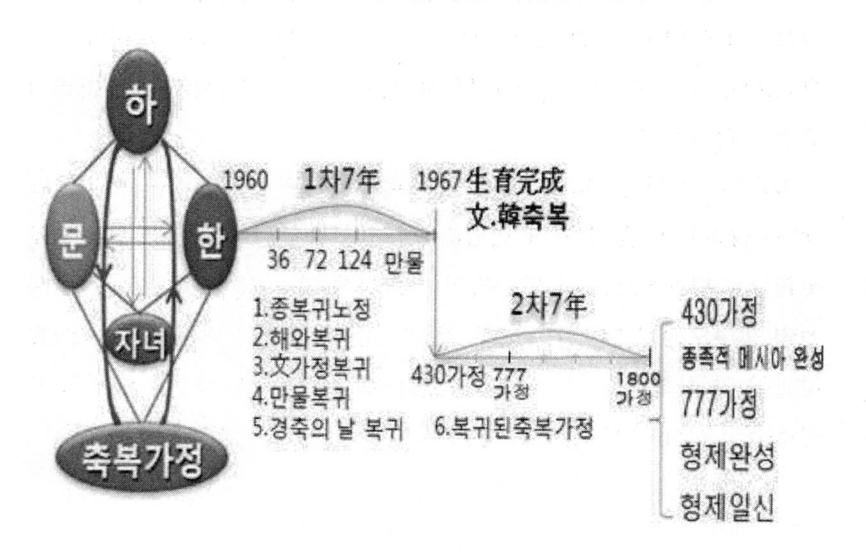

1) 개성완성

창 2/7 여호와 하나님이 땅의 흙으로 사람을 지으시고 생기를 그 코에 불어넣으시니 사람이 생령이 되니라

축복 128 그렇기 때문에 복귀섭리 가운데서도 아담과 같은 존재가 지상에 재출현해야 되는 것입니다. 그것이 메시아 재림사상입니다. 그 아담이 나오지 않고는 해와를 지을 수 없습니다. 아담이 나오기 전에 사람이 있었더라도 그것은 사람이 아닙니다. 흙덩이와 마찬가지입니다. 사람 같은 꼴은 있지만 사람이 아닙니다. 그것은 하나님의 공인된 창조이상법도로서 사람으로 인정할 수 없는 것입니다. 단 아담만이 하나님이 원하는 사람입니다. 그것을 다시 탕감복귀 하는 것이 재림사상입니다. 둘째번 나타난 메시아입니다. 그 메시아가 나와야만 비로소 하나님이 원하는 해와, 신부를 맞이할 수 있는 것입니다.

천성경 1591 아담 해와를 하나님이 지었다면 어떤 단계로부터 지었는가? 아담 해와를 장성한 사람으로 지었다고 생각할 수 없습니다. 아기로부터 지었다는 것입니다. 하나님이 아기를 밴 어머니가 품어 키우는 것과 마찬가지의 과정을 거쳐서 지었다는 논리를 세우지 않고는 이 모든 3단계의 질서를 통한 존재의 형성이라는 것을 설명할 도리가 없습니다. 유아기가 있었다는 것입니다. 그 다음에 장성기가 있었고, 완성기가 있었습니다. 이것은 천리의 도리입니다. (225－198, 1992. 1. 20)

천성경 547 아담과 해와를 하나님이 지었다면 어떻게 지었을까? 흙으

로 빚어서 지었다면 어떤 흙으로 지었을까? 어디서 출발했을까? 어디서부터 시작했느냐는 것입니다. 아담과 해와를 장성한 사람으로 지었다고 생각할 수 없습니다. 아기로부터 지었습니다. 하나님이 아기를 밴 어머니가 품어 키우는 것과 마찬가지의 과정을 거쳐 지었다는 논리를 세우지 않고는, 이 모든 3단계의 질서를 통한 존재 형성이라는 것을 설명할 도리가 없습니다. 그래서 아담과 해와에게도 유아기가 있었다는 것입니다. 그 다음에 장성기가 있었습니다. 이건 천리입니다. 그 다음에 완성기가 있었습니다. 유아기는 어떤 유아기였겠느냐? 무형의 하나님이 무형의 세계에서부터 유형의 과정을 거쳐 올 수 있는 아기의 존재를 품고 키웠다는 논리로부터 시작해야 됩니다. (225－198, 1992. 1. 20)

롬 9/21 토기장이가 진흙 한 덩이로 하나는 귀히 쓸 그릇을, 하나는 천히 쓸 그릇을 만들 권한이 없느냐

하뜻 443 여러분 레버런 문을 살펴볼 때 성격이 대단할 것 같아요, 얌전하고 유해서 할 말도 못하는 사람 같아요? 성격이 대단한 사람이라는 것을 알아야 합니다. 성격이 극에서 극이라는 것입니다. 사탄세계의 어떤 사람도 다 뜻 가운데 들어갈 수 있게끔 하기 위해서 극에서 극을 오가는 성격을 가진 선생님을 택하셨다는 것입니다. 하나님은 그런 작전을 하시는 것입니다.

뜻길 22 선생님은 말씀을 찾기 위한 십자가, 실체를 찾기 위한 십자가를 지고 역사의 고개를 넘어왔다.

천성경 1107 타락한 인간은 인간 책임분담뿐만이 아닙니다. 전체 창조의 97퍼센트를 전부 다 유린해 버렸습니다. 창조과정 전부가 무너

졌다 이겁니다. 그러니 얼마나 어려우냐는 겁니다. 그러므로 인간이 97퍼센트에 해당될 수 있는 책임을 해주지 않고는 책임분담을 완성할 수 있는 길이 영원히 없다는 것입니다.

(115－67, 1981. 11. 4)

2) **믿음의 자녀복귀 (천사복귀)**

뜻길 315 세자녀 복귀는 1.영적으로는 3대 천사장을 복귀시키는 것 2.부모의 자리를 결정하기 위한 절대요건 3.자식을 완전한 승리의 자리에 세울 수 있는 절대요건이다.

축복 454 부모님을 중심삼고 세 가정을 축복하니 여덟 식구가 된다. 이 세가정이 아담, 노아, 아브라함을 대표한 가정이며 가인형을 복귀한 가정이다. 여기에서 직계의 자녀가 나와야 한다. 또한 이 세 가정은 예수님 시대에 반대했던 제자 대신 재림시대의 자녀로 세워진 가인형의 인물이다. 고로 재림주를 모심으로써 복귀한 천사장의 입장에 서야 한다. 그러므로 세 가정은 천사장을 복귀한 형의 가정이 된다. (1969. 2. 6 미국 센프란시스코교회)

하뜻 18 예수님께는 세 제자가 꼭 필요했습니다. 아담과 해와에게는 세 명의 천사장이 있었습니다. 그런데 그들이 서로 일체를 이루어 아담과 해와를 모시지 못했습니다. 그 결과로 타락세계가 이루어졌기 때문에 완성된 부모의 입장으로 넘어서기 위하여는 완전히 복종할 수 있는 3명의 천사장격인 3제자가 있어야 하는 것입니다. 그렇지 않으면 사탄을 지상에서 쫓아낼 수 가 없습니다. 영계의 세 천사장을 상징하고 타락권내의 3시대(구약시대, 신약시대, 성약시대)를 통과하면서 아벨에게 순종굴복하지 않는 가인의 입장을 완전히 탕감하는 인물이 필요합니다. 이 세 사람이 구약, 신약, 성약으로 연결되어온 종적인 역사를 일시에 횡적으로 탕감복귀하기 위해 오신 재림주님께 완전히 순종 굴복해야 합니다.

하뜻 387 36가정으로부터 72가정 124가정까지는 갈라놓을 수 없는 한 팀입니다. 36가정은 역사적인, 역대의 조상을 뜻하는 것입니다. 그 다음에 72가정은 아들딸을, 120가정은 세계 국가 제사장을 말하는 것입니다. 120가정은 또 12지파, 지파의 세계적 분파형을 말하는 것입니다. 그래서 조상과 가인 아벨이 하나되고 거기에 12지파가 하나되면 되는 것입니다. 그것을 찾는 것이 복귀 역사였습니다. 36가정은 조상이고 72가정은 가인 아벨형인데 이것이 싸웠습니다. 싸워서 뜻을 망치는 결과를 가져왔기 때문에 하나되어야 합니다. 72가정이 36가정과 하나되어야 합니다. 조상을 중심삼고 가인 아벨이 하나되고 거기에서 12지파가 하나되어야 합니다.

축복 478 오늘날 인류는 하나님의 섭리에 의하여 심정적 전통을 계승한 완성된 인간이 되어야 하는 것입니다. 그것을 이루는 섭리의 과정에서 36가정이 하나님의 심정을 중심하고 최초로 승리한 조상의 기준을 지상에 확립한 것입니다. 그러므로 36가정은 복귀된 인류의 조상을 상징하고 있습니다. (1972. 5. 7 일본 동경교회)

축복 479 그래서 36대가 실패했던 것을 복귀한 기준을 세웠다는 것입니다. 그렇게해서 조상이 된 것인데 조상만으로는 안 되는 것입니다. 싸움이 어디에서부터 시작되었습니까? 아담해와로부터 시작되었습니다. 아담 해와의 아들인 가인과 아벨로부터 싸움이 시작되었습니다. 그래서 이 세계를 이렇게 망쳐놓았습니다. 그것은 무슨 말이냐 하면 그 후손들이 전부 싸움을 하는 세계를 만들었다는 것입니다. 이것을 탕감 복귀해야 합니다. 그러기 위해서는 36대의 아들딸들이 하나님 앞에서 싸우지 않고 하나 되었다는 조건을 세워야 합니다. 그래서 가인 아벨로 분립한 수, 즉 36을 2배한 72가정을 세운 것입니다. 이 72가정이 세워짐으로써 가인과 아벨이 싸우지 않고 사위기대를 이룰 수 있는 역사적인 선조의 터전을 닦은 것입니다. 그래서 사탄을 방비할 수 있는 절대적인 기준이 세워졌다는 것입니다. 알겠습니까? 여러분은 72가정이 얼마나 심각한 자리에 서 있는 줄 압니까? (1967. 12. 31 전 본부교회)

축복 480 72가정은 36가정의 축복을 바탕으로 세워졌습니다. 72가정은 아담가정을 중심으로 복귀된 가인 아벨 가정을 상징합니다.

아담 해와가 하나님 앞에 서려면 가인 아벨이 완전히 하나된 기대 위에 올라가야 합니다. 아담 해와가 인류의 조상으로서 완전한 부모의 입장에 서기 위해서는 가인 아벨이 완전히 하나돼야 하는 것입니다. 36가정은 조상격인 아담 가정을 상징하고 있습니다. 그러므로 36가정은 가인 아벨이 하나된 가정의 기반위에 서야 부모의 자격을 갖추게 되는 것입니다. 72가정이 36가정의 두 배가 되는 것도 가인 아벨의 입장이기 때문입니다. (1972. 5. 7 일본 동경교회)

축복 481 그렇다면 120수는 무슨 수냐? 12수는 소생을 상징하는 수이고, 70수는 장성을 상징하는 수이며 120수는 미래의 세계의 국가들을 대표하는 수입니다. 기독교 이념을 중심삼아 결성된 UN에 120개 국가가 가입하게 되면 끝 날에 접어들었다는 것을 알아야 합니다. 지금 123개국이 가입되어 있습니다. 1967년의 고비를 중심삼고 124개국이 가입되어야 합니다. 통일교회 124가정의 수와 124개국의 수도 모두 다 들어맞아야 됩니다.

(1967. 12. 31 전 본부교회)

축복 482 그러한 상징은 1967년에서 1968년에 걸쳐 120개 국가가 생겨난 것으로 이뤄지게 됐습니다. 우리는 인류역사의 흐름 가운데 그 어느 것 하나 하나님의 섭리와 무관한 것이 없음을 보게 되는 것입니다. 이렇듯 축복받은 124가정은 세계의 모든 국가를 상징하고 있습니다. 세계의 모든 국가를 복귀하는 상징으로 축복한 것이 124가정인데, 120가정에 4가정을 보탠 것은 지금까지 축복받은 가정의 회수에 해당하는 숫자입니다.

그리고 네 쌍의 가정은 동서남북의 문을 상징합니다. 124가정은 인류가 지금까지 소망해 온 이상국가, 즉 하나님의 나라를 복귀하는 의미와, 그와 같은 가치를 지니고 있다 하겠습니다.

(1972. 5. 7 일본 동경교회)

축복 482 120가정은 예수님 중심한 120문도를 대신한 것입니다. 네 가정은 결혼한 기혼가정입니다. 사방의 문을 열어 주어야 합니다.

(1968. 5. 1 전 본부교회)

축복 465 36가정은 타락한 인류의 조상들이 부활한 형이고, 그 다음에 72가정은 그 조상들의 아들딸이 부활한 형이며, 120가정은 세계 사람들이 부활한 형입니다. 그래서 이들이 하나되면 결국은 가정과 아들딸 그리고 세계까지 하나된다는 것입니다. 앞으로 120가정까지는 내가 직접 책임을 져야 되겠다고 생각을 합니다.

(1976. 1. 31 한국본부교회)

3) 해와복귀

천성경 1155 기독교를 통해 2천년 동안 재림주가 올 수 있게 했기 때문에, 기독교문화권을 중심삼고 2차대전 직후에 기독교와 미국을 중심삼은 승리적 기반위에 선생님이 섰더라면, 선생님이 고생하겠어요? 그때 선생님을 받들었으면, 어머니는 누가 되었겠어요? 성진이 어머니가 안 된다면 누가 되겠어요? 영국여자입니다. 뜻적으로는 영국여자입니다. 영국왕궁이 선생님과 관계를 맺는다는 겁니다. 기독교가 반대함으로써 우리 어머니가 복 받았습니다. (181－217, 1988. 10. 3)

축복 127 예수님은 어떠한 자격을 가지고 왔느냐? 아버지로 오셨습니다. 인류의 참아버지, 즉 참 조상으로 오신 것입니다. 그러나 참어머니를 데리고 오는 것이 아닙니다. 원래 인간이 참어머니를 사탄에게 빼앗겼기 때문에 사탄세계에서 죽기를 각오하고라도 빼앗아 와야 합니다. 끝 날에 주님이 오셔서 신부를 맞이할 때 신부가 해방되는 것입니다. (1968. 7. 14 전 본부교회)

축복 131 새로운 가정을 이루기 위해서는 땅 위에 있는 수많은 여성들을 대표할 수 있는 하나의 여성을 찾아야 됩니다. 즉, 국가적으로나 세계적으로나 전체를 걸어 놓고 수많은 여성들을 대표할 수 있는 하나의 여성을 찾아야 된다는 것입니다. (1970. 3. 22 전 본부교회)

축복 131 하나님의 사랑하는 아들은 그 상대자를 얻지 않으면 안 됩니다. 상대자를 어디서 얻어야 하겠습니까? 천상에서 얻는 것이 아닙니다. 타락의 결과로 해와를 지상에서 잃었기 때문에 그 상대자 역시 지상에서 재창조하지 않으면 안 됩니다.

(1983. 4. 3 한국 설악산)

하뜻 724 그와 같이 개인의 완성을 이룩한 다음에는 해와를 재창조하지 않으면 안 됩니다. 하나님은 아담을 만들고 나서 아담을 표본으로 하여 해와를 만들었습니다. 아담이 책임을 다하지 못하여 해와가 타락했기 때문에 복귀한 아담이 해와를 재창조하지 않으면 안 됩니다. 이미 몸은 만들어져 있습니다. 그것은 사탄의 주관권내에 있기 때문에 그것을 빼앗아 오지 않으면 안 됩니다. 하나님은 그와 같은 지상 기반을 준비하시는 것입니다. 그래서 20세 이하의 아무것도 모르는 어머니를 데려 왔습니다. 그것은 재창조를 위해서였습니다. 어머니는 절대 순종하는 과정을 거쳐야 했습니다. 성혼식 이후 7년 기간은 6천년의 역사를 탕감 복귀하는 기간입니다. 이 7년 기간 동안에 어머니는 언제 어디서 어떤 일을 하든지 선생님에게 절대로 순종하지 않으면 안 됩니다.

하뜻 477 그러나 아무리 그가 반대한다 해도 메시아는 이 주관성을 복귀해가지고 원리원칙에 의하여 천도를 맞춰나가게 되는 것입니다. 여기에서 비로소 완전한 남자로서 영계와 육계에 자리를 잡게 되는 것입니다. 해와가 이를 믿지 않으면 다시금 해와를 내세워서라도 하나님의 뜻을 이뤄드려야 하는 것입니다. 그렇기 때문에 메시아는 종의 자리, 양자의 자리, 아들의 자리, 남편의 자리 왕의 자리에 섰는데 상대가 이를 따라주지 않게 될 때에는 전 세계 기독교인 가운데서 자유자재로 신부를 선택할 수 있는 권한을 가지고 이 땅에 현현하시는 것입니다.

하뜻 477 선생님의 공생애는 1945년부터 시작되었습니다. 그 해는 남한에서 사선을 넘어 사탄세계인 북한에 가서 승리권을 쟁취하기 위한 탕감조건을 세워나간 해였습니다. 그때에 그러한 여자가 있어야 했습니다. 사탄세계에서 내적인 기반을 닦아오면서 외적인 시험과 더불어 내적인 시험을 거쳤습니다. 공산권 내에 들어가 감옥살이까지 하고 나와서 그러한 기반을 통해 탕감조건을 세워가지고 1954년에 비로소 협회를 창립하게 되었습니다.

하뜻 152 야곱은 라반과 7년 기간을 약속하고 일했으나 라반이 약속을 이행하지 않음으로 말미암아 연장되어 21년 노정이 걸려서야 승리하고 돌아올 수 있었습니다. 마찬가지로 오늘날도 7년 동안에 뜻이 이루어지지 않을 때에는 21년 기간이 걸리게 됩니다. 선생님은 제1차 7년 노정으로 완료해야할 뜻이 한국 기독교인들의 반대로 21년으로 연장되었고 통일교회에도 21년의 노정이 남아지게 되었습니다. 그 기간은1960년부터 1981년까지입니다. 이 기간 동안에 모든 식구들이 책임을 다한다면 세계는 완전히 뜻 앞에 돌아오게 될 것입니다. 1960년은 새로운 역사 시대로 들어가는 해입니다. 세계적으로 유명한 역사학자들이 1960년의 중요성을 말하고 있는 것은 이런 섭리적인 뜻이 있기 때문입니다.

축복 516 선생님 자신도 1960년에 성혼식을 올렸지만, 세상을 완전히 이기고 영계나 육계에서 완전한 승리의 기반을 닦은 터 위에서 성혼식을 올린 것이 아니었습니다. 선생님의 가정은 국가권내에서 환난 겪던 예수그리스도가 완성하지 못한 그 자리를 이어받아 출발한 것입니다. 그러므로 새로운 종족과 민족과 세계를 형성하기 위해 출발한 가정이었지만, 사탄세계로부터 핍박을 받게 되어 있었다는 것입니다. (1978. 10. 22 한국 중앙수련소)

축복 416 사실은 7년 노정을 걷기 전에는 결혼할 수 없는 것입니다. 여러분은 3년 동안 전도해서 믿음의 세 아들딸을 결혼시켜야 합니다. 먼저 만물을 사랑하고 천사장을 사랑하고 그 후에 하나님을 사랑하는 것이 본연의 형태입니다. 타락함으로써 인간은 만물보다 낮은 자리로 떨어졌기 때문에, 먼저 만물을 찾고 천사장을 찾아 그들을 사랑할 수 있는 입장에 선 후에야 하나님을 사랑할 수 있습니다. 오늘 통일교회는 이런 공식대로 가고 있습니다.
(1983. 6. 5 미국 통일신학 대학원)

축복 400 따라서 오늘 여러분이 축복받으려고 나선 이 자리는 완성기 완성급이 아니라 장성기 완성급이라는 사실을 알아야 됩니다. 타락한 아담 해와를 중심삼고 가인, 아벨, 셋과 그들의 대상을 포함한 아담 가정의 여덟 식구가 모두 떨어져 내려갔기 때문에 하나님 앞에 탕감조건을 세워 가지고 다시 완성급을 향하여 들어서는 자리인 것입니다. 거기에서는 부모의 사랑을 느껴야 하는 것입니다. 생명의 기원은 부모의 사랑을 통하여 태어난 것입니다. 이런 생명의 가치를 세계의 그 무엇보다도 존중시할 수 있는 그 자리를 거쳐야만 새로운 길을 갈 수 있다는 것입니다. 원리가 그렇게 되어 있습니다. (1970. 10. 19 성주식 중앙수련소)

축복 401 그러면 앞으로 인간들이 가야할 노정 앞에는 무엇이 남아 있느냐? 참부모를 맞음으로 대 승리를 하는 것이 아닙니다. 참부모는 어디까지나 완성기에서 현현하는 것이 아니라 장성기 완성급에서 현현해야 하기 때문에 이 7년이라는 과정을 거치지 않고는 완전 승리의 결과를 가져올 수 없는 것입니다. 이것은 원리적인 내용입니다. 그렇기 때문에 기독교에서 주장하는 7년 대환란이라는 말이 나오게 된 것입니다. 여기서 우리 통일교 인들이 알아야 할 것은 7년노정은 싫든 좋든 가지 않으면 안 될 노정이라는 것입니다. (1971. 1. 1 전 본부교회)

축복 409 여러분은 선생님을 통해서 축복을 받아야 합니다. 이게 소생 축복인 것입니다. 이 축복은 완성급의 축복이 아닙니다. 타락권내에 있어서 장성기 완성급을 넘어가기 위한 것입니다. 축복을 받고 믿음의 세 아들딸이 있으면 장성기 완성급을 넘어서는 것입니다. 그다음에 7년노정이 있는 것입니다. 축복받기 전에도 7년 노정이 있고 축복받은 후에도 7년노정이 있는 것입니다. 선생님도 그런 노정을 거쳐 나왔습니다. (1970. 3. 23 전 본부교회)

하뜻 725 하나님의 날은 완성된 아담 해와의 출발 기준을 의미합니다.

하뜻 725 가정완성 기반을 닦는 데에는 원칙이 있습니다. 종족적 탕감을 하지 않으면 가정 안식 기반은 생기지 않습니다. 개인 안식 기반을 얻으려면 가정 안식 기반에서 탕감하여 승리하지 않으면 안 됩니다. 그것은 철칙입니다.

하뜻 478 아담가정에 하나님의 축복이 내리고 신랑신부로서 참부모가 현현하게 된 것입니다. 그래서 우리가 책임을 다했으면 1960년부터 1967년까지 1차 7년노정 가운데 하나님의 나라가 이 땅에 실현될 수 있었던 것입니다.

**축복** 411 여러분들이 개인적인 십자가의 노정을 거쳐 나올 때 누가 먼저 개척했습니까? 여자들이 했지요? 그러면 완성 단계의 기준이 누구 때문에 틀어졌느냐? 해와로 인해 틀어졌습니다. 그러니 가정을 중심삼은 십자가도 해와가 져야 되는 것입니다. 그러므로 여러분이 눈물짓고 나가는 그 노정에는 아들딸도 기뻐할 것입니다. 복귀의 길을 가야 하는 피눈물 나는 이 노정에서 후방에 있는 어린 자녀들과 합세해 가지고 심정적 십자가를 뒷받침하여 하나 될 수 있어야만 가정이 진척하여 완성 단계로 넘어갈 수 있다는 것입니다.

이렇게 하늘나라에 완성급을 다리 놓을 수 있는 여자로 등장했다는 조건을 세워야만, 오시는 주님 앞에 사랑을 받아 하늘의 법도를 세울 수 있는 친지의 권에 들어갈 수 있는 조건을 비로소 탕감할 수 있다는 것입니다. 이러한 사명이 여자들에게 남아 있는 것입니다. 이 결혼을 통해서 되는 것이 아니라는 것입니다. 여러분은 장성기 완성급 단계에 있는 것이지 완성 단계를 넘어선 것이 아닙니다. 이 모든 전부가 여자들이 탕감해야 할 내용입니다. 그러면 어떻게 탕감해 나갈 것인가? 지금까지의 복귀 역사과정에서와 마찬가지로 어머니와 자식이 모자 협조 과정을 통하여 가야 하는 것입니다. 그렇기 때문에 여러분은 애기를 업고서라도 고생길을 나서야 합니다. 이 한계를 넘어서기 위해서 선생님이 70년대부터 여러분을 고생시키려는 것입니다. (1970. 10. 19 성주식 중앙수련소)

#### 4) 만물복귀

하뜻 20 그것이 이룩되었으니 다음에는 만물을 축복해야 합니다. 하나님께서 원하시는 사람을 찾았으니 다음에 만물을 찾지 않으면 안 됩니다. 선생님은 이러한 조건을 세우기 위하여 1965년에 세계를 순례하며 40개국을 중심으로 하여 120개의 성지를 택정하였습니다. 세계적으로 택정된 성지는 운세를 크게 전환시키는 포인트가 되었습니다.

#### 5) 부모 자녀 만물 하나님의 날

하뜻 21 제1차 7년노정을 승리적으로 매듭짓고 1968년 1월 1일에는 "하나님의 날"을 결정할 수가 있었습니다. 하나님의 날의 결정과 함께 지상에 하나님이 임재하실 수 있는 기대를 세울 수가 있었습니다. 하나님의 날을 맞이한 그때부터 지옥이 괴멸되고 사탄도 망할 수밖에 없는 입장으로 빠져 들어가기 때문입니다. 하나님의 날을 결정함으로써 선생님의 사명은 완성되었습니다.

하뜻 724 이와 같은 과정에서 부모의 날을 설정하고 자녀의 날과 만물의 날을 선포하였습니다. 또 이와 같은 내적인 여러 가지 문제를 탕감복귀 하여 부모님 자신이 모든 것에 참소권을 극복한 승리의 조건을 충족시키지 않으면 하나님의 날을 결정할 수 없는 것입니다. 하나님의 날은 완성한 아담 해와의 출발기준을 의미합니다.

축복 410 지금까지 여러분은 개인적인 탕감시대를 거쳐 왔습니다. 그리고 여러분이 개인적 탕감시대를 거쳐올 때 선생님은 가정적 탕감시대를 이미 거친 것입니다. 가정적 탕감시대를 거쳤기 때문에 하나님의 날, 만물의 날, 자녀의 날, 부모의 날이 나온 것입니다. (1970. 10. 19 성주식 중앙수련소)

6) 아들복귀

뜻길 27 하나님이 아담 해와를 창조하심은 아담 해와의 자녀에게 목적이 있었다. 메시아를 세우신 것도 메시아 자체에 목적이 있는 것이 아니라 인류에게 목적이 있는 것이다.

뜻길 352 하나님의 구원섭리의 목적은 아버지 앞에 양자가 아닌 직계의 아들을 찾아 세우는 것이고 그 수속이 어린양잔치(祝福)이다.

하뜻 92 나는 사람을 끌어 모으려고 노력하는 사람이 아닙니다. 공적으로 살려는 한 사람, 천륜을 위주로 살려는 한 사람, 나의 모든 것을 넘겨줄 수 있는 대표자 한 사람만 찾으면 나는 승리했다고 생각하는 것입니다. 사고방식이 여러분과 다르다는 것입니다.

하뜻 467~8 내가 이제 죽는다면 나같이 하나님을 사랑하고 나같이 인류를 사랑하는 사람이 이 땅 위에 누가 있을까 하는 염려가 앞섭니다. 그런 의미에서 내가 오래 살아야 되겠다는 것입니다. 선생님은 여러분 가운데서 그런 사람이 빨리 나왔으면 얼마나 좋겠느냐는 눈으로 여러분을 바라보고 있다는 것을 알아야 합니다. 하나님이 이 레버런 문에게 축복을 해주신다면 나는 하나님이 나에게 그런 사람을 주시는 것이 제일 큰 선물이요, 축복이라고 보는 것입니다. 지금까지 불신 받고 수난 당하신 하나님을 대해서 선생님이상 사랑하고, 선생님이상 인류를 해방해 주기 위해서 노력하겠다는 사람이 이 시간 나온다면 오늘은 영광의 날일 것입니다.

하뜻 496 진리를 탐구하는데도 마찬가지입니다. 기성교회와 같이 성경을 본다고 해서 될 수 있는게 아닙니다. 얼마나 방대한 잼대로 재야 하는지 생각해 보라는 것입니다. 실험하는 사람이 이것 저것 갖다 맞추어 보듯이 진리나 원리를 캐나가는 것도 마찬가지입니다. 그런 것을 생각하면 선생님이 많이 발견했지 않아요? 여러분은 이왕에 갈 바에는 잘 가야 합니다. 4월까지는 잘못 갔다 하더라도 5월부터는 잘 가야 합니다. 힘차게 가야합니다. 선생님에게 지지 않게끔 갈수 있는 여러분이 되기를 바랍니다.

내가 언젠가 이야기 했지만 누구에게 나의 사명을 맡기고 내가 죽을 수 있겠는가 하고 생각할 때가 많습니다. 내가 사랑하던 하나님을 누가 사랑할까하는 것입니다. 여러분만은 꼭 이것을 해내야 합니다. 여러분이 그렇게 한다면 절대로 망하지 않을 것입니다. 그와 같은 정신을 가지고 사는 사람들은 이 역사상에서 누구보다도 하나님의 축복을 더 많이 받을 것이고, 통일교회를 정통적으로 계승해 나갈 것입니다. 선생님이 지금 58세입니다. 12년만 있으면 70세이고 22년 후면 80세가 됩니다. 나는 효진군을 보고 "네가 준비해야 할 것이 얼마나 많으냐, 바쁘게 생활해야 된다"고 말합니다. 심각해야 합니다.

하뜻 26 제2차 7년노정은 그러한 기준을 각자 자기를 중심삼고 전개해야 되는 기간입니다. 선생님이 육신의 혈족을 앞세우고 사랑했더라면 복귀섭리는 이루어질 수 없는 겁니다. 하나님도 사랑하는 독생자와 선민을 희생시키고 십자가를 지게 하셨습니다.

하뜻 200 내가 평양에서 나올 때 불과 한 시간정도 가면 부모님을 다 만날 수 있었지만 달려가지를 못했습니다. 부모가 죽음길을 가더라도 상관할 수 없는 길, 다른 종족을 찾아나서야 할 운명길을 출발하여 남한으로 내려오게 된 것입니다. 누구보다 나를 사랑하던 어머니와 누구보다 나를 사랑하던 그 형님 누나들이 공산치하에서 희생되어 갔다고 보고 있습니다. 내가 사랑하는 가족을 버리고 혈족을 버리고 만나겠다고 하던 사람들이 여러분들입니다.

천성경 1313 430가정이 무슨 가정이냐 하면 말입니다. 여러분 430가정 시대에 와 가지고는 종족적 메시아 시대로 들어가는 겁니다. 430가정은 어느 가정이나 전부 다 씨족을 중심삼아 가지고 재림부활할 수 있는 가정적 기반, 다시 말하면 예수님께서 재림한 가정적 기반을 전 민족적으로 부여한 것을 대표한 것이기 때문에 430가정은 자기의 전 씨족을 중심삼은 메시아 가정들이다 이겁니다. 430가정은 씨족을 중심삼은 재림한 메시아 가정과 마찬가지라는 겁니다. 그렇기 때문에 36가정에서부터 72가정 120가정은 선생님에게 속하는 것입니다. 그것은 종적인 기준에 해당하는 것이요, 430가정은 사방에 세워놓은 것입니다. 그렇기 때문에 종족적 메시아권내에 들어가는 겁니다. 그래서 여러분 대해서 "종족적 메시아가 되라!" 했던 것입니다. 그러면 종적으로, 횡적으로 전부 다 탕감할 수 있게 됩니다. (84－157, 1976. 2. 22)

천성경 2085 부모님의 소원이 뭐냐? 어머니 아버지로서 혈통적으로 하나 된 뿌리가 없습니다. 아들딸을 낳아야 그 집안의 핏줄이 이어지는 것입니다. 아들딸이 부모를 사랑함으로 말미암아 관계없던 어머니 아버지의 핏줄이 나로 말미암아 통일이 벌어지는 것입니다. 자식으로 말미암아 부모의 완성을 가져오는 것입니다. 그 아들딸이 효도함으로 말미암아 어머니 아버지의 완성이 벌어집니다. 그렇기 때문에 부모를 완성시키는 것은 나의 완성을 가져올 수 있는 것입니다. 내가 크면 어머니 아버지와 같이 하나되어야 된다는 것입니다. 그렇기 때문에 서로 완성하는 것입니다.

(223-174, 1991. 11. 10)

## 제2절 제3아담 참부모님의 제2축복(번성) 탕감복귀노정 (1968-1974 2차 7년노정)

제1축복 탕감복귀노정(1차7년노정)을 승리하신 참부모님은 인류를 구원하시기 위해 만민을 하나님의 참자녀로 중생(번성) 시켜야 한다. 그러므로 참부모님의 제2축복 탕감복귀노정(2차7년노정)은 참부모님이 인류를 참자녀로 중생시키는 중요한 노정이 되는 것이다.

### 1) 2차 7년노정은 자녀시대

하뜻 199 제1차 7년노정을 기반으로 제2차 7년노정이 시작되었습니다. 제2차 7년노정은 축복가정이 가야할 기간입니다. 1차 7년노정은 부모시대요, 2차 7년노정은 자녀시대입니다. 그것은 구약시대와 신약시대에 맞먹는 기간입니다.

축복 408 2차 7년노정이 무엇인 줄 압니까? 복귀된 가정을 세워 가지고 7년노정을 가야되는데 이것이 제2차 7년노정인 것입니다.

(1970. 3. 23 전 본부교회)

하뜻 25~26 여러분들은 선생님과는 달리 제2차 7년노정이 시작되었으므로 지금부터 자기의 부모와 형제자매에게 귀한 말씀을 전해 줄 수 있는 권내에 살고 있습니다. 통일교회 식구들은 종족적 메시아의 입장에 서야 되는 것입니다. 여러분이 종족적 메시아로서 제2차 7년노정기간 해야 할 일이 무엇이겠습니까? 여러분들의 종족과 가정을 중심으로 선생님이 하지 못했던 일과 예수님께서 하지 못했던 일을 전개하여 하늘 편에서 세워야 할 탕감조건을 모두 완성하는 일입니다. 개인으로부터 가정, 종족, 민족, 국가를 모두 사랑했다는 기준을 세워서 세계까지 연결시켜 나가야 합니다.

2) 자녀시대의 중심

축복 508 그 다음에는 1968년도에 430가정을 축복할 때에 선생님이 지시한 바와 같이 종족적 메시아가 되라는 것입니다. 그 사명을 해야 합니다. 선생님을 중심삼고 협회에 36가정이 조직되어 있듯이, 김씨면 김씨 가문에서 먼저 축복 받은 가정을 중심삼고 김씨 가문의 36가정형이 있어야 됩니다. 알겠어요? 36가정이 못 되면 여러분이 12가정형의 조상이라도 되어야 합니다. 그건 여러분이 부모니까 여러분의 아들딸을 중심삼고 삼위기대를 이루어서 그 기준을 만들어 나가야 합니다. 그리하여 여러분들이 여러분 씨족의 조상이 되어 여러분 가정을 중심삼은 새로운 지파편성을 해야 될게 아니에요? 그것이 12지파형인데 그것을 형성하면 그 12지파권내에 전부 들어가는 것입니다. 12지파 형태와 마찬가지로 12제자가 있어야 되고, 12제자가 중심이 되어 70문도가 되고 나아가 120문

도와 같은 형태를 갖추어나가야 됩니다. 이것이 직계 종족입니다. (1970. 6. 4 전 본부교회)

축복 484 이제 우리는 단결해야 하겠습니다. 패배가 아닌 승리를 위한 단결을 해야 되겠습니다. 이래서 "승리적 통일전선"이란 말이 나온 것입니다. 그 중심이 무엇이냐? 가정입니다. 그러므로 가정들이 하나 되어야 하겠습니다. 그래서 430가정을 세웠던 것입니다. (1970. 4. 6 / 음3.1 전 본부교회)

축복 483 이 한국내에 축복가정이 생겨났지만 국가 기준의 탕감의 인연은 아직 생겨나지 않았습니다. 탕감의 국가기준을 세우는 것이 430가정의 축복이었습니다. 430가정을 축복한 해는 한국이 4300년의 역사를 맞는 때이고 이스라엘 민족이 430년의 애굽고역을 끝내고 출애굽하는 기간의 숫자이기도 합니다. 그러므로 430가정의 축복은 이스라엘 민족의 해방을 기원하는 수의 의미이기도 합니다. 430가정의 축복은 한국 국민으로 하여금 하나님을 향한 이상을 세울 수 있는 길을 열어 놓은 계기가 되었습니다.

지금까지의 종교는 개인 이상에 맞추었지만 430가정의 축복으로 인하여 통일교회는 전 국민이 하나님을 향한 이상을 펼칠 수 있게 한 것입니다. 종적 섭리를 1대를 통하여 횡적으로 완수해야 하는데, 43수는 모든 것을 충족시켜 줍니다. 4수는 4위기대 수로 동서남북을 상징하며, 3수는 소생 장성 완성을 상징한 수입니다. 결국 4수와 3수는 탕감복귀의 절대적인 수입니다. 430가정을 축복한 것은 탕감복귀의 승리적 기대를 나타낸 것입니다. 430가정의 축복으로 한민족은 누구나 통일교회에 들어오면 축복받을 수 있는

국가적 기준을 조성한 것입니다. (1972. 5. 7 일본 동경교회)

축복 483 430쌍의 축복가정은 땅 수와 하늘 수를 합한 것을 의미한다. (19−273, 1968. 3. 7 / 수원 탕감봉 행사 때)

천성경 1313 430가정이 무슨 가정이냐 하면 말입니다. 여러분 430가정 시대에 와 가지고는 종족적 메시아 시대로 들어가는 겁니다. 430가정은 어느 가정이나 전부 다 씨족을 중심삼아 가지고 재림부활할 수 있는 가정적 기반, 다시 말하면 예수님께서 재림한 가정적 기반을 전 민족적으로 부여한 것을 대표한 것이기 때문에 430가정은 자기의 전 씨족을 중심삼은 메시아 가정들이다 이겁니다. 430가정은 씨족을 중심삼은 재림한 메시아 가정과 마찬가지라는 겁니다. 그렇기 때문에 36가정에서부터 72가정 120가정은 선생님에게 속하는 것입니다. 그것은 종적인 기준에 해당하는 것이요, 430가정은 사방에 세워놓은 것입니다. 그렇기 때문에 종족적 메시아권내에 들어가는 겁니다. 그래서 여러분 대해서 "종족적 메시아가 되라!" 했던 것입니다. 그러면 종적으로, 횡적으로 전부 다 탕감할 수 있게 됩니다. (84−157, 1976. 2. 22)

축복 498 축복을 해주는 것은 그들에게 새로운 사명인 종족적인 메시아의 자격을 부여하여 주기 위한 것이기도 합니다. 예수님이 바라시던 신랑 신부의 이상을 완성한 자리에 세우고, 하나님의 대신 자리에 선생님이 서서 그들에게 횡적인 메시아의 사명을 부여해 주는 것입니다. (1983)

### 3) 축복가정(자녀)의 책임분담

천성경 251 참부모가 복귀의 길을 갔으면 여러분도 복귀의 길을 안 갈 수 없다는 것입니다. 최소한도의 책임분담 5퍼센트를 완수해야 됩니다. 그걸 알아야 됩니다. 여러분의 아내를 사랑하는 이상, 부모를 사랑하는 이상 하나님을 사랑해야 됩니다. 여러분의 아들딸을 사랑하는 이상 하나님을 사랑하라는 겁니다. 그것을 기반으로 해서 세계에 확대하는 것이 통일교회의 이상세계입니다. 본연의 세계입니다. (128－30, 1983. 5. 29)

하뜻 151 이 복귀의 길을 선생님도 가지 않으면 안 되며, 여러분들도 모두 가야 하는 길입니다. 복귀의 길에 있어서 선생님이 세계적 사명을 완수했다고 한다면 여러분들은 국가적 사명까지 완수하면 됩니다. 선생님은 세계적 승리기반을 만들고 국가적 승리기대는 여러분들이 만들지 않으면 안 됩니다.

뜻길 37 복귀의 길은 찾아가는 길, 원리의 길은 밟아가는 길.

뜻길 149 선생님은 탕감복귀의 길을 가는 것이요, 여러분들은 원리의 길을 가는 것이다.

뜻길 52 복귀해 가는 원리는 가르쳐 줄 수 없다. 그러므로 자신이 찾아가야 한다.

하뜻 37~38 그와 같은 탕감조건을 선생님은 어떻게 연구하여 알게 되었는지 불가사의할 것입니다. 하나님께서 가르쳐 주셨다면 그것은 탕감이 되지 않는 것입니다. 아담이 스스로 알아서 해결할 일을 못했기 때문에 인류역사는 6천년동안 연장되어 왔습니다. 그러므로 탕감조건을 세우는 방법도 선생님이 스스로 연구해서 알아내야 합니다.

하뜻 496 진리를 탐구하는데도 마찬가지입니다. 기성교회와 같이 성경을 본다고 해서 될 수 있는게 아닙니다. 얼마나 방대한 잼대로 재야하는지 생각해 보라는 것입니다. 실험하는 사람이 이것저것 갖다 맞추어 보듯이 진리나 원리를 캐나가는 것도 마찬가지입니다. 그런 것을 생각하면 선생님이 많이 발견했지 않아요? 여러분은 이왕에 갈 바에는 잘 가야 합니다. 4월까지는 잘 못 갔다 하더라도 5월부터는 잘 가야 합니다. 힘차게 가야합니다. 선생님에게 지지 않게끔 갈수 있는 여러분이 되기를 바랍니다. 내가 언젠가 이야기했지만 누구에게 나의 사명을 맡기고 내가 죽을 수 있겠는가 하고 생각할 때가 많습니다. 내가 사랑하던 하나님을 누가 사랑할까하는 것입니다. 여러분만은 꼭 이것을 해내야 합니다. 여러분이 그렇게 한다면 절대로 망하지 않을 것입니다. 그와 같은 정신을 가지고 사는 사람들은 이 역사상에서 누구보다도 하나님의 축복을 더 많이 받을 것이고, 통일교회를 정통적으로 계승해 나갈 것입니다.

축복 409 그러나 타락한 인간들은 7년만으로 끝날 수 없는 것입니다. 탕감하는 7년 기간이 있어야하고, 성사시키는 7년 기간이 있어야 한다는 것입니다. 무슨 말인지 알겠어요? (1970. 4. 6 /음3.1)

축복 410 이 길을 못가면 여러분은 축복받았더라도 천국에 입적되지 못합니다. 천국의 문은 다 열려 있지만 이 7년 노정을 넘지 못하면 들어갈 수 없는 것입니다. 예복을 갖추지 못하고는 들어가지 못하는 것입니다. 못 간다는 것입니다. 선생님이 여러분에게 이러한 원리의 내용을 가르쳐 주었는데도 불구하고 만약 여러분들이 이 것을 실천하지 못하게 될 때, 선생님은 책임지지 않습니다. 여러분이 원리적 견해에서 원칙적인 책임을 지는 입장에 설 때 선생님은 여러분을 책임지는 것입니다. 알겠습니까?

(1970. 3. 23 전 본부교회)

축복 411 그러므로 통일교회가 앞으로 천국 갈 수 있는 길을 닦는 데 있어서 가정적인 기준을 닦아야 합니다. 그러지 않고는 천국에 못 갑니다. 가정을 중심삼고 사탄이 참소할 수 있는 기준에서 벗어나야 하는데 역사적인 참소기준, 시대적인 참소기준에서 벗어나야 합니다. 그러기 위해서는 이러한 복귀의 공식노정을 거치지 않으면 안 된다는 것을 알아야 합니다. 핍박이 없이 자유스런, 이 평면적인 환경에서 여러분이 그것을 해결할 수 있는 기간이 제2차 7년 노정이라는 것을 확실히 알아야 되겠습니다.

(1968. 9. 1 전 본부교회)

뜻길 351 축복가정은 민족복귀의 밑뿌리가 되어야 한다. 썩은 뿌리에 접붙일 수 없는 것이다.

하뜻 568 그저 이렇게 믿고만 나가면 축복도 다 이루어지고 이렇게 믿고만 나가면 선생님이 다 천국에 데려가는 줄로 알고 있습니다. 그러나 그것이 아닙니다. 탕감복귀는 가정을 중심삼은 탕감복귀나 민족을 중심삼은 탕감복귀나 다 마찬가지라는 것입니다. 같은 길을 걸어가야 한다는 것입니다. 같은 길을 걸어가는 데 있어서도 개개인이 따로따로 걸어가려면 아주 어렵지만, 대표적인 한 분이 닦은 기반을 상속받아 가지고 간다면 훨씬 쉬운 것입니다.

하뜻 560 여러분에게는 장성기 완성급 기준을 능가하기 위한 7년 기간이 남아 있습니다. 3년간 준비하여 예수님의 공적노정을 중심으로 3명의 제자를 비롯한 탕감의 원칙 기반을 만들어야 합니다. 그리고 민족적인 메시아의 사명을 다해야 합니다.

하뜻 566 선생님의 가정이나 여러분의 가정이 가야 할 필연적인 운명길은 세계를 극복하며 넘어가는 길입니다. 세계를 어떻게 극복 할 것이냐? 이것은 우리가 죽어서 가는 길이 아니라 살아생전에 "탕감"이란 길을 통해서 가야하는 것입니다. 탕감의 길에는 어떤 기간이 있어야 하고, 조건물이 있어야 하고, 아담의 대신존재인 아벨적인 중심존재가 필요하다는 것입니다. 선생님 자신도 세계사적인 탕감기간 내에 반드시 어떠한 조건을 세워야 하는 것입니다. 그 조건이 무엇이냐 하면, 국가와 세계를 사랑하고 국가와 세계를 위해 살았다는 실적을 남기는 것입니다. 그래서 아벨적인 입장에서 가인편 개인들로부터, 가인편 가정과 민족과 국가와 세계로부터 모진 핍박을 받으면서도 오히려 그들을 위해 살아온 것입니다. 그 과정에서 쓰러지지 않고 살아남아서 승리의 기반을 닦기 전에는 아벨을 중심삼은 이념을 사탄편 개인, 가정, 종족, 민족, 국가, 세계, 천주에까지 전파하여 넘어갈 수 없다는 것입니다.

하뜻 569 이 중앙점을 통해야 된다는 말은 무슨 뜻인가? 하나님의 섭리로 말하면 반드시 아벨적인 기반을 통하지 않으면 안 된다는 말입니다. 그리고 개인 아벨을 통한 다음에는 가정아벨을 통해야 하고, 가정아벨을 통한 다음에는 종족아벨을 통해야 하고, 그 다음에는 민족아벨을 통해야 하고 국가아벨을 통해야 하고, 세계아벨을 통해야하고 천주아벨을 통해야 합니다. 그다음에는 하나님의 사랑을 받는 완성한 아들이 되어야 합니다. 그래야 하나님과 하나 되는 것입니다. 이것은 절대적인 요건입니다. 아벨이라는 중심을 통하지 않으면 절대로 안 된다는 것입니다.

하뜻 593 내가 전체적인 탕감복귀의 조건을 대표적으로 세웠기 때문에 여러분은 거기에 접붙여야 되는 것입니다. 선생님을 타고 넘어가야 됩니다. 여러분이 선생님과 하나 되기 위해서는 여러분 가정이 먼저 하나 되어야 합니다. 부부가 하나 되고, 부모와 자식들이 하나 되어야 합니다. 그렇게 되어서 가정적으로 접붙여야 됩니다. 남편이 먼저 접붙여서는 안 됩니다. 가정적으로 접붙여야 됩니다. 남편과 아내가 하나 되는 것은 물론이요, 자녀들까지 하나 되어서 접붙여야 됩니다. 요동이 없어야 된다는 것입니다. 이렇게 될 수 있으면 선생님이 닦은 모든 복의 기반을 물려받을 수 있다는 것을 알아야 되겠습니다. 그래서 내가 이번에 한국을 찾아온 것입니다.

하뜻 467~8 내가 이제 죽는다면 나같이 하나님을 사랑하고 나같이 인류를 사랑하는 사람이 이 땅 위에 누가 있을까 하는 염려가 앞섭니다. 그런 의미에서 내가 오래 살아야 되겠다는 것입니다. 선생님은 여러분 가운데서 그런 사람이 빨리 나왔으면 얼마나 좋겠느냐는 눈으로 여러분을 바라보고 있다는 것을 알아야 합니다. 하나님이 이 레버런 문에게 축복을 해주신다면 나는 하나님이 나에게 그런 사람을 주시는 것이 제일 큰 선물이요, 축복이라고 보는 것입니다. 지금까지 불신 받고 수난 당하신 하나님을 대해서 선생님이상 사랑하고, 선생님이상 인류를 해방해 주기 위해서 노력하겠다는 사람이 이 시간 나온다면 오늘은 영광의 날일 것입니다.

하뜻 92 나는 사람을 끌어 모으려고 노력하는 사람이 아닙니다. 공적으로 살려는 한 사람, 천륜을 위주로 살려는 한 사람, 나의 모든 것을 넘겨줄 수 있는 대표자 한 사람만 찾으면 나는 승리했다고 생각하는 것입니다. 사고방식이 여러분과 다르다는 것입니다.

천성경 243 하나님은 3세대를 원하시는데 이 3세대를 갖지 못했습니다. 1대는 하나님, 2대는 아담과 해와, 3대는 아직까지 갖지 못했습니다. 지금까지 하나님을 중심삼고 인류가 번성하지 못하고 오직 사탄에 속하게 되었다는 것입니다. 그 사탄은 사랑의 원수입니다. 어떻게 이 혈통을 청산 지을 수 있느냐? '나' 는 일본인도 아니고, 그 어떤 나라 사람도 아닌 하나님의 백성으로 태어났습니다. 무엇을 중심삼고? 하나님의 사랑, 하나님의 생명, 하나님의 핏줄, 이 세 가지의 근원이 표준입니다. 그러니까 감사하는 데는 무엇을 감사해야 되느냐? 잘살게 되는 걸 감사하는 게 아닙니다. 십자가 진 것을 감사해야 됩니다. (215－171, 1991. 2. 17)

천성경 1108 인간이 자기 책임분담을 못했으니 아담 완성자가 책임분담을 해야 됩니다. 미지의 세계를 개발해 나가야 됩니다. 그렇기 때문에 원리의 길을 개발해 가야됩니다. 찾아가야 된다는 것입니다. 원리의 길은 찾아가는 길이요, 탕감의 길은 밟아 가는 길입니다. 그냥 그대로 밟아가야 됩니다. 야곱이 탕감한 것, 예수의 탕감, 모세의 탕감노정을 오늘 통일교 문선생의 탕감노정을 통해 밟아가야 됩니다. 천릿길이 아니라도 세 발짝이나 네 발짝이라도 밟아

가야 됩니다. 그런 조건이 귀한 것입니다. (233－306, 1992. 8. 2)

천성경 1107 타락한 인간은 인간 책임분담뿐만이 아닙니다. 전체 창조의 97퍼센트를 전부 다 유린해 버렸습니다. 창조과정 전부가 무너졌다 이겁니다. 그러니 얼마나 어려우냐는 겁니다. 그러므로 인간이 97퍼센트에 해당될 수 있는 책임을 해주지 않고는 책임분담을 완성할 수 있는 길이 영원히 없다는 것입니다.

그렇기 때문에 복귀섭리란 것은 재창조역사인데, 재창조가 왜 반드시 필요하냐? 인간 책임분담 때문입니다. 인간 책임분담을 하여 그 자리까지 나가기 위해서 반드시 재창조의 과정을 거쳐야 됩니다. 재창조과정을 거치려면 반드시 탕감조건을 세워야 됩니다. 수난 길을 가지 않으면 안 된다 이겁니다. (115－67, 1981. 11. 4)

천성경 1109 책임분담을 완수 못한 그 권내에서는 사탄이 꽉 붙들고 있는 겁니다. 이것을 떼기 위해서는 탕감을 해야 됩니다. 탕감하지 않고는 제물이 되지 않고는 안 떨어지는 겁니다. 탕감하기 전에는 그냥 안 떨어집니다. (134－273, 1985. 7. 20)

천성경 1109 여러분은 천국가는 길을 모릅니다. 탕감 길을 모릅니다. 탕감 길을 알아요? 책임분담을 완성 못했기 때문에 책임분담 조건에 걸려 있는 겁니다. 책임분담을 못해서 사탄이 침범했다는 것입니다. 개인, 가정, 사회, 국가, 세계, 영계까지 전부 다 사탄이 침범하고 있는 겁니다. (137－104, 1985. 12. 24)

천성경 1448 이제 선생님은 가정에 대한 규범, 천국가정으로서 가져야 할 생활에 대한 규범을 가르쳐주어야 한다는 것을 느끼고 있습니다. 그런데 복귀의 노정을 걸어야할 사람들은 원리를 중심삼고 가르쳐 줄 사람이 있으니까 그 사람들을 통해서 가르침을 받아야 되겠습니다. 선생님이 직접 그런 문제를 책임지는 시대는 지나갔습니다. 가정 하나 하나를 중심삼고 재차 수습해야 했습니다. 우리 통일교회의 조직은 가정조직입니다. 가정을 위주로 한다는 것입니다. 개인을 위주로 해오던 것을 가정을 위주로 한다는 것입니다. (22-334, 1969. 5. 11)

천성경 1447 가정천국은 남자와 여자가 완전히 하나 되어야 이루어지고, 개인천국은 몸과 마음이 완전히 하나 되어야 이루어집니다. 가정천국은 하나님의 뜻을 중심으로 부부가 하나 되어야 하고 자녀와 하나 되어야 합니다. 그 뜻의 목적은 만민을 위하는 것입니다. 그리고 그 뜻의 중심은 하나님입니다. 그래서 하나님을 중심삼고 만민을 위하는 데서 가정천국이 연결되는 것입니다. 하나님만 위해야 하는 것이 아니고 하나님을 중심삼고 만민을 위해야 합니다. 하나님은 그런 가정을 찾으려고 하는 것입니다. 세계가 복귀될 때까지 그런 가정을 찾아 세우지 않으면 만민을 구할 수 없고, 만국을 구할 수 없고, 만 가정을 구할 수 없기 때문에 그런 가정을 만들기 위해 축복가정을 세운 것을 여러분은 알아야 되겠습니다. (100-310, 1978. 10. 22)

축복 487 축복을 시켜주는 것은 그들에게 새로운 사명인 종족적인 메시아의 자격을 부여하여 주기 위한 일이기도 합니다. 예수님께서 바라던 신랑신부의 이상을 완성한 자리에 세우고, 하나님의 대신 자리에 선생님이 서서 그들에게 횡적인 메시아의 사명을 부여해 주는 것입니다. 신랑 신부는 축복을 통하여 완성한 이상을 이룬 소메시아로서 각국에 하나님의 특사로 파견되는 것입니다. 이것이 6천쌍 합동결혼식이 가진 뜻이기도 합니다. (1982)

하뜻 394 이제부터는 여러분도 선생님과 같은 사고방식을 가져야 합니다. 세계를 찾기 위해서는 나라를 찾아야하고 나라를 찾기 위해서는 일족을 찾아야 합니다. 다시 말하면 문씨면 문씨종족을 동원해 가지고 대한민국 민족을 구해야 합니다. 또 내 가정을 중심삼고 볼 때는 종족을 구해야 합니다. 여러분은 종족적인 메시아라는 말을 들을 수 있어야 합니다. 종족적인 메시아가 되면 민족적인 메시아권을 가지게 되고, 민족적인 메시아권을 대신할 수 있는 입장에 서게 되면 메시아는 국가적 기준에 올라갈 수 있습니다. 탕감복귀는 그렇게 해서 이루어집니다.

뜻길 349 하늘이 축복을 해준 것은 자기들을 위하여 해준 것이 아니요, 종족복귀를 위하여 민족복귀를 위하여 세계복귀를 위하여 천주복귀를 위하여 해준 것이다.

뜻길 347 선생님은 축복가정들을 두고 눈물을 흘리며 기도할 때가 많다. 왜? 내가 축복해주고 내가 짤라야 하기 때문이다. 선생님은 하늘 앞에 면목이 없다. 오늘날까지 이끌고 나온 것은 어느 기간에 하나님 앞에 공인시키기 위함이었다.

뜻길 352 하나님의 구원섭리의 목적은 아버지 앞에 양자 아닌 직계의 아들을 찾아 세우는 것이고 그 수속이 어린양잔치(祝福)이다.

### 4) 여자들의 탕감 길

복귀섭리역사는 언제나 남자들이 먼저 해 왔으나 그에 버금가는 여자들의 책임이 항상 함께 있었다. “통일은 먼저 부부가 하나 되는 것이다. 남자 메시아가 있으면 여자 메시아도 있어야 하니 가정적 메시아로서 주님은 오신다. 타락을 아담 해와 두 사람이 했으니 복귀도 두 분이 해야 한다. 종족적인 메시아가 되는 것이다.”(축복507)라는 말씀을 보면 여자들의 탕감 길은 첫째로 하나님 앞에 딸로서의 탕감 길과 둘째는 아담 앞에 아내로서의 탕감 길 그리고 셋째로는 가인 아벨의 어머니로서의 탕감 길이 있어야 한다. 개인, 가정, 종족, 민족, 국가, 세계, 천주, 하나님에 이르기까지의 횡적 8단계 탕감 길을 가는데도 남자들의 책임만으로 가능한 것인가? 라고 물을 때 대답은 “NO”이다. 어머니적이고 헌신적인 노정을 넘어 메시아적 사명감을 가진 여자들의 존재 없이는 하나님의 뜻도 인류의 구원의 뜻도 이루어질 수 없다. 여자들이 때로는 딸로서의 역할, 아내로서의 역할, 어머니로서의 역할, 형수로서의 역할, 제수씨로서의 역할, 아주머니로서의 역할 어느 때든지 빠져서는 안 되는 필수 필요의 중요한 역할을 찾아야 할 것이다. 메시아는 누가 만들어 주는 것이 아니라 자신이 메시아의 사명분야, 책임분담을 깨닫고 스스로 그 길을 가야 한다. 메시아의 길이란 세계적인 삶을 사는 성자의 길보다 한 단계 더 높은 차원의 길을 가는 것이다.

하나님은 여자 메시아적 삶을 살아 인류 앞에 모델이 되고 자랑할 수 있는 참어머님을 넘어 천모의 사명을 다 하는 여성을 기다리고 계신다.

뜻길 229 여자들이 감성이 많기 때문에 하나님을 더 위로 할 수 있다. 여자로부터 타락되어 한이 맺혔기 때문에 이 한을 여자들이 풀어드려야 한다.

통일 196호 (p21) 여자들의 경우도 내적 탕감조건의 8단계를 거쳐야하는데, 아들딸의 자리에서 탕감 조건을 완수하게 되면 부모의 자리 즉 어머니의 자리에 서게 될 수 가 있는 것입니다. 아버지 앞에 어머니의 입장에 서려면 절대복종으로 탕감조건을 세워야 합니다. 절대순종하지 못하면 어머니의 자리에 설수도 없을 뿐만 아니라 사탄권에 빠질 수밖에 없는 것입니다. 이렇듯 내적 외적 탕감 복귀를 완수한 터 위에 육계와 영계가 하나 되어야 비로소 하나님의 나라가 세워지게 되어 있습니다. (1987. 2. 4 미국 이스트가든)

하뜻 470 타락은 해와가 전권을 가지고 했기 때문에 복귀시대도 해와가 전권을 가진 자리에서 즉 하나님과 예수와 성신의 전권을 가지고 그 책임을 다해야 하는 것입니다. 그런데 해와는 아담이 없게 되면 역사를 할 수 없게 됩니다. 그래서 우선 해와는 아담을 찾아가야 합니다. 아담을 만들든가 아담을 낳든가 아담을 만나든가 세 가지 중에서 하나를 해야 합니다. 그렇게 해야 할 책임은 하나님에게 있는 것도 아니요, 예수님에게 있는 것도 아니요, 해와가 스스로 감당해야 합니다. 그 이유는 해와가 아담을 타락시켰기 때문입니다. 그래서 아담이 아담으로서 설 수 있는 자리를 해와가 닦아주어야 합니다.

하뜻 476 이 육적 세계에서는 하나님이 축복을 하는 것이 아닙니다. 여인이 해야 합니다. 그렇기 때문에 이 세상 만민을 대표해서 한 여인의 종이 돼야하는 것입니다. 종살이부터 시작해야 합니다. 그것은 해와가 아담에 대하여 주관성을 전도했던 것을 복귀하기 위한 목적이 있는 것입니다. 자기 아들딸보다도 더 믿고 남편보다도 더 믿고 자기보다도 더 믿을 수 있는 종이 되어야 하는 것입니다. 그렇기 때문에 손발을 씻겨달라고 하면 손발을 씻겨주고, 밥을 지어 달라고 하면 밥을 지어 줄 수 있어야 합니다. 그가 요구하는 대로 무엇이든지 해줄 수 있어야 합니다.

하뜻 476 그 기간이 길지 않습니다. 40일 기간에 전부 뒤집는 것입니다. 여자가 곤란한 것은 40일 동안에 계시가 자꾸 변한다는 것입니다. 종이라고 하더니 그 다음엔 아들이라고 하고, 그 다음에는 남편, 그 다음에는 왕이라고 하니 믿을 수 없다는 것입니다. 여자는 마음대로 시킬 수 있으니까 종으로 있을 때가 제일 좋다는 것입니다. 남편같이, 왕과 같이, 하나님 같이 위하는 것은 싫다고 하는 것입니다.

하뜻 477 그래서 여자가 가야 할 길이 쉽지 않습니다. 해와가 아무것도 모르는 가운데서 타락했기 때문에 복귀역사도 아무것도 모르는 가운데서 행해지느니 만큼 천지가 뒤죽박죽되지 않을 수 가 없는 것입니다. 그래서 여자가 순종하기 쉽지 않은 것입니다. 이와 같은 복귀 섭리의 은밀한 뜻과 메시아의 인물 되심을 아무도 가르쳐 주지 않습니다. 그러므로 택함 받은 여인이 메시아를 알아보지 못하고 인간적으로 생각하여 모든 것을 뒤집어 버리게 된다면 그 여자는 어떻게 되겠습니까?

그러나 아무리 그가 반대한다 해도 메시아는 이 주관성을 복귀해 가지고 원리원칙에 의하여 천도를 맞춰나가게 되는 것입니다. 여기에서 비로소 완전한 남자로서 영계와 육계에 자리를 잡게 되는 것입니다. 해와가 이를 믿지 않으면 다시금 해와를 내세워서라도 하나님의 뜻을 이뤄드려야 하는 것입니다. 그렇기 때문에 메시아는 종의 자리, 양자의 자리, 아들의 자리, 남편의 자리 왕의 자리에 섰는데 상대가 이를 따라주지 않게 될 때에는 전 세계 기독교인 가운데서 자유자재로 신부를 선택할 수 있는 권한을 가지고 이 땅에 현현하시는 것입니다.

하뜻 560 사탄은 해와를 유혹해서 결국은 아담까지 타락시켰는데, 우리는 그 반대로 해와를 완성기준까지 끌어올려서 복귀시켜야 합니다. 그렇게 되면 복귀된 해와에 의해서 아담은 복귀된 천사의 우두머리의 입장에 서게 됩니다. 그러나 아직 하나님의 아들로서의 혈통을 계승한 것은 아닙니다. 그러므로, 타락 전의 입장까지 올라가려면 우선 양자로서 접목(接木)하는 등의 단계적 작전으로 참다운 열매를 맺도록 하는 작업을 하는 것입니다. 그리고, 그 접목은 복귀된 해와 즉, 여성에 의해서 이루어집니다. 여러분은 이러한 원리 원칙에 의해서 구원섭리가 진행된다는 것을 여러분은 잘 알아야 합니다. 요약하면, 천사장에 의해서 해와가 타락 그것을 탕감해서 복귀하는 데는 복귀된 해와에 의해서 천사장이 개조되는 것이라는 말입니다.

축복 411 여러분들이 개인적인 십자가의 노정을 거쳐 나올 때 누가 먼저 개척했습니까? 여자들이 했지요? 그러면 완성 단계의 기준이 누구 때문에 틀어졌느냐? 해와로 인해 틀어졌습니다. 그러니 가정을 중심삼은 십자가도 해와가 져야 되는 것입니다. 그러므로 여러분이 눈물짓고 나가는 그 노정에는 아들딸도 기뻐할 것입니다. 복귀의 길을 가야 하는 피눈물 나는 이 노정에서 후방에 있는 어린 자녀들과 합세해 가지고 심정적 십자가를 뒷받침하여 하나 될 수 있어야만 가정이 진척하여 완성 단계로 넘어갈 수 있다는 것입니다. (1970. 10. 19 성주식 중앙수련소)

축복 411 이렇게 하늘나라에 완성급을 다리 놓을 수 있는 여자로 등장했다는 조건을 세워야만, 오시는 주님 앞에 사랑을 받아 하늘의 법도를 세울 수 있는 친지의 권에 들어갈 수 있는 조건을 비로소 탕감할 수 있다는 것입니다. 이러한 사명이 여자들에게 남아 있는 것입니다. 이 결혼을 통해서 되는 것이 아니라는 것입니다. 여러분은 장성기 완성급 단계에 있는 것이지 완성 단계를 넘어선 것이 아닙니다. 이 모든 전부가 여자들이 탕감해야 할 내용입니다. 그러면 어떻게 탕감해 나갈 것인가? 지금까지의 복귀 역사과정에서와 마찬가지로 어머니와 자식이 모자 협조 과정을 통하여 가야 하는 것입니다. 그렇기 때문에 여러분은 애기를 업고서라도 고생길을 나서야 합니다. 이 한계를 넘어서기 위해서 선생님이 70년대부터 여러분을 고생시키려는 것입니다.

(1970. 10. 19 성주식 중앙수련소)

축복413~414 처녀시대, 60년대는 개척을 처녀들이 했습니다. 70년대는 개척을 가정의 여자들이 해야 됩니다. 70, 80년대에 가서는 대한민국 여성들이 전부 하나 되어야 합니다. 인민군들을 굴복시키는 것은 통일교회 여자들이 해야 합니다. 나라가 하나 되는 날에 1천 5백만의 여성들만 다 동원하게 되면 인민군들을 치마 바람으로 전부 굴복시킬 수 있습니다. 통일교회 사상만이 그런 일을 할 수 있습니다. 그래서 소생(처녀시대), 장성(가정적 여자시대), 완성(국가적 여성시대) 남북을 통일하는 데 있어서, 해와가 국가적인 전통을 세우는 데 있어서, 세계적인 전통을 세우는 데 있어서 (해와가 망쳤기 때문에) 여자가 공헌해야겠습니다.

지금까지 종적인 역사는 남자들이 해 왔습니다. 그러므로 횡적인 역사를 여자가 개척함으로써 여자가 비로소 종적인 책임을 해나온 남자 앞에 상대로 설 수 있는 것입니다. 그러지 않으면 여자가 언제 하늘 앞에 무슨 공이 있다고 설 수 있느냐. 그래서 통일교회 여자들을 동원시킨 이사상은 대한민국에 있어서 주부들이 하여야 할 전통적인 사상으로 남는 것입니다. 그렇기 때문에 올바로 심지 않으면 큰일 나는 것입니다. 기성교회 부인들을 동원하고 이 나라 국민의 부인들을 동원하고 나라의 대통령 부인으로부터 모든 장관 부인들까지 동원하여 나라를 살리기 위해서 삼팔선을 전복시킬 수 있는 결의된 군사훈련을 시켜 놓으면 이북의 공산당이 문제가 아닙니다.

축복 414 여자들도 공산당을 해방시켜야 되고, 아집에 빠진 교인을 해방시켜야 한다. 한국의 역사를 보면 여자들이 앞장서서 싸운 경우가 많다.

축복 414 태초에 해와는 하나님과 하나 되지 못하였기 때문에 타락했던 것입니다. 생명을 잃어버리는 한이 있더라도 하나님의 명령에 순응하면서, 죽음 길도 달게 갔었더라면 타락이 없었을 것입니다. 그러므로 오늘날 우리 통일교회 여자들은 생명을 각오하고 하나님을 붙들고 나가야 하겠습니다. (1971. 1. 10 수원교회)

### 5) 축복가정의 소망

뜻길 374 복귀의 가정의 중심은 하나님이다. 통일식구의 소원은 복귀의 가정이다.

하뜻 448 타락한 인류 앞에는 복귀의 과정이 남아있기 때문에 그 과정을 부모 될 수 있는 사람이 전부 다 닦아야 되고 그 다음엔 이런 과정을 어떤 중심가정이 나와서 세계를 대표해서 닦아주지 않고는 여러분들 자신이 하나님 앞으로 돌아갈 길이 없다는 것입니다. 그래서 여러분들은 공식노정을 거쳐 가야 됩니다. 공식만 알고 그대로 행하면 풀린다는 것입니다.

하뜻 596 선생님은 지금까지 처량한 일생을 거쳐 왔지만 감사할 일이 가면 갈수록 많아지는 것을 알고 있습니다. 그것이 어디서부터 생기느냐? 가정에서부터 생기는 것입니다. 그래서 선생님이 여러분에게 상속해 줄 것이 무엇이냐 하면 가정적 승리권입니다. 그런 상속을 받을 수 있는 가정은 어떤 가정이냐? 세계를 대표한 가정, 메시아적 사명을 하는 가정입니다. 여러분의 가정은 세계를 대표한 가정으로서 모든 것을 안고 출수 있는 치다꺼리할 수 있어야 합니다. 그리고 세계 만민을 왕래시킬 수 있는 중심 가정이 되어야 합니다. 오색 인종이 그 가정을 파고 들어가려고 하고 그 가정과 관계 맺고 싶도록 해야 합니다. 그런 중심 가정이 되면 만인이 그 가정을 통하게 될 것입니다. 천국도 참다운 중심 가정, 핵심 가정이 없으면 이루어지지 않는다는 것입니다.

하뜻 772 여러분은 지금 교회의 축복은 받았지만 나라의 축복과 세계의 축복까지 받아야 합니다. 앞으로는 선생님의 직계를 잇는 중심가정이 생길 것입니다. 그때는 그 중심가정을 중심삼고 후손들도 하나 되어야 하는 것입니다. 그렇게 되면 같은 시대에서 여러분과 하나 되는 것과 마찬가지가 됩니다. 대 축복권내를 넘어가기 전까지는 절대적으로 선생님 일족을 중심삼고 이 운동을 전개해야 합니다. 이것 때문에 선생님의 후손도 그와 하나 되어야 되고 여러분들도 하나 되어야 같은 입장으로 넘어간다는 것입니다. 그게 본연의 세계입니다.

천성경 1060 형제를 부모이상 사랑하겠다는 사람은 천국에서 영원히 살 수 있는 사람입니다. 형제를 부모같이 사랑하지 못하는 사람은 여기에서 벗어나는 겁니다. 그 도리의 근본을 깨우쳐 보면 간단합니다. 그것을 몰라 지금까지 못한 겁니다. 우리 식구 식구들끼리 하나 되느냐, 못되느냐하는 것이 문제입니다. 부모 앞에 효도 못 하는 자리에 섰으면 부모를 위해 자기가 정성들인 것을 부모 대신 자기 식구를 위해 주라는 겁니다. 그러면 부모에게 효도한 이상의 것으로서 하늘이 받아들이는 겁니다. 그런 사람은 반드시 복 받습니다. (78−41, 1975. 5. 1)

천성경 1060 천국에 가는 길은 형제를 하나님과 같이 사랑하는데서 열립니다. 여러분은 선생님을 따라가고자 하는데 그 마음으로 형제를 따라 같이 가려고 노력해 보라는 겁니다. 이렇게 볼 때 천국에 제일 높게 빠르게 좋게 인도하는 자는 하나님도 아니요 선생님도 아니요 형제라는 결론을 내리게 됩니다. 부모와 부부의 사랑을 능가하는 사랑을 가지고 노력 하는 자는 최고의 사랑의 주체자로서 상대를 선택하는 것입니다. (66−125, 1973. 4. 18)

## 제3절 제3아담 참부모님의 제3축복(주관) 탕감복귀노정

제3아담으로 오신 문선명 참부모님은 아담이 책임분담을 하지 못한 것을 이루시기 위하여 아담 대신 예수님, 예수님 대신 제3아담의 사명으로 오셨다는 것을 이미 말씀을 드렸다.

아담이 제1축복의 생육과 제2축복의 번성을 이루어 제3축복인 주관의 축복을 이루어야 했던 것처럼 제3아담으로 오신 참부모님이 제3축복, 주관축복을 이루시기 위해서는 전제조건이 절대적으로 필요하다. 그 전제조건은 참부모님이 제1축복인 생육의 탕감복귀노정을 완성하고  제2축복인 번성의 탕감복귀노정을 완성한 터 위에서만이 제3의 축복인 주관축복을 이루어 갈 수 있다는 것이다.

아담이 제1축복과 제2축복을 완성하려면 완성한 아담이 완성한 해와와 결혼하고 자녀를 낳아 그 자녀들도 완성해야 한다. 그래야 부모의 책임이 완료 되는 것이다. 부모와 자녀가 완성한 터 위에서만이 하나님으로부터 상속 받은 제3축복(주관축복)을 이루어 하나님의 이상세계인 지상천국과 천상천국을 이룰 수 있는 것이다.

이와 같이 하나님, 아담 해와, 가인 아벨 3대가 완성하지 않고는 하나님의 3대축복이 이루어질 수 없는 것이다. 그래서 참부모님 앞에 효자가 없으면 부자일체를 이룰 수 없고 2대와 3대가 서로완성하기 위해서는 참부모님 앞에 참자녀(참형제)가 필요하기 때문에 3대 서로 완성에 대한 참부모님의 말씀을 인용 했다.

가인 아벨에 의해서 타락이 결정 되었으므로 가인 아벨의 탕감복귀 없이는 하나님의 뜻도 참부모님의 뜻도 완성될 수 없다. 오늘날 축복가정들이 어떠한 사명을 해야 하는가에 대한 말씀과 축복가정의 3대주체사상의 말씀을 성약말씀으로 알기 쉽게 해석하였다.

하나님과 참부모님에게도 3대 주체사상이 있듯이 축복가정도 3대 주체사상이 있게 될 줄이야 놀랍지 않을 수 없다. 이 말씀을 훈독하는 분들의 마음의 눈에 따라 "그런가?" "아 그렇구나!" "어어 놀랍구나"하는 각각의 느낌이 있을 것이다. 각자의 그릇대로 느끼시고 도움이 되길 바란다.

1) 3대 서로완성은 제3축복을 이루기 위한 절대필요조건

천성경 1543 절대신앙에는 사랑이 따라갑니다. 부자지관계에 있어서는 절대 믿고 절대사랑하고 절대복종하는 것입니다. 서로 완성하기 위해서는 부모는 자식을 위해서 태어났으니 자기의 피와 살과 정성 이모든 것을 투입하여 자기보다 낫기를 바랍니다. 무한히 낫기를 바라는 것입니다. 투입하고, 투입하고, 투입해 잊어버리고 무한히 투입, 영원히 투입하고 잊어버리는 것입니다. 그 말이 뭐냐 하면 개인 가정을 넘고, 종족, 세계를 넘고 하나님이 있다면 하나님의 위에까지 올라가야 된다 이겁니다. (295-255, 1998. 9. 8)

절대신앙 절대사랑 절대복종위에 절대 유일가정, 영원불변의 가정 하나님을 모실 수 있는 영원한 세계를 이루어 지상천국을 이루고 그것이 천상천국으로 직결되는 하나의 체제를 이루어야 합니다. 하나님에 대해서 손자도 아버지라하고 아들도 아버지라 하고 아버지도 아버지라 부르면서 하나님을 동가치적으로 아버지를 모시는 아담과 같은 자리를 만민이 갖게 되야 합니다. 여러분은 이제부터 조상이 되는 것입니다. (235-293, 1992. 10. 25)

천성경 2085 부모님의 소원이 뭐냐? 어머니 아버지로서 혈통적으로 하

나 된 뿌리가 없습니다. 아들딸을 낳아야 그 집안의 핏줄이 이어지는 것입니다. 아들딸이 부모를 사랑함으로 말미암아 관계없던 어머니 아버지의 핏줄이 나로 말미암아 통일이 벌어지는 것입니다. 자식으로 말미암아 부모의 완성을 가져오는 것입니다. 그 아들딸이 효도함으로 말미암아 어머니 아버지의 완성이 벌어집니다.

그렇기 때문에 부모를 완성시키는 것은 나의 완성을 가져올 수 있는 것입니다. 내가 크면 어머니 아버지와 같이 하나되어야 된다는 것입니다. 그렇기 때문에 서로 완성하는 것입니다.

(223－174, 1991. 11. 10)

**천성경** 2054 아버지를 사랑의 주인으로 만들어 주는 것은 아들이 요, 남편을 사랑의 주인으로 만들어 주는 것은 아내요, 형님을 사랑의 주인으로 만들어 주는 것은 동생인 것입니다. 반대로 자식이 부모가 없으면, 아내가 남편이 없으면, 형님이 동생이 없으면 각각 사랑의 주인 자리를 찾지 못하는 것입니다. 참사랑의 주인이 되기 위해서는 상대를 자기보다도 높이고 위해야 되는 것입니다. 그러므로 개인에게는 몸 마음일체 가정에는 부부일체 형제일체 국가일체권을 형성하여 8단계 이상모델인 사랑권을 완성하는 것입니다. 그리하여 부모와 자녀, 부부, 그리고 형제(자매) 국가들이 모두다 이러한 참사랑을 중심으로 8단계의 모델인 주인이 되기를 원하는 곳이 우리의 이상가정과 국가입니다.

이제 새로이 시작된 2000년대에는 세계 곳곳에 자리 잡은 축복가정들이 천지부모님과 하나 되어 참사랑을 중심한 새로운 가정 혁명, 세계적 도덕 혁명을 주도함으로써 온 지상과 천상에 영원한

평화와 통일의 이상천국을 창건하기를 바라는 것이 하나님의 소망인 것입니다. (316-235, 2000. 2. 13)

하뜻 448 타락한 인류 앞에는 복귀의 과정이 남아있기 때문에 그 과정을 부모 될 수 있는 사람이 전부 다 닦아야 되고 그 다음엔 이런 과정을 어떤 중심가정이 나와서 세계를 대표해서 닦아주지 않고는 여러분들 자신이 하나님 앞으로 돌아갈 길이 없다는 것입니다. 그래서 여러분들은 공식노정을 거쳐 가야 됩니다. 공식만 알고 그대로 행하면 풀린다는 것입니다.

천성경 246 참부모 앞에 참자녀로 서기 위해서는 자녀의 개인적인 복귀노정이 있는 것이요, 자녀의 가정적인 복귀노정이 있는 것이요, 자녀의 종족적인 복귀노정이 있는 것이요, 자녀의 민족적인 복귀노정이 있는 것이요, 자녀의 국가적인 복귀노정이 있는 것입니다. 부모의 개인, 가정, 종족, 민족, 국가적인 복귀노정과 자녀의 개인, 가정, 종족, 민족, 국가적인 복귀노정을 완결하여, 부모와 자녀가 일체 되어 승리했다는 기준을 세워 놓고서야 비로소 민족복귀를 종결 짖고 세계적인 무대를 향해 새로이 출발할 수 있는 것입니다. 그러면 통일교회의 사명은 무엇이며 여기에 입교한 여러분은 어떤 입장에 있느냐? 선생님을 중심한 이 통일교회에 불려온 여러분은 서러운 6천년 종적역사를 횡적으로, 실체적으로 전개해야 하는 입장에 있는 것입니다. (1964. 4. 12)

### 2) 참부모님 앞에 참형제(효자)가 필요하다

천성경 2084 가정에서 남자나 여자나 형제나 모두가 원하는 것은 효자효녀가 되어야 된다하는 것입니다. 그것은 사랑을 중심삼고 한 몸이 되어야 된다는 것입니다. 가정을 하나 만들기 위해서는 효자가 필요합니다. 나라도 마찬가지입니다. 나라의 아버지하고 어머니, 왕과 왕후, 아들딸을 중심삼고 상대적 세계의 부처, 형제끼리 상하 좌우 전후가 맞아야 됩니다. 전후가 없으면 부모와 자식이 관계를 맺을 수 없습니다. 그러니까 상하 좌우 전후입니다. 형제가 절대 필요합니다. 결혼은 형제로부터 엮어 나가는 것입니다.
(286－268, 1997. 8. 13)

천성경 2154 형제권의 심정을 횡적으로 확대한 상대권이 참사회, 참국가, 참세계입니다. 인간은 누구나 자기 자신이 우주의 대표가 되고 싶어 합니다. 참사랑을 배후로 하는 인연을 중심삼고 보면 모두가 평등하니까, 그것을 어기는 자는 설자리가 없게 되는 것입니다. 입술은 참사랑에 따라서 연결됩니다. 그렇기 때문에 생명, 사랑과 혈통, 이것이 자기 자신입니다. (190－214, 1989. 6. 19)

천성경 2154 인간의 순수한 참사랑이 성장하고 완성되는 자리는 참된 가정입니다. 참부모의 사랑 참부부의 사랑 참자녀의 사랑 그리고 참형제의 사랑이 함께 완숙되고 실천되는 참사랑의 첫무대는 참가정입니다. 참부모의 참사랑을 통해 하나님의 참사랑을 배우면서 참형제의 참사랑을 통해 참나라와 참세계의 인류에 대한 보편적 참사랑을 훈련시키는 평화세계의 기본 핵의 자리가 참가정입니다. 뿐만 아니라 부모와 자녀 간에 이어지는 참사랑을 통해 과거와 현재와 미래의 세대가 일관된 참사랑의 가치관으로 연결되어 나아가게 되는 역사적 연결고리의 기본 단위도 참가정입니다.
(288－199, 1997. 11. 28)

천성경 2054 즉, 복중시대 · 유아시대 · 형제시대 · 사춘기시대(약혼시대) · 부부시대 · 부모시대 · 참조부모시대 · 참왕과 왕비의 시대를 거쳐 영원히 변치 않는 참사랑의 전통을 세워 부자지관계인 참사랑의 모델이 완성하게 되는 것입니다. 참하나님의 사랑과 생명과 혈통은 절대 · 유일 · 불변 · 영원하므로 자손만대의 불변된 참사랑을 중심한 모델로서 상속되는 것입니다. 참사랑을 중심삼고는 부자일체, 부부일체, 형제일체가 되는 것입니다. (2000. 2. 14)

천성경 2166 사랑의 소유를 중심삼고는 상대의 고향이 내 고향이 되고, 상대의 가정이 내 가정이 될 수 있습니다. 거기서 자녀의 완성 형제의 완성 부부의 완성 부모의 완성이 이루어지는 것입니다. 하나님의 교본에 제시된 모든 내용을 이루지 못한 것을 오늘날 참부모를 통해 재현해 가지고 알게 되고 그것을 재차 실행함으로 말미암아 타락하지 않은 본연적 입장에서 하나님이 완전히 한의 고개를 넘어서 교육에 대한 정의를 내릴 수 있는 것입니다. 그럼으로 말미암아 천국 백성으로서 합격 자, 합격 가정이 되는 것입니다. (226－173, 1992. 2. 4)

천성경 1533 하나님을 중심삼고 참된 모든 피조세계의 본질적 사랑, 이상의 사랑을 가지고 있기 때문에 절대부부, 절대자녀, 절대형제, 절대부모를 중심삼은 가정이 되어야 됩니다. 이것이 제2자르딘 선언입니다. 절대신앙, 절대사랑, 절대복종, 하나님의 속성이 뭐냐 하면 절대속성, 유일속성, 불변속성, 영원속성입니다. (1998. 8. 7)

천성경 1550 하늘나라에 들어갈 수 있는 사람들은 하나님의 사랑의 직계 자녀로서 하늘나라의 왕손으로서, 하나님 앞에 왕자 왕녀의 문을 거쳐야 되는 것입니다. 천국은 어디냐? 왕손으로서 황족으로서, 가는 곳입니다. 이 땅위에 모범적인 형제지우애(兄弟之友愛)의 직계 자녀와 방계적 자녀가 되어 모범적인 하나의 일족과 국가를 형성한 자리에서 황족의 명예를 가지고 살다가 그냥 그대로 이동해 가는 곳이 천국입니다. (236−204, 1992. 11. 8)

천성경 1548 하나님은 제1창조주, 아담은 제2창조주, 손주는 제3창조주입니다. 여기서부터 소생, 장성, 완성, 3을 넘어섬으로 말미암아 정착입니다. 그래서 4차 아담을 세움으로써 전부 다 아담 아들딸로부터 번식해 나가는 것입니다.

하나님은 제1창조주, 아담은 제2창조주, 아담과 해와도 제3창조주를 거쳐 세상에 지상천국 잔치가 벌어지기 때문에 우리 통일교회에 있어서의 제4차 아담권시대로 넘어가 정착해 가지고 본연의 축복과 만대의 후손이 자기 부모의 전통을 존경하고 후손이 자기 부모의 전통을 존경하고 아들딸이 하나 되어서 천국 들어갈 수 있는 전환된 세계가 눈앞에 왔다는 것입니다. 절대신앙, 절대사랑, 절대복종위에 절대유일가정 영원불변의 가정 하나님을 모실 수 있는 영원한 가정이 되어 가지고 그것이 영원한 종족, 영원한 민족, 영원한 국가, 영원한 세계를 이루어 지상천국을 이루고, 그것이 천상천국으로 직결되는 하나의 체제를 이루어야 합니다. 하나님에 대해서 손자도 아버지라 하고, 아들도 아버지라 하고, 아버지도 아버지라 부르면서 하나님을 동가치적으로 아버지로 모시는 아담과 같은 자리를 만민이 갖게 돼야 합니다. 여러분은 이제부터 조상이 되는 것입니다. (295−255, 1998. 9. 8)

천성경 2341 2대 창조주의 기준은 약속되어 있지만 3대 창조주인 아들딸, 손자를 못 봤다는 것을 알아야 됩니다. 여러분이 손자가 되어야 된다는 걸 알아야 됩니다. 그 손자는 제1의 보이지 않는 하나님과 제2하나님이 자라나온 모든 전체를 재현시켜 가지고 하나님도 기뻐하고 부모도 기뻐할 수 있는, 자기 스스로의 과거 전체 역사를 전개시켜서 두 세계의 사랑의 세계를 느끼게 할 수 있는 존재입니다. 그런 입장에 선 것이 아담도 아니고 하나님도 아니고 손자입니다. 그래서 하나님도 아들딸을 숭배한다는 것입니다. 하나님도 손자를 숭배한다는 것입니다. 아담도 자기 아들딸을 숭배해야 된다 이겁니다. 아들딸을 잘못 기르면 안 된다는 것입니다. 그렇기 때문에 여러분의 가정에 있어서 타락한 자식을 보게 된다면 가정탈락이라는 기막힌 사실이 벌어지는걸 알아야 됩니다.
(264－195, 1994. 10. 9)

천성경 2091 여러분은 하나님 앞에 효자가 되어야 합니다. 효자는 혼자서 될 수 있는 것이 아닙니다. 삼위기대를 중심삼고 세형제가 하나 되어야 효자가 될 수 있는 것입니다. 여러분 삼위기대 알지요? 그 삼위기대가 하나 되어야 합니다.
그것이 이스라엘의 제1의 기반인 것입니다. 지파, 족속 다시 말하면 씨족 창립의 기원이 되는 것입니다. (30－220, 1970. 3. 23)

천성경 2093 효자는 부모님을 사랑하고 형제를 사랑한 사람입니다. 보다 위하고 보다 사랑하는 사람이 그 가정의 상속자가 되는 겁니다. 그렇기 때문에 전부 다 그런 길로 방향을 잡아야 됩니다. 오늘날의 모든 이상적 작용의 주류가 참사랑이 가는 길입니다. 참사랑이 주류입니다. 그 외에는 모든 것이 방계적 흐름입니다.

(141-298, 1986. 3. 2)

천성경 2095 그러니까 선생님은 "어버이가 제대로만 서 있다면 자식이 구원되지 않는 일이 없다."고 봅니다. 만약 부모에 대해서 불효자가 있다면 내쫓아야 합니다. 그리고 부모에게 효도하는 자를 집에 데려다가 양자로 세워야 합니다. (15-202, 1965. 10. 9)

### 3) 축복가정의 3대 주체사상

천성경 236 여러분 가정에서 3대 주체사상의 실체를 갖춘 참형제 참부부 참부모가 나와야 됩니다. 실체 존재입니다. 참형제가 되어야 참부부가 나오지요? 참부부가 나와야 참부모가 나옵니다. 참부모의 자리에 서면, 참부부가 되는 것은 물론이고 참자녀가 되는 것입니다. 부모의 의식, 주체사상을 중심삼고 그대로 대상적인 입장에서 하나 되는 것입니다. 사랑으로 하나 되는 것입니다. 사랑만이 이 모든 것을 화합할 수 있습니다. (204-129, 1990. 7. 1)

### 4) 하나님이 바라시는 제3축복(주관축복)

축복 525 축복받은 부부는 축복받은 그날서부터 해야 할 책임이 있습니다. 그 책임은 부부가 합하여 가정을 형성하여 사는 것이 아니라, 둘이 합쳐서 민족 혹은 국가를 형성해야 하는 것입니다. 그것이 문제라는 거예요. 축복받은 사람이 열 사람이면 열 사람의 가정이 합하여 새로운 세계관을 가지고 하나의 새로운 종족을 편성해야 합니다. 새로운 국가를 형성하자면 먼저 새로운 종족을 편성해야 된다는 거예요. 그 종족은 분열된 종족이 아니라 하나로 통일된 종족이라야 됩니다. (1970. 3. 22 전 본부교회)

축복 525 그러니 축복받은 열 사람의 목적은 서로 같아야 합니다. 이 가정들은 사탄세계에서 찾아 세운 소수의 가정들이기에 언제나 사탄세계의 공세를 받을 수 있는 입장에 있습니다. 그렇기 때문에 언제나 하나가 되어 단결해가지고 그 환경에 압도해 들어오는 외부의 힘을 능가할 수 있는 자체내의 결속을 해야 하는 것입니다. 그 힘을 능가하려면 자체내의 완전한 통일이 이루어져야 된다는 것입니다. 이래 가지고 하나 된 모습이 된다면 아무리 외적으로 사탄의 침범을 받더라도 능히 이겨낼 수 있는 것입니다. 이렇게 결집된 실체를 갖춘 데에서부터 사탄세계의 침범을 받지 않는 새로운 종족이 형성되는 것입니다. 그러한 단결된 종족을 통하여 민족이 형성되고, 그 단결된 민족을 통해서 새로운 국가가 형성될 것이 아니겠느냐는 것입니다. (1970. 3. 22 전 본부교회)

축복 499 하나님의 축복을 받은 자는 하나님의 대신자인 것입니다. 따라서 여러분은 축복을 받으면 가정을 갖추어 가지고 사탄을 굴복시켜야 합니다. 사탄을 심판해야 됩니다. 그리고 그 다음에는 사위기대를 복귀하여 승리적 주관자가 되어야 합니다.

하뜻 459 이 지구성을 주관할 수 있으려면 하나 돼야 합니다. 하나 돼 가지고 태어난 아들딸이 주관하게 돼 있지, 타락하여 갈라진 아들딸을 가지고 주관하게 안 돼 있다는 것입니다. 원리적으로 볼 때, 두 주인이 주관하게 되어 있지 않은 것입니다. 한 주인이 주관하게 돼 있기 때문에 형제가 하나 된 자리에서 주관하게 되어 있는 것입니다. 가인 아벨을 중심하고 탕감복귀하지 못하고 실패로 돌아갔으니, 다시 어머니 복중에서 다시 낳았다는 조건으로서 형이 동생으로 태어나고 동생이 형으로 태어나는 혈통전환의 섭리역사를 구약시대부터 하지 않으면 안 된다는 것입니다. 그래서 이러한 섭리를 쌍태를 중심삼고 야곱과 에서 때에 한 것입니다.

## ◈ 제6장 축복가정의 삼대축복 탕감복귀노정

## 제1절 축복가정이란 무엇인가

### 1) 축복가정의 뿌리와 재창조주 축복가정의 뿌리는 참부모님이요 참부모님의 뿌리는 하나님이다

2003.5.2. (이스트가든에서 협회창립 50주년 기념사말씀)

재창조의 주인이 하나님이 아니고 탕감하는 주인이 하나님이 아니고"나"(文)다.

천성경 242 하나님에 대한 감사를 어떻게 드릴 수 있겠느냐? 참부모에 대한 감사를 어떻게 드릴 수 있겠느냐? 우리교회에 대한 감사를 어떻게 드릴 수 있겠느냐? 여러분을 재창조해 준 것에 대한 감사를 어떻게 드릴 수 있겠느냐? 내가 거쳐 나온 뒤에는 참가정이 나타나는 것입니다. 한 단계 더 나가면 참종족이 나타나고, 한 단계 더 나가면 참국가가 나타납니다. 한 단계 더 나가면 참세계가 나타나고, 한 단계 더 나가면 참우주가 나타나고, 한 단계 더 나가면 참천주가 나타나고, 한 단계 더 나가면 하나님이 나타납니다. 이것이 우리의 최종목표입니다. (215−171, 1991. 2. 17)

2) 축복의 위치와 자리축복

축복 399 축복은 그 사람을 축복하는 것이 아니라 그 자리를 축복하는 것입니다. (1967. 12. 26 대전교회 72가정 부인회 집회)

축복을 해줄 때 제일 먼저 "너희들이 실수할 때는 너희들이 책임을 지겠느냐"고 물어보는 것입니다. 그러기에 조건적인 축복입니다. 왜 조건적인 축복이냐? 여러분에게 만물을 주관하라고 한다면 아직까지는 사탄이 참소한다는 것입니다. 축복은 그런 사람들에게 해주는 것이 아닙니다. 사탄을 굴복시킨 사람들에게 축복해주는 것입니다. 그것이 원칙입니다. 그러나 여러분이 그러한 기준까지 나가지 못했으니 할 수 없이 조건적인 축복을 하는 겁니다. 그러므로 여러분은 앞으로 한 번 더 축복을 받아야 되는 것입니다. (1963. 10. 16 대구교회)

승리적 주관권의 표를 받는 것이 축복이라는 것입니다. 선생님이 축복한 가정들이 3년 노정뿐만이 아니라 4년 노정도 거쳐야하기 때문에 아직 완전한 축복을 받은 것이 아닙니다. 이 4년 노정에서 싸우다 쓰러지면 안 됩니다. 여기에서 걸리면 안 된다는 것입니다. 그것만으로도 안 됩니다. 그다음엔 세계적인 노정을 완전히 넘어야 합니다. 그러한 과정을 거쳐 나가야 3차 축복을 받을 수 있는 것입니다. (1965. 1. 1 전 본부교회)

축복 400 따라서 오늘 여러분이 축복받으려고 나선 이 자리는 완성기 완성급이 아니라 장성기 완성급이라는 사실을 알아야 됩니다. 타락한 아담 해와를 중심삼고, 가인, 아벨, 셋과 그들의 대상을 포함한 아담 가정의 여덟 식구가 모두 떨어져 내려갔기 때문에 하나님 앞에 탕감조건을 세워 가지고 다시 완성급을 향하여 들어서는 자리인 것입니다. 거기에서는 부모의 사랑을 느껴야 하는 것입니다. 생명의 기원은 부모의 사랑을 통하여 태어난 것입니다. 이런 생명의 가치를 세계의 그 무엇보다도 존중시할 수 있는 그 자리를 거쳐야만 새로운 길을 갈 수 있다는 것입니다. 원리가 그렇게 되어 있습니다. (1970. 10. 19 성주식 중앙수련소)

축복 401 그러면 앞으로 인간들이 가야할 노정 앞에는 무엇이 남아 있느냐? 참부모를 맞음으로 대 승리를 하는 것이 아닙니다. 참부모는 어디까지나 완성기에서 현현하는 것이 아니라 장성기 완성급에서 현현해야 하기 때문에 이 7년이라는 과정을 거치지 않고는 완전 승리의 결과를 가져올 수 없는 것입니다. 이것은 원리적인 내용입니다. 그렇기 때문에 기독교에서 주장하는 7년 대환란이라는 말이 나오게 된 것입니다. 여기서 우리 통일교인들이 알아야 할 것은 7년 노정은 싫든 좋든 가지 않으면 안 될 노정이라는 것입니다. (1971. 1. 1 전 본부교회)

축복 409 여러분은 선생님을 통해서 축복을 받아야 합니다. 이게 소생축복인 것입니다. 이 축복은 완성급의 축복이 아닙니다. 타락권내에 있어서 장성기 완성급을 넘어가기 위한 것입니다.
(1970. 3. 23 전 본부교회)

### 3) 축복가정의 책임분담과 사명

뜻길 347 선생님은 축복가정들을 두고 눈물을 흘리며 기도할 때가 많다. 왜? 내가 축복해주고 내가 짤라야 하기 때문이다. 선생님은 하늘 앞에 면목이 없다. 오늘날까지 이끌고 나온 것은 어느 기간에 하나님 앞에 공인시키기 위함이었다.

뜻길 350 성혼식은 복귀원리를 푸는 일이다.
(축복으로 복귀섭리를 풀어나간다.)

뜻길 354 축복가정은 제2메시아 사명을 해야 되는데 오히려 짐이 돼서는 안된다. 사명을 못하면 축복이 화가 된다.

뜻길 354 축복은 약속인데, 그 약속은 미래에 이루는 자의 것이다.

뜻길 351 축복은 모든 것을 인계하여 주는 것이다.

뜻길 352 하나님의 구원섭리의 목적은 아버지 앞에 양자 아닌 직계의 아들을 찾아 세우는 것이고 그 수속이 어린양(祝福)잔치이다.

축복 498 통일교회에서는 선남선녀가 일정한 자격을 갖추면 축복을 해주는 것은 영원한 하나님의 아들딸이 되라고 하는 것입니다.
(1985 통일85－4월호 p21)

축복 498 축복을 해주는 것은 그들에게 새로운 사명인 종족적인 메시아의 자격을 부여하여 주기 위한 것이기도 합니다. 예수님이 바라시던 신랑 신부의 이상을 완성한 자리에 세우고, 하나님의 대신 자리에 선생님이 서서 그들에게 횡적인 메시아의 사명을 부여해 주는 것입니다.

천성경 246 참부모 앞에 참자녀로 서기 위해서는 자녀의 개인적인 복귀노정이 있는 것이요, 자녀의 가정적인 복귀노정이 있는 것이요, 자녀의 종족적인 복귀노정이 있는 것이요, 자녀의 민족적인 복귀노정이 있는 것이요, 자녀의 국가적인 복귀노정이 있는 것입니다. 부모의 개인, 가정, 종족, 민족, 국가적인 복귀노정과 자녀의 개인, 가정, 종족, 민족, 국가적인 복귀노정을 완결하여, 부모와 자녀가 일체되어 승리했다는 기준을 세워 놓고서야 비로소 민족복귀를 종결 짓고 세계적인 무대를 향해 새로이 출발할 수 있는 것입니다. 그러면 통일교회의 사명은 무엇이며 여기에 입교한 여러분은 어떤 입장에 있느냐? 선생님을 중심한 이 통일교회에 불려온 여러분은 서러운 6천년 종적역사를 횡적으로, 실체적으로 전개해야 하는 입장에 있는 것입니다. (13－288, 1964. 4. 12)

축복 487 축복을 시켜주는 것은 그들에게 새로운 사명인 종족적인 메시아의 자격을 부여하여 주기 위한 일이기도 합니다. 예수님께서 바라던 신랑신부의 이상을 완성한 자리에 세우고, 하나님의 대신 자리에 선생님이 서서 그들에게 횡적인 메시아의 사명을 부여해 주는 것입니다. 신랑 신부는 축복을 통하여 완성한 이상을 이룬 소메시아로서 각국에 하나님의 특사로 파견되는 것입니다. 이것이 6천쌍 합동결혼식이 가진 뜻이기도 합니다.

하뜻 394 이제부터는 여러분도 선생님과 같은 사고방식을 가져야 합니다. 세계를 찾기 위해서는 나라를 찾아야하고 나라를 찾기 위해서는 일족을 찾아야 합니다. 다시 말하면 문씨면 문씨종족을 동원해 가지고 대한민국 민족을 구해야 합니다. 또 내 가정을 중심삼고 볼 때는 종족을 구해야 합니다. 여러분은 종족적인 메시아라는 말을 들을 수 있어야 합니다. 종족적인 메시아가 되면 민족적인 메시아권을 가지게 되고, 민족적인 메시아권을 대신할 수 있는 입장에 서게 되면 메시아는 국가적 기준에 올라갈 수 있습니다. 탕감복귀는 그렇게 해서 이루어집니다. (1976. 1. 31 한국본부교회)

뜻길 349 하늘이 축복을 해준 것은 자기들을 위하여 해준 것이 아니요, 종족복귀를 위하여 민족복귀를 위하여 세계복귀를 위하여 천주복귀를 위하여 해준 것이다.

하뜻 609~10 그래서 여러분은 가정교회를 통해 제2의 하나님이 되어야 하겠습니다. 여러분이 천륜을 상속받는 날에는 하나님도 여러분의 것이 되고, 천사장도 여러분의 것이 되고, 세계 만민이 다 여러분의 것이 됩니다. 그리고 천륜을 상속받은 사람이 기뻐하면 다 기뻐하고 슬퍼하면 다 슬퍼해야 합니다. 그를 통하지 않으면 살 길이 없는 것입니다.

새 역사의 창조는 메시아가 혼자서 하는 것이 아니라 소메시아들과 같이 하는 것입니다. 이제 수천만의 소메시아가 쏟아져 나올 것입니다. 여러분도 한번 동참해 보겠습니까? 희망찬 통일의 앞날이 동터오고 있다는 사실을 여러분이 알아야 합니다.

### 4) 축복의 3단계 완성 (소생－교회 / 장성－나라 / 완성－세계)

하뜻 772 여러분은 지금 교회의 축복은 받았지만 나라의 축복과 세계의 축복까지 받아야 합니다. 앞으로는 선생님의 직계를 잇는 중심가정이 생길 것입니다. 그때는 그 중심가정을 중심삼고 후손들도 하나 되어야 하는 것입니다. 그렇게 되면 같은 시대에서 여러분과 하나 되는 것과 마찬가지가 됩니다. 대 축복권내를 넘어가기 전까지는 절대적으로 선생님 일족을 중심삼고 이 운동을 전개해야 합니다. 이것 때문에 선생님의 후손도 그와 하나 되어야 되고 여러분들도 하나 되어야 같은 입장으로 넘어간다는 것입니다. 그게 본연의 세계입니다.

축복 409 여러분은 선생님을 통해서 축복을 받아야 합니다. 이게 소생축복인 것입니다. 이 축복은 완성급의 축복이 아닙니다. 타락권내에 있어서 장성기 완성급을 넘어가기 위한 것입니다.
(1970. 3. 23 전 본부교회)

천성경 1373 통일교회 축복은 교회축복이지 국가축복이 아닙니다. 세계축복까지 3단계를 넘어가야 됩니다. 교회축복시대를 지나 남북통일을 해서 하나의 나라를 가지고 하늘나라를 중심삼은 축복시대가 국가축복시대고 그 다음에는 지상 천상세계가 하나 되는 축복시대입니다. 3대축복권 시대를 넘어가야 합니다. 그것이 아담 일대에 됐을 것을 재림시대에 와서 선생님 일대에서 전부 다 끝마쳐야 됩니다. 2000년까지 세계적 축복을 한꺼번에 해줘야 됩니다. 그래서 본격적인 입적이 되는 것입니다. (290−253, 1998. 3. 2)

## 제2절 각 축복의 역사와 섭리적 의미

### 1) 참부모님의 가정 성혼 (1960. 4. 11)

축복 401 그러면 앞으로 인간들이 가야할 노정 앞에는 무엇이 남아 있느냐? 참부모를 맞음으로 대 승리를 하는 것이 아닙니다. 참부모는 어디까지나 완성기에서 현현하는 것이 아니라 장성기 완성급에서 현현해야 하기 때문에 이 7년이라는 과정을 거치지 않고는 완전 승리의 결과를 가져올 수 없는 것입니다. 이것은 원리적인 내용입니다. 그렇기 때문에 기독교에서 주장하는 7년 대환란이라는 말이 나오게 된 것입니다. 여기서 우리 통일교인들이 알아야 할 것은 7년 노정은 싫든 좋든 가지 않으면 안 될 노정이라는 것입니다. (1971. 1. 1 전 본부교회)

뜻길 352 하나님의 구원섭리의 목적은 아버지 앞에 양자 아닌 직계의 아들을 찾아 세우는 것이고 그 수속이 어린양잔치(祝福)이다.

뜻길 347 선생님은 축복가정들을 두고 눈물을 흘리며 기도할 때가 많다. 왜? 내가 축복해주고 내가 짤라야 하기 때문이다. 선생님은 하늘 앞에 면목이 없다. 오늘날까지 이끌고 나온 것은 어느 기간에 하나님 앞에 공인시키기 위함이었다.

뜻길 21 7년노정은 타락한 인간들을 구원할 수 있는 길을 연결시켜 주면서 외적으로 장성기 완성급 이상에 사탄이 침범할 수 없는 기준을 닦은 것이고, 내적으로는 해와가 완전히 복귀될 수 있는 기준을 닦은 기간이다. 그러므로 이 기간에는 해와가 아담에게 절대 복종하는 기준을 세워야 되고, 선생님의 가정이 사탄이 침범할 수 있는 조건을 완전히 제거하여 승리의 기준을 세우지 않으면 안된다.

축복 516 선생님 자신도 1960년에 성혼식을 올렸지만 세상을 완전히 이기고 영계나 육계에서 완전한 승리의 기반을 닦은 터 위에서 성혼식을 올린 것이 아니었습니다. 선생님의 가정은 국가권내에서 환란 겪던 예수 그리스도가 완성하지 못한 그 자리를 이어받아 출발한 것입니다. 그러므로 새로운 종족과 민족과 국가와 세계를 형성하기 위해 출발한 가정이었지만, 사탄세계로부터 핍박을 받게 되어 있었다는 것입니다. (1978. 10. 22 한국중앙수련소)

축복 416 타락은 천사장이 해와를 사랑하고 아담을 사랑함으로써 빚어진 결과였습니다. 원리적으로는 아담이 해와를 사랑하고 해와가 천사를 사랑해야 되는 것입니다. 그 결과 타락한 천사장이 사탄이고 아담과 해와는 그 후손의 입장이 되었습니다. 그래서 복귀시대에는 하늘편의 천사장을 찾아 세워야 합니다. 이러한 조건을 찾아 세우는 기간이 통일교회에서 말하는 7년노정입니다. 사실은 7년노정을 걷기 전에는 결혼할 수 없는 것입니다. 여러분은 3년동안 전도해서 믿음의 세 아들딸을 결혼시켜야 합니다. 먼저 만물을 사랑하고 천사장을 사랑하고 그 후에 하나님을 사랑하는 것이 본연의 형태입니다. 타락함으로써 인간은 만물보다 낮은 자리로 떨어졌기 때문에, 먼저 만물을 찾고 천사장을 찾아 그들을 사랑할 수 있는 입장에 선 후에야 하나님을 사랑할 수 있습니다. 오늘 통일교회는 이런 공식대로 가고 있습니다.

(1983. 6. 5 미국 통일신학 대학원)

축복 507 통일은 먼저 부부가 하나 되는 것이다. 남자 메시아가 있으면 여자 메시아도 있어야 하니 가정적 메시아로서 주님은 오신다. 타락을 아담 해와 두 사람이 했으니 복귀도 두 분이 해야 한다. 종족적인 메시아가 되는 것이다. (1968. 10. 20 전 본부교회)

축복 128 앞으로 오시는 주님은 무엇으로 오시느냐? 예수님은 제2의 아담으로 오셨지만 앞으로 오시는 주님은 제3의 아담으로 오십니다. 제3의 아담이 왜 와야만 됩니까? 그것은 이 땅이 잘못되었기 때문입니다. 이 땅위에서 사고가 났으니 이것을 수리해 놓아야 하기 때문입니다. 이것을 수리할 수 있는, 고장 나지 아니한 새로운 주인이 와야 합니다. (1968. 5. 1 전 본부교회)

축복 129 그러므로 여러분은 새로운 주인이 와서 사고 난 것을 언제 고쳐 주실 것인가를 고대해야 합니다. 제3의 아담이 누구냐? 이 땅위에 인류조상의 이름을 지니고 세 번째로 오시는 분입니다.
(1968. 5. 1 전 본부교회)

축복 130 아담 이후에 실패한 모든 것들을 탕감하기 위해서 하나의 남성으로 태어나신 분이 누구냐 하면, 예수님이십니다. 그러나 그 예수님도 뜻을 이루는 데 있어서는 혼자서는 안 되는 거예요. 아무리 예수님이 이스라엘 민족을 대한 섭리의 모든 내용을 상속받았다 하더라도, 예수님 혼자서는 국가를 형성할 수 없다는 거예요. 예수님이 국가를 형성하기 위해서는 먼저 새로운 가정을 편성해야 된다는 것입니다.

축복 131 새로운 가정을 이루기 위해서는 땅 위에 있는 수많은 여성들을 대표할 수 있는 하나의 여성을 찾아야 됩니다. 즉, 국가적으로나 세계적으로나 전체를 걸어 놓고 수많은 여성들을 대표할 수 있는 하나의 여성을 찾아야 된다는 것입니다.
(1970. 3. 22 전 본부교회)

축복 131 하나님의 사랑하는 아들은 그 상대자를 얻지 않으면 안 됩니다. 상대자를 어디서 얻어야 하겠습니까? 천상에서 얻는 것이 아닙니다. 타락의 결과로 해와를 지상에서 잃었기 때문에 그 상대자 역시 지상에서 재창조하지 않으면 안 됩니다.

(1983. 4. 3 한국 설악산)

축복 240 성혼 축복을 받는다는 것은 두려운 일입니다. 섭리적으로 볼 때 하나님의 중심적 사상은 아담 해와의 가정으로부터 출발합니다. 하나님은 그것을 모델로 똑같은 가정을 만들려고 하셨습니다. 일정한 모형을 만들어 가지고 재료를 투입시키면 일시에 몇천 몇만개가 나옵니다. 선생님은 그 모형을 만들기 위해 지금까지 고생해 왔습니다. 그 모형이 부숴지면 아무것도 되지 않습니다.

(1978. 9. 22 일본 가미가와)

하뜻 724 그와 같이 개인의 완성을 이룩한 다음에는 해와를 재창조하지 않으면 안 됩니다. 하나님은 아담을 만들고 나서 아담을 표본으로 하여 해와를 만들었습니다. 아담이 책임을 다하지 못하여 해와가 타락했기 때문에 복귀한 아담이 해와를 재창조하지 않으면 안 됩니다. 이미 몸은 만들어져 있습니다. 그것은 사탄의 주관권내에 있기 때문에 그것을 빼앗아 오지 않으면 안 됩니다. 하나님은 그와 같은 지상 기반을 준비하시는 것입니다. 그래서 20세 이하의 아무것도 모르는 어머니를 데려 왔습니다. 그것은 재창조를 위해서였습니다. 어머니는 절대 순종하는 과정을 거쳐야 했습니다. 성혼식 이후 7년기간은 6천년의 역사를 탕감 복귀하는 기간입니다. 이 7년기간 동안에 어머니는 언제 어디서 어떤 일을 하든지 선생님에게 절대로 순종하지 않으면 안 됩니다.

2) 3제자 축복 (1960. 4. 16 / 3대 천사장격)

뜻길 312 믿음의 세 아들딸은 3대제물에 해당하는 조건물이다. 그러기에 믿음의 세 자녀가 없이는 하늘 앞에 복귀가 안된다.

뜻길 312 세 가정을 결혼시켜야 부모의 자리로 나아간다. 믿음의 세 아들딸을 찾는 것이 문제다.

뜻길 312 믿음의 세 아들딸을 세워 놓아야 친 아들 딸을 사랑할 수 있다.

뜻길 311 믿음의 세 아들딸을 못 찾아 세우면 7년노정은 무효가 된다.

뜻길 315 세 자녀 복귀는 1.영적으로는 3대 천사장을 복귀시키는것 2. 부모의 자리를 결정하기 위한 절대 요건 3.자식을 완전한 승리의 자리에 세울 수 있는 절대요건이다.

3) 36가정 축복 (1961. 5. 15 / 文의 천사(종)조상격)

하뜻 387 36가정으로부터 72가정, 124가정까지는 갈라 놓을 수 없는 한 팀입니다. 36가정은 역사적인, 역대의 조상을 뜻하는 것입니다. 그 다음에 72가정은 아들딸을, 120가정은 세계 국가 제사장을 말하는 것입니다. 120가정은 또 12지파, 지파의 세계적 분파형을 말하는 것입니다. 그래서 조상과 가인 아벨이 하나되고 거기에 12지파가 하나되면 되는 것입니다. 그것을 찾는것이 복귀 역사였습니다. 36가정은 조상이고 72가정은 가인 아벨형인데 이것이 싸웠습니다. 싸워서 뜻을 망치는 결과를 가져왔기 때문에 하나되어야 합니다. 72가정이 36가정과 하나되어야 합니다. 조상을 중심삼고 가인 아벨이 하나되고 거기에서 12지파가 하나되어야 합니다.

하뜻 393 여러분이 이러한 원리를 알고 36가정과 72가정과 120가정이 하나되어야 합니다.

하뜻 394 그렇기 때문에 이 세 가정은 어차피 하나 되어야 합니다. 36가정은 타락한 인류의 조상들이 부활한 형이고 그다음에 72가정은 그 조상들의 아들딸들이 부활한 형이며 120가정은 세계 사람들이 부활한 형입니다. 그래서 이들이 하나되면 결국은 가정과 아들딸 그리고 세계까지 하나된다는 것입니다. 앞으로 120가정까지는 내가 직접 책임을 져야 되겠다고 생각을 합니다.

축복 478 오늘날 인류는 하나님의 섭리에 의하여 심정적 전통을 계승한 완성된 인간이 되어야 하는 것입니다. 그것을 이루는 섭리의 과정에서 36가정이 하나님의 심정을 중심하고 최초로 승리한 조상의 기준을 지상에 확립한 것입니다. 그러므로 36가정은 복귀된 인류의 조상을 상징하고 있습니다. (1972. 5. 7 일본 동경교회)

#### 4) 72가정 축복 (1962. 6. 4 / 36가정의 자녀격)

축복 479 그래서 36대가 실패했던 것을 복귀한 기준을 세웠다는 것입니다. 그렇게 해서 조상이 된 것인데 조상만으로는 안되는 것입니다. 싸움이 어디에서부터 시작되었습니까? 아담 해와로 부터 시작되었습니다. 아담 해와의 아들인 가인과 아벨로부터 싸움이 시작되었습니다. 그래서 이 세계를 이렇게 망쳐놓았습니다. 그것은 무슨 말이냐 하면 그 후손들이 전부 싸움을 하는 세계를 만들었다는 것입니다. 이것을 탕감 복귀해야 합니다. 그러기 위해서는 36대의 아들딸들이 하나님 앞에서 싸우지 않고 하나되었다는 조건을 세워야 합니다. 그래서 가인 아벨로 분립한 수, 즉 36을 2배한 72가정을 세운 것입니다. 이 72가정이 세워짐으로써 가인과 아벨이 싸우지 않고 사위기대를 이룰 수 있는 역사적인 선조의 터전을 닦은 것입니다. 그래서 사탄을 방비할 수 있는 절대적인 기준이 세워졌다는 것입니다. 알겠습니까? 여러분은 72가정이 얼마나 심각한 자리에 서 있는 줄 압니까? (1967. 12. 31 전 본부교회)

축복 480 72가정은 36가정의 축복을 바탕으로 세워졌습니다. 72가정은 아담가정을 중심으로 복귀된 가인 아벨 가정을 상징합니다. 아담 해와가 인류의 조상으로서 완전한 부모의 입장에 서기 위해서는 가인 아벨이 완전히 하나돼야 하는 것입니다. 36가정은 조상격인 아담 가정을 상징하고 있습니다. 그러므로 36가정은 가인 아벨이 하나된 가정의 기반위에 서야 부모의 자격을 갖추게 되는 것입니다. 72가정이 36가정의 두 배가 되는 것도 가인 아벨의 입장이기 때문입니다. (1972. 5. 7 일본 동경교회)

5) 124**가정 축복** (1963. 7. 24 / 12**지파격 천사세계**120**개국**)

축복 481 그렇다면 120수는 무슨 수냐? 12수는 소생을 상징하는 수이고, 70수는 장성을 상징하는 수이며 120수는 미래의 세계의 국가들을 대표하는 수입니다. 기독교 이념을 중심삼아 결성된 UN에 120개 국가가 가입하게 되면 끝날에 접어들었다는 것을 알아야 합니다. 지금 123개국이 가입되어 있습니다. 1967년의 고비를 중심삼고 124개국이 가입되어야 합니다. 통일교회 124가정의 수와

124개국의 수도 모두 다 들어맞아야 됩니다.

(1967. 12. 31 전 본부교회)

축복 482 그러한 상징은 1967년에서 1968년에 걸쳐 120개 국가가 생겨난 것으로 이뤄지게 됐습니다. 우리는 인류역사의 흐름가운데 그 어느것 하나 하나님의 섭리와 무관한 것이 없음을 보게 되는 것입니다. 이렇듯 축복받은 124가정은 세계의 모든 국가를 상징하고 있습니다. 세계의 모든 국가를 복귀하는 상징으로 축복한 것이 124가정인데, 120가정에 4가정을 보탠 것은 지금까지 축복받은 가정의 회수에 해당하는 숫자입니다. 그리고 네 쌍의 가정은 동서남북의 문을 상징합니다. 124가정은 인류가 지금까지 소망해 온 이상 국가, 즉 하나님의 나라를 복귀하는 의미와, 그와 같은 가치를 지니고 있다 하겠습니다. (1972. 5. 7 일본 동경 교회)

축복 482 120가정은 예수님 중심한 120문도를 대신한 것입니다. 네 가정은 결혼한 기혼가정입니다. 사방의 문을 열어 주어야 합니다.

(1968. 5. 1 전 본부교회)

축복 465 36가정은 타락한 인류의 조상들이 부활한 형이고, 그 다음에 72가정은 그 조상들의 아들딸이 부활한 형이며, 120가정은 세계 사람들이 부활한 형입니다. 그래서 이들이 하나되면 결국은 가정과 아들딸 그리고 세계까지 하나된다는 것입니다. 앞으로 120가정까지는 내가 직접 책임을 져야 되겠다고 생각을 합니다.

(1976. 1. 31 한국 본부교회)

6) 430가정 축복 (1968. 2. 22 / 文의 자녀격)

축복 508 그 다음에는 1968년도에 430가정을 축복할 때에 선생님이 지시한 바와 같이 종족적 메시아가 되라는 것입니다. 그 사명을 해야 합니다. 선생님을 중심삼고 협회에 36가정이 조직되어 있듯이 김씨면 김씨 가문에서 먼저 축복 받은 가정을 중심삼고 김씨 가문의 36가정형이 있어야 됩니다. 알겠어요? 36가정이 못 되면 여러분이 12가정형의 조상이라도 되어야 합니다. 그건 여러분이 부모니까 여러분의 아들딸을 중심삼고 삼위기대를 이루어서 그 기준을 만들어 나가야 합니다. 그리하여 여러분들이 여러분 씨족의 조상이 되어 여러분 가정을 중심삼은 새로운 지파편성을 해야 될게 아니에요? 그것이 12지파형인데 그것을 형성하면 그 12지파권내에 전부 들어가는 것입니다. 12지파 형태와 마찬가지로 12제자가 있어야 되고, 12제자가 중심이 되어 70문도가 되고 나아가 120문도와 같은 형태를 갖추어 나가야 됩니다. 이것이 직계종족입니다. (1970. 6. 4 전 본부교회)

천성경 1313 430가정이 무슨 가정이냐 하면 말입니다. 여러분 430가정 시대에 와 가지고는 종족적 메시아 시대로 들어가는 겁니다. 430가정은 어느 가정이나 전부 다 씨족을 중심삼아 가지고 재림부활할 수 있는 가정적 기반, 다시 말하면 예수님께서 재림한 가정적 기반을 전 민족적으로 부여한 것을 대표한 것이기 때문에 430가정은 자기의 전 씨족을 중심삼은 메시아 가정들이다 이겁니다.

430가정은 씨족을 중심삼은 재림한 메시아 가정과 마찬가지라는 겁니다. 그렇기 때문에 36가정에서부터 72가정 120가정은 선생님에게 속하는 것입니다. 그것은 종적인 기준에 해당하는 것이요, 430가정은 사방에 세워놓은 것입니다. 그렇기 때문에 종족적 메시아권내에 들어가는 겁니다. 그래서 여러분 대해서 "종족적 메시아가 되라!" 했던 것입니다. 중심이 된 36가정, 72가정을 선생님이 다 탕감했고, 120가정을 선생님이 대번에 탕감했기 때문에 여러분은 120명만 갖다가 붙이면 됩니다. 그러면 종적으로, 횡적으로 전부 다 탕감할 수 있게 됩니다. (84−157, 1976. 2. 22)

축복 483 이 한국내에 축복가정이 생겨났지만 국가 기준의 탕감의 인연은 아직 생겨나지 않았습니다. 탕감의 국가기준을 세우는 것이 430가정의 축복이었습니다. 430가정을 축복한 해는 한국이 4300년의 역사를 맞는 때이고 이스라엘 민족이 430년의 애굽고역을 끝내고 출애굽하는 기간의 숫자이기도 합니다. 그러므로 430가정의 축복은 이스라엘 민족의 해방을 기원하는 수의 의미이기도 합니다. 430가정의 축복은 한국 국민으로 하여금 하나님을 향한 이상을 세울 수 있는 길을 열어 놓은 계기가 되었습니다.

지금까지의 종교는 개인 이상에 맞추었지만 430가정의 축복으로 인하여 통일교회는 전 국민이 하나님을 향한 이상을 펼칠 수 있게 한 것입니다. 종적 섭리를 1대를 통하여 횡적으로 완수해야 하는데, 43수는 모든 것을 충족시켜 줍니다. 4수는 4위기대 수로 동서남북을 상징하며, 3수는 소생 장성 완성을 상징한 수입니다. 결국 4수와 3수는 탕감복귀의 절대적인 수입니다. 430가정을 축복한 것은 탕감복귀의 승리적 기대를 나타낸 것입니다. 430가정의 축복으로 한민족은 누구나 통일교회에 들어오면 축복받을 수 있는 국가적 기준을 조성한 것입니다. (1972. 5. 7 일본 동경교회)

430쌍의 축복가정은 땅 수와 하늘 수를 합한 것을 의미한다.

(19−273, 1968. 3. 7 / 수원 탕감봉행사 때)

축복 484 이제 우리는 단결해야 하겠습니다. 패배가 아닌 승리를 위한 단결을 해야 되겠습니다. 이래서 "승리적 통일전선"이란 말이 나온 것입니다. 그 중심이 무엇이냐? 가정입니다. 그러므로 가정들이 하나 되어야 하겠습니다. 그래서 430가정을 세웠던 것입니다.

(1970. 4. 6 / 음3.1 전 본부교회)

축복 484 430가정이 형성됨으로써 4수가 복귀되어 전 세계의 모든 민족이 연결될 수 있는 기반이 닦여진 것입니다.

(1978. 10. 22 한국 중앙수련소)

축복 484 430가정의 축복으로 국가적 기준을 세웠기 때문에 1969년에는 그 기대를 세계국가 속에 상대적으로 연결시키는 일을 하였습니다. (1972. 5. 7 일본 동경교회)

축복 408 2차 7년노정이 무엇인 줄 압니까? 복귀된 가정을 세워 가지고 7년노정을 가야되는데 이것이 제2차 7년 노정인 것입니다.

(1970. 3. 23 전 본부교회)

하뜻 572 430가정 축복은 통일교회가 동서남북으로 360도의 방향을 갖추게 된 것을 의미합니다. 이렇게 세계적인 발전을 해 나온 것이 통일교회의 역사인 것입니다. 또 통일교회는 21년 노정을 거치면서 세계인류와 수많은 종족을 연결시키는 일을 해 왔습니다. 이렇게 해서 가정적인 문을 다 열어 놓게 된 것입니다. 그러므로 세계

인류는 이 문으로 전부 들어가야 합니다. 430가정의 430수는 무엇을 의미하느냐? 하면 한국역사 4300년을 의미하는 것입니다. 한국은 430가정을 중심삼고 새로운 출발을 해야 하는 것입니다. 또 430가정은 이스라엘 민족이 애굽에서 고역기간을 탕감 복귀하는 수인 것입니다. 그렇지 않습니까? 이스라엘 민족이 430년 만에 가나안 복귀 노정을 출발한 것 아닙니까? 그러므로 세계적인 가나안 복귀노정의 출발도 430가정을 중심삼고 벌어지게 된 것입니다.

축복 484 그것은 제2차 세계 순회 때에 43가정을 축복해 준 것입니다. 상대 국가의 축복도 내적 섭리에 따라 10개국에서 43쌍을 선택하여 축복함으로써 승리적 상대권을 세계로 넓히는 섭리를 이루었던 것입니다. (1972. 5. 7 일본 동경교회)

7) 777**가정 축복** (1970. 10. 21 / **보충 가정격**)

축복 485 777가정은 1970년도를 중심삼고 3에7을 곱한 21일에 있었습니다. 이것이 7수를 맞추는 마지막 결혼식입니다. 섭리적인 뜻을 중심삼고 결혼식을 하는 것은 마지막이었습니다. 777가정을 축복함으로 인하여 어떠한 민족끼리든지 혈통적으로 맺을 수 있는 초민족적인 시대로 들어갔습니다.

축복 486 777가정은 도대체 어떤 의미를 지닌 가정이냐? 777가정은 섭리적인 합동결혼식으로서는 마지막이 되는 가정입니다.
(1978. 10. 22 한국 중앙수련소)

천성경 1314 777가정은 세계를 대표한 가정입니다. 세계적인 가정이다 이겁니다. 그러므로 세계적인 가정을 중심삼고 보강하기 위한 것입니다. 그러나 아직까지 통일교회 가정제도가 누더기와 같고 전부 다 사명을 하지 못했기 때문에 세계적 기준인 777가정까지 연장해 가지고 나온 겁니다. 원래는 430가정으로부터 그 일을 해야 되는 것입니다. 이래 가지고 지금까지 발전해 나왔습니다. 여러분 777가정은 전 세계를 대표한 것입니다. 칠, 칠, 칠, 즉 소생, 장성, 완성을 말합니다. 1970년도에 777가정을 중심삼고 세계적인 가정 형태를 갖추어 가지고 여기서 빼낼 수 있는 이것은 초민족적인 시대로 들어가는 것입니다. 그래서 일본사람이라든가 여기서 가담했던 가정을 중심삼고 36가정, 72가정, 124가정, 430가정까지도 잘못하면 거기에 전부 다 집어넣어야 되는 겁니다. 이렇게 해 가지고 복귀섭리의 길을 닦아 나오는 것입니다.

(79-104, 1975. 6. 22)

## 제3절 축복가정의 제1축복(생육) 탕감복귀노정

### 1) 생육노정의 기간 1968-1974(7년) 1968-1988(21년)

축복가정은 참부모님의 피조가정이다. 참부모님은 축복결혼으로 모든 복귀섭리를 풀어 오셨다. (뜻350) 36가정, 72가정, 124가정은 위에서도 상술 하였지만 타락한 인류가 종의 종(마귀의 자녀)이 된 것을 복귀된 하나님의 종으로 찾아 세운 가정들이기 때문에 이 가정들은 8단계를 거쳐 하나님의 아들딸로 복귀 되어야 한다. 축복가정이란 이름과 형식은 겉으로 보면 같지만 각 가정의 섭리적 의미는 다르다고 위에서 밝혔다. 축복가정의 제1축복(생육)이란 참부모님 앞에 자녀의 자리에 지음을 받은 축복가정이 생육의 길을 가는 것을 말한다. 그 축복가정(자녀)의 생육은 제2차 7년노정 첫머리에서 축복을 받고 출발 되어야 한다. 왜냐 하면 제2차 7년노정이 참부모님 가정의 번식노정이기 때문이다.

2) 자녀노정이란 자녀가 출생하여 성장하는 기간

하뜻 199 제1차 7년노정을 기반으로 제2차 7년노정이 시작되었습니다. 제2차 7년노정은 축복가정이 가야할 기간입니다. 1차 7년노정은 부모시대요, 2차 7년노정은 자녀시대입니다. 그것은 구약시대와 신약시대에 맞먹는 기간입니다.

천성경 1313 430가정이 무슨 가정이냐 하면 말입니다. 여러분 430가정 시대에 와 가지고는 종족적 메시아 시대로 들어가는 겁니다. 430가정은 어느 가정이나 전부 다 씨족을 중심삼아 가지고 재림 부활할 수 있는 가정적 기반, 다시 말하면 예수님께서 재림한 가정적 기반을 전 민족적으로 부여한 것을 대표한 것이기 때문에 430가정은 자기의 전 씨족을 중심삼은 메시아 가정들이다 이겁니다. 430가정은 씨족을 중심삼은 재림한 메시아 가정과 마찬가지라는 겁니다. 그렇기 때문에 36가정에서부터 72가정 120가정은 선생님에게 속하는 것입니다. 그것은 종적인 기준에 해당하는 것이요, 430가정은 사방에 세워놓은 것입니다. 그렇기 때문에 종족적 메시아 권내에 들어가는 겁니다. 그래서 여러분 대해서 “종족적 메시아가 되라!” 했던 것입니다.

그러면 종적으로, 횡적으로 전부 다 탕감할 수 있게 됩니다.

(84－157, 1976. 2. 22)

축복 484 이제 우리는 단결해야 하겠습니다. 패배가 아닌 승리를 위한 단결을 해야 되겠습니다. 이래서 "승리적 통일전선"이란 말이 나온 것입니다. 그 중심이 무엇이냐? 가정입니다. 그러므로 가정들이 하나 되어야 하겠습니다. 그래서 430가정을 세웠던 것입니다. (1970. 4. 6 / 음3.1 전 본부교회)

3) 자녀노정에서 해야 할 일

참부모님이 천사복귀를 하신 것처럼 자녀로 택함 받은 430가정은 종족적 메시아로서 36, 72, 124가정을 찾아 세우고 잃어버린 경축의 날들도 찾아 세워야 한다. 그리고 가정의 전통을 세우는 기간으로써 가정완성의 길을 가야 한다. 참부모님은 가정적 메시아요, 430가정은 종족적 메시아다. 개인완성은 개인적 사위기대를 완성 하면 된다. 가정의 완성은 夫(심신일체)婦(심신일체)일체와 부자일체를 이루어 3대 가정완성을 해야 한다.

축복 508 여러분은 자기 아들딸한테 영향을 미칠 수 있는 부모가 되어야 되겠습니다. 이것이 첫째 사명입니다. 그러려면 교회생활이나 공적 생활을 철저히 해야 되고, 사적 생활에 있어서 모범이 되어야 합니다. 이것은 자녀로 하여금 금후에 뜻길을 갈 수 있게끔 교육하는데 절대 필요한 것입니다. 알겠지요? 그 다음에는 1968년도에 430가정을 축복할 때에 선생님이 지시한 바와 같이 종족적 메시아가 되라는 것입니다. 그 사명을 해야 합니다. 선생님을 중심삼고 협회에 36가정이 조직되어 있듯이 김씨면 김씨 가문에서 먼저 축복 받은 가정을 중심삼고 김씨 가문의 36가정형이 있어야 됩니다. 알겠어요? 36가정이 못 되면 여러분이 12가정형의 조상이라도 되어야 합니다. 그건 여러분이 부모니까 여러분의 아들딸을 중심삼고 삼위기대를 이루어서 그 기준을 만들어 나가야 합니다. 그리하여 여러분들이 여러분 씨족의 조상이 되어 여러분 가정을 중심삼은 새로운 지파편성을 해야 될게 아니에요? 그것이 12지파형인데 그것을 형성하면 그 12지파권내에 전부 들어가는 것입니다. 12지파 형태와 마찬가지로 12제자가 있어야 되고, 12제자가 중심이 되어 70문도가 되고 나아가 120문도와 같은 형태를 갖추어 나가야 됩니다. 이것이 직계종족입니다.

(1970. 6. 4 전 본부교회)

하뜻 24 이제까지의 축복은 완성기준에서의 축복이 아닙니다. 선생님을 중심으로 하나님의 날, 부모의 날, 자녀의 날, 만물의 날이 세계적 천주적으로 결정되었습니다. 여러분들은 그 권내에 있어서 축복에 참여 할 수는 있어도 그 길을 아직 가지 않았습니다. 사실은 여러분들을 중심한 부모의 날이 나와야 합니다. 새로운 종족의 조상으로의 진정한 부모의 날을 맞이할 수 있어야 되는 것입니다. 기무라씨면 기무라씨에 의해서 부모의 날이 생겨나지 않으면 안 됩니다. 그리고 기무라씨를 중심으로 하여 자녀의 날과 만물의 날을 세우고, 그러한 기대 위에서 하나님의 날을 결정하여 승리의 깃발을 세워서 영원히 나부끼게 할 수 있는 날을 맞이해야 한다는 것입니다. 이런 깃발을 들고 출발한 것이 제2차 7년 노정입니다.

뜻길 359 축복가정이 총합하여 새로운 역사를 꾸며야 할 때가 왔다. 60

년대는 개인의 십자가를 질 때였지만 70년대는 가정적 십자가를 지고 나갈 때이다. 자기 자신을 중심한 부모의 날, 자녀의 날, 만물의 날, 하나님의 날을 자기 종족을 중심삼고 찾아야 한다. 이제부터 가정을 이끌고 이스라엘 땅을 찾아 승리의 결정권을 세워야 한다.

뜻길 63 제1차 7년노정은 개인의 전통을 세우는 것이었고, 제2차 7년노정은 가정의 전통을 세우는 것이다.

## 제4절 축복가정이 가야 할 숙명적인 탕감복귀의 길

천성경 1535 하나님과 우리는 부자지관계다. 부자지관계는 숙명이다. 부모의 모든 한과 문제는 자식만이 풀어 드릴 수 있는 것이다. 그것이 자녀의 도리인 것이다. 입적한 가정은 다시는 불신이나 배신이 있을 수 없다. 하나님과 우리는 부자지간으로서 공명 통일되어야 한다. (295－167, 1998. 8. 28 자르딘 제4선언)

천성경 244 하나님이 선생님을 이렇게 기른 것과 마찬가지로 선생님도 여러분을 그렇게 길러야 할 책임이 있습니다. 그렇기 때문에 여러분이 지자(智者)가 되어야 된다는 숙명적인 과업을 상속해야 된다 이겁니다. 인연적인 과업이 아닙니다. 숙명적인 과업입니다. 참부모와 참부모의 자식이라는 것은 영원불변의 숙명적인 업(業)입니다. 이걸 누구도 가를 수 없습니다. 천년만년 그 길을 가야 합니다. 갈 길은 두 길이 아니라 하나입니다. 다른 방법이 없습니다. 비법이 없습니다. 그 길을 가야 됩니다. (203－192, 1990. 6. 24)

### 1) 책임분담 97%의 길

탕감복귀의 길을 가는 데는 (천1107)책임분담 97%를 하는 중심인물이 있어야 하고 조건물과 기간이 필요 하다. 누가, 언제, 어디서, 무엇을, 어떻게, 왜 해야 하는지를 알아야 한다. 무지에는 완성이 있을 수 없다.

천성경 1107 타락한 인간은 인간 책임분담뿐만이 아닙니다. 전체 창조의 97퍼센트를 전부 다 유린해 버렸습니다. 창조과정 전부가 무너졌다 이겁니다. 그러니 얼마나 어려우냐는 겁니다. 그러므로 인간이 97퍼센트에 해당될 수 있는 책임을 해주지 않고는 책임분담을 완성할 수 있는 길이 영원히 없다는 것입니다.

(115−67, 1981. 11. 4)

하뜻 566 선생님의 가정이나 여러분의 가정이 가야 할 필연적인 운명길은 세계를 극복하며 넘어가는 길입니다. 세계를 어떻게 극복 할 것이냐? 이것은 우리가 죽어서 가는 길이 아니라 살아생전에 "탕감"이란 길을 통해서 가야하는 것입니다. 탕감의 길에는 어떤 기간이 있어야 하고, 조건물이 있어야 하고, 아담의 대신존재인 아벨적인 중심존재가 필요하다는 것입니다. 선생님 자신도 세계사적인 탕감기간 내에 반드시 어떠한 조건을 세워야 하는 것입니다.

하뜻 151 이 복귀의 길을 선생님도 가지 않으면 안 되며, 여러분들도 모두 가야 하는 길입니다.

천성경 251 참부모가 복귀의 길을 갔으면 여러분도 복귀의 길을 안 갈 수 없다는 것입니다. 최소한도의 책임분담 5퍼센트를 완수해야 됩니다. 그걸 알아야 됩니다. 여러분의 아내를 사랑하는 이상, 부모를 사랑하는 이상 하나님을 사랑해야 됩니다. 여러분의 아들딸을 사랑하는 이상 하나님을 사랑하라는 겁니다. 그것을 기반으로 해서 세계에 확대하는 것이 통일교회의 이상세계입니다. 본연의 세계입니다. (128-30, 1983. 5. 29)

### 2) 축복가정은 어떤 탕감복귀의 길을 가야 하는가

뜻길 37 복귀의 길은 찾아가는 길, 원리의 길은 밟아가는 길.

뜻길 52 복귀해가는 원리는 가르쳐 줄 수 없다. 그러므로 자신이 찾아가야 한다.

하뜻 37~38 그와 같은 탕감조건을 선생님은 어떻게 연구하여 알게 되었는지 불가사의할 것입니다. 하나님께서 가르쳐 주셨다면 그것은 탕감이 되지 않는 것입니다. 아담이 스스로 알아서 해결할 일을 못했기 때문에 인류역사는 6천년동안 연장되어 왔습니다. 그러므로 탕감조건을 세우는 방법도 선생님이 스스로 연구해서 알아내야 합니다.

천성경 1108 인간이 자기 책임분담을 못했으니 아담 완성자가 책임분담을 해야 됩니다. 미지의 세계를 개발해 나가야 됩니다. 그렇기 때문에 원리의 길을 개발해 가야됩니다. 찾아가야 된다는 것입니다. 원리의 길은 찾아가는 길이요, 탕감의 길은 밟아 가는 길입니다. 그냥 그대로 밟아가야 됩니다. 야곱이 탕감한 것, 예수의 탕감, 모세의 탕감노정을 오늘 통일교 문선생의 탕감노정을 통해 밟아가야 됩니다. 천릿길이 아니라도 세 발짝이나 네 발짝이라도 밟아가야 됩니다. 그런 조건이 귀한 것입니다. (223-306, 1992. 8. 2)

하뜻 496 진리를 탐구하는데도 마찬가지입니다. 기성교회와 같이 성경을 본다고 해서 될 수 있는게 아닙니다. 얼마나 방대한 잼대로 재야하는지 생각해 보라는 것입니다. 실험하는 사람이 이것저것 갖다 맞추어 보듯이 진리나 원리를 캐나가는 것도 마찬가지입니다. 그런 것을 생각하면 선생님이 많이 발견했지 않아요? 여러분은 이왕에 갈 바에는 잘 가야 합니다. 4월까지는 잘못 갔다 하더라도 5월부터는 잘 가야 합니다. 힘차게 가야합니다. 선생님에게 지지 않게끔 갈수 있는 여러분이 되기를 바랍니다. 내가 언젠가 이야기 했지만 누구에게 나의 사명을 맡기고 내가 죽을 수 있겠는가 하고 생각할 때가 많습니다.

내가 사랑하던 하나님을 누가 사랑할까하는 것입니다. 여러분만은 꼭 이것을 해내야 합니다. 여러분이 그렇게 한다면 절대로 망하지 않을 것입니다. 그와 같은 정신을 가지고 사는 사람들은 이 역사상에서 누구보다도 하나님의 축복을 더 많이 받을 것이고, 통일교회를 정통적으로 계승해 나갈 것입니다. 선생님이 지금 58세입니다. 12년만 있으면 70세이고 22년 후면 80세가 됩니다. 나는 효진군을 보고 "네가 준비해야 할 것이 얼마나 많으냐, 바쁘게 생활 해야 된다"고 말합니다. 심각해야 합니다.

축복 409 다시 말하면 타락하기전의 기준까지 찾아 올라가는 7년 기간이 있고, 거기에서부터 싸워서 완성의 자리까지 가야 하는 7년 기간이 있어야 한다는 것입니다. 탕감하기 위한 7년 기간과 성사하기 위한 7년 기간이 남아 있다는 것입니다.

(1970. 4. 6 /음3.1 전 본부교회)

축복 411 그러므로 통일교회가 앞으로 천국 갈 수 있는 길을 닦는 데 있어서 가정적인 기준을 닦아야 합니다. 그러지 않고는 천국에 못

갑니다. 가정을 중심삼고 사탄이 참소할 수 있는 기준에서 벗어나야 하는데 역사적인 참소기준, 시대적인 참소기준에서 벗어나야 합니다. 그러기 위해서는 이러한 복귀의 공식노정을 거치지 않으면 안 된다는 것을 알아야 합니다. 핍박이 없이 자유스런, 이 평면적인 환경에서 여러분이 그것을 해결할 수 있는 기간이 제2차 7년 노정이라는 것을 확실히 알아야 되겠습니다.

하뜻 568 그저 이렇게 믿고만 나가면 축복도 다 이루어지고 이렇게 믿고만 나가면 선생님이 다 천국에 데려가는 줄로 알고 있습니다. 그러나 그것이 아닙니다. 탕감복귀는 가정을 중심삼은 탕감복귀나 민족을 중심삼은 탕감복귀나 다 마찬가지라는 것입니다. 같은 길을 걸어가야 한다는 것입니다. 같은 길을 걸어가는 데 있어서도 개개인이 따로따로 걸어가려면 아주 어렵지만, 대표적인 한 분이 닦은 기반을 상속받아 가지고 간다면 훨씬 쉬운 것입니다.

하뜻 593 내가 전체적인 탕감복귀의 조건을 대표적으로 세웠기 때문에 여러분은 거기에 접붙여야 되는 것입니다. 선생님을 타고 넘어가야 됩니다.

### 3) 민족(가인 아벨 / 형제)탕감복귀의 길

창 25/23 여호와께서 그에게 이르시되 두 국민이 네 태중에 있구나 두 민족이 네 복중에서부터 나누이리라 이 족속이 저 족속보다 강하겠고 큰 자가 어린 자를 섬기리라 하셨더라

뜻길 372 선생님가정을 중심삼고 가인 아벨 복귀의 실천생활을 해야 한다.

통일434호 (p46) 이런 것으로 볼 때에 축복(祝福)이라는 말이 형님(兄)을

보여 줘라(示) 또 그 다음에 형님의 어머니 될 수 있는 사람, 동생 될 수 있는 같은 존재, 동생의 존재를 보여 줘 가지고 그것을 하나로 엮어 놓은 것이 축복이다. 만사형통의 근원이다.

(2007. 7. 1 제17회 칠일절 말씀/천정궁)

뜻길 165 화합하라 세상에 있는 모든 부모 형제 자녀를 나의 친 부모, 형제, 친 자녀로 여길 줄 알면 그는 천국문 열쇠를 가진 자이다.

뜻길 166 남남끼리 모여서 형제이상 사랑하지 못해 가지고는 천국에 못 간다. 하나님을 사랑하듯 사람을 사랑하여야 한다.

뜻길 220 사랑의 근본은 부자지정의 종적인 사랑과 형제지정의 횡적인 사랑이다.

뜻길 222 심정적 세계는 평등이다. 천국은 가정의 확대요 형제애의 세계다.

뜻길 103 선생님의 전통이 여러분을 만들고 여러분의 전통이 민족을 만들어야 한다. 전통은 이 민족이 본받을 수 있고 세계 만민이 따라 갈수 있는 것이어야 한다.

뜻길 351 축복가정은 민족복귀의 밑뿌리가 되어야 한다. 썩은 뿌리에 접붙일 수 없는 것이다.

뜻길 349 하늘이 축복을 해준 것은 자기들을 위하여 해준 것이 아니요, 종족복귀를 위하여 민족복귀를 위하여 세계복귀를 위하여 천주복귀를 위하여 해준 것이다.

천성경 1393 종족적 메시아로서 입적했을 때에는 한국어를 모르면 부모님의 가까운 곳에 가서 살 수 없습니다. 머지않아 그런 때가옵니다. 입적하는 데는 초국가적, 초민족적으로 해야 됩니다. 민족대이동을 하는 때가 오는 겁니다. 그래서 민족적 메시아를 서둘러서 해야 됩니다. 세상은 무엇이든지 선생님이 말한 대로 됩니다. 그렇게 되도록 되어 있습니다. (253-48, 1994. 1. 1)

축복 499 통일교회가 가는 길에 있어서 개인적인 십자가를 선생님이 지고 나오고 있습니다. 가정적인 십자가의 길까지도 선생님이 지고 나왔습니다. 여러분은 그 내용을 모릅니다. 이것을 알려면 원리를 자세히 알아야 하고, 기도를 못해도 십년 이상은 해야 합니다. 부모가 고생한 내용을 말하지 않으면 자식은 모릅니다. 부모가 말할 수 없는 그런 사연이 깃들어 있습니다. 이런 선생님 가정을 중심삼고 통일교회 축복가정들이 종족이 되어, 이 땅 위의 모든 민족을 복귀해야 하는 사명을 지고 있습니다. 이렇게 자꾸 커 가는 것입니다. (1969. 9. 14 전 본부교회)

축복 505 그러므로 이것을 전부 다 통합시켜 가지고 하늘의 한 가정을 중심삼고 해결 지었다는 조건을 세우지 않고는 선조로부터 지금까지 남아진 종족을 그 후손들이 지상에서 탕감복귀 할 수 없다는 것입니다. 그러니 김 아무개가 축복받았다면 그 김 아무개의 한 가정을 구원하기 위해서 축복받았다고 생각하지 말라는 것입니다. 그는 자기 종족 전체를 대표하여 축복 받은 것이기 때문에 그 종족과 연관된 책임이 있습니다. 그 책임은 종적으로는 과거 현재 미래가 연결되어 있습니다. 이것을 여러분들이 일시에 탕감복귀해야 된다는 것입니다. 종적인 역사를 횡적으로 탕감복귀해야 한다는 것입니다. (1970. 6. 4 전 본부교회)

통일 196호 (p14) 탕감조건을 세우기 위해서는 아담적인 존재와 아벨적인 존재가 있어야 하는데, 그것은 사탄을 종적, 횡적으로 분별시키기 위해서입니다. 아담 대신 존재를 통해서 타락한 아담의 자리를 복귀하는 것이고 그 기반위에서 아벨의 자리를 복귀시켜야 합니다. 아담 대신 존재를 통해서는 아담이 타락한 종적 기반을 탕감복귀 하는 것이요, 다음은 아벨의 대신자가 가인의 대신자를 굴복시킴으로 말미암아 아벨이 잃어버린 횡적 기반을 탕감복귀시키는 것입니다. (1987. 2. 4 미국 이스트가든)

### 4) 민족(가인 아벨 / 형제) 탕감복귀가 왜 필요 한가

창 4/8 가인이 그의 아우 아벨에게 말하고 그들이 들에 있을 때에 가인이 그의 아우 아벨을 쳐 죽이니라

통일 196호 (p14) 사탄이 인류역사를 지배하게 된 결정적인 이유는 어디에 있었느냐 하는 것입니다. 첫째는 아담과 해와가 타가 타락한 것이고 둘째는 가인이 아벨을 죽임으로 말미암아 사탄이 인류역사를 지배하게 된 것입니다. 이 두가지 조건이 사탄으로 하여금 종적지배와 횡적지배를 할 수 있게 했습니다. 지상세계만이 아니고 영계까지 사탄이 지배하게 됐습니다.

(1987. 2. 4 미국, 이스트가든)

천성경 1327 타락은 아들딸, 가인에 의해서 결정되는 것입니다.

(237－249, 1992. 11. 17)

천성경 2018 하나님을 사랑하고 부모를 사랑하고 형제를 사랑해야 합니다. 그래서 세계적 사탄이 참소할 수 있는 기원을 끊어 버려야

됩니다. (178－139, 1988. 6. 1)

통일 241호 (p27) 내가 물어보자고요? 부자일신 부부일신 그다음에 뭐예요? 형제일신이라는 말 있던가요? (형제일신 없습니다) 이제 만들면 될게 아니예요? 사탄이 제일 미워하는게 형제일신이에요. 가인과 아벨을 중심삼고 완전히 갈라 놨다 이겁니다. 형제일신 됐다가는 사탄이 망한다고요. 그래서 역사이래의 가르침에 형제일신이 없습니다. 통일교회는 형제일신이 있어요. 부부일신 있기 전에 형제일신이 먼저입니다.

(1990. 11. 17 / 제31회 자녀의 날 본부교회)

천성경 2084 가정에서 남자나 여자나 형제나 모두가 원하는 것은 효자효녀가 되어야 된다하는 것입니다. 그것은 사랑을 중심삼고 한 몸이 되어야 된다는 것입니다. 가정을 하나 만들기 위해서는 효자가 필요합니다. 나라도 마찬가지입니다. 나라의 아버지하고 어머니, 왕과 왕후, 아들딸을 중심삼고 상대적 세계의 부처, 형제끼리 상하 좌우 전후가 맞아야 됩니다. 전후가 없으면 부모와 자식이 관계를 맺을 수 없습니다. 그러니까 상하 좌우 전후입니다. 형제가 절대 필요합니다. 결혼은 형제로부터 엮어 나가는 것입니다.

(286－268, 1997. 8. 13)

하뜻 599 가인 아벨이 하나 됨으로 부모가 구원 받는다

하뜻 600 아담 해와도 가인 아벨을 통해서 복귀된다고 하지 않았습니까?

개천일 (p62) 가인 아벨 복귀를 왜 해야 되느냐 하면 부모님이 설자리를 찾기 위해서입니다. 그 문제가 복귀시대를 중심삼고 그렇게 찾아나온 것입니다. 세계적으로 찾아 나온 것입니다. 세계적으로 종적

으로 찾아 나온 것이 횡적으로 전개될 그런 때가 오면 아담국가와 해와국가 그 다음에는 가인국가 아벨국가 형이 나오는 것입니다.

### 5) 복귀된 가인 아벨

천성경 253 그렇기 때문에 이제 여러분이 가져야 할 것은 사탄이 갖지 못한 것으로서 악한 세계에는 없는 형제를 가져야 됩니다.

우리는 세계를 초월한 사람들이니 백인과 흑인이 한 형제가 되어야 합니다. 그것이 뭐냐 하면 타락하지 않은 인류, 아담과 해와의 형제지권으로 찾아 들어가는 것입니다. (71-19, 1974. 3. 24)

천성경 2154 인간의 순수한 참사랑이 성장하고 완성되는 자리는 참된 가정입니다. 참부모의 사랑 참부부의 사랑 참자녀의 사랑 그리고 참형제의 사랑이 함께 완숙되고 실천되는 참사랑의 첫무대는 참가정입니다. 참부모의 참사랑을 통해 하나님의 참사랑을 배우면서 참형제의 참사랑을 통해 참나라와 참세계의 인류에 대한 보편적 참사랑을 훈련시키는 평화세계의 기본 핵의 자리가 참가정입니다. 뿐만 아니라 부모와 자녀간에 이어지는 참사랑을 통해 과거와 현재와 미래의 세대가 일관된 참사랑의 가치관으로 연결되어 나아가게 되는 역사적 연결고리의 기본 단위도 참가정입니다. (288-199, 1997. 11. 28)

천성경 2054 참사랑을 중심삼고는 부자일체, 부부일체, 형제일체가 되는 것입니다. (316-235, 2000. 2. 13)

천성경 2166 사랑의 소유를 중심삼고는 상대의 고향이 내 고향이 되고, 상대의 가정이 내 가정이 될 수 있습니다. 거기서 자녀의 완성 형제의 완성 부부의 완성 부모의 완성이 이루어지는 것입니다. 하나님의 교본에 제시된 모든 내용을 이루지 못한 것을 오늘날 참부모를 통해 재현해 가지고 알게 되고 그것을 재차 실행함으로 말미암아 타락하지 않은 본연적 입장에서 하나님이 완전히 한의 고개를 넘어서 교육에 대한 정의를 내릴 수 있는 것입니다. 그럼으로 말미암아 천국 백성으로서 합격 자, 합격 가정이 되는 것입니다. (226－173, 1992. 2. 4)

천성경 1533 하나님을 중심삼고 참된 모든 피조세계의 본질적 사랑, 이상의 사랑을 가지고 있기 때문에 절대부부, 절대자녀, 절대형제, 절대부모를 중심삼은 가정이 되어야 됩니다. 이것이 제2자르딘 선언입니다. 절대 신앙, 절대사랑, 절대 복종, 하나님의 속성이 뭐냐 하면 절대 속성, 유일 속성, 불변 속성, 영원 속성입니다. (1998. 8. 7)

평화14 (p249) 더 나아가서는 여러분의 가족 모두가 하늘의 뜻을 중심삼고 하나되는 심신통일 부모통일 부부통일 부자통일 형제통일의 기본틀, 즉 참사랑의 일체권이 완성되어야만 가정맹세를 부를 수 있습니다.

천성경 236 여러분 가정에서 3대 주체사상의 실체를 갖춘 참형제 참부부 참부모가 나와야 됩니다. 실체 존재입니다. 참형제가 되어야 참부부가 나오지요? 참부부가 나와야 참부모가 나옵니다. 참부모의 자리에 서면, 참부부가 되는 것은 물론이고 참자녀가 되는 것입니다. 부모의 의식, 주체사상을 중심삼고 그대로 대상적인 입장에서 하나 되는 것입니다. 사랑으로 하나 되는 것입니다. 사랑만이 이 모든 것을 화합할 수 있습니다. (204－129, 1990. 7. 1)

### 6) 복귀섭리의 완성과 중심가정

타락은 가인 한 사람에 의하여 대상인 아벨을 살인함으로서 결정되었다.(천1327) 마찬가지로 복귀섭리의 목적도 한 중심가정, 한 사람에 의하여 결정적으로 완성할 수 있는 것이어야 한다.(하뜻92)

하나님의 복귀섭리는 한 사람을 통해서 한 단계 한 단계 발전하여 왔다. 하나님께서 시대마다 수많은 사람 중에 한 사람을 택하시고 역사하셨듯이 우리 축복가정들에게도 중심가정이 되라고 공평하게 똑같이 축복하여 주셨으나 하나님의 뜻은 그 중에서 한 사람만을 택하시고 그를 중심삼고 이루어지게 되어있다는 것을 아래와 같은 말씀을 훈독함으로서 알 수 있다.

축복 241 아담가정의 완성은 가정적 완성의 출발이며 종족, 민족, 국가 모두의 시작이며 천국의 기점인 것입니다. 여러분들은 가정을 중심으로 하여 종족권의 사명을 다 하느냐 못하느냐 민족권의 사명을 다하느냐 못하느냐 하는 기로에 서 있습니다. 선생님은 세계적인 사명을 갖고 있으나 중심점은 여러분과 똑같습니다.
(1978. 9. 22 일본 가미가와)

참부모님의 중심과 똑같은 중심점을 찾고 나오는 가정이 한 가정이라도 나와야 한다는 뜻이다.

가정맹세2절 천일국 주인 우리가정은 참사랑을 중심하고 하늘부모님과 참부모님을 모시어 천주의 대표적 가정이 되며 중심적 가정이 되어 가정에서는 효자 국가에서는 충신 세계에서는 성인 천주에서는 성자의 가정의 도리를 완성 할 것을 맹세하나이다.

천주의 대표적 가정의 대표란 말은 모두(전체)가 아닌 하나를 뜻한다.

생활권시대 (p28) 그렇기 때문에 축복의 중심가정 아무개란 무엇입니까? 만국이 경쟁하고 있습니다. 모든 축복가정이 전부 중심가정이라고 하는데, 전부 일등이라고 볼 수 있습니까? 1천사람이 중심이라면 경쟁을 해야 합니다. 무도대회에 나가서 겨루든가 씨름을 하든가 해서 힘내기를 하고 싸워야 합니다. 싸워 이겨야만 1등이 됩니다. (2001. 1. 13 천지부모통일안착 생활권시대 소책자)

모든 축복가정을 전부 중심가정이라고 할 수 없기 때문에 경쟁하여 1등을 뽑아야 한다고 하신 말씀을 보면 1등이 중심가정이고 2등은 중심가정이 아니라는 것이다. 즉 하나님의 뜻은 한 사람으로 이루어진다는 뜻이다. 왜 두 사람이 아닌가? 주체가 둘이면 싸우게 되고 싸우는 것은 원리가 아니기 때문이다.

하뜻 596 선생님은 지금까지 처량한 일생을 거쳐 왔지만 감사할 일이 가면 갈수록 많아지는 것을 알고 있습니다. 그것이 어디서부터 생기느냐? 가정에서부터 생기는 것입니다. 그래서 선생님이 여러분에게 상속해 줄 것이 무엇이냐 하면 가정적 승리권입니다. 그런 상속을 받을 수 있는 가정은 어떤 가정이냐? 세계를 대표한 가정, 메시아적 사명을 하는 가정입니다. 여러분의 가정은 세계를 대표한 가정으로서 모든 것을 안고 출수 있는 치다꺼리할 수 있어야 합니다. 그리고 세계 만민을 왕래시킬 수 있는 중심 가정이 되어야 합니다. 오색 인종이 그 가정을 파고 들어가려고 하고 그 가정과 관계 맺고 싶도록 해야 합니다. 그런 중심 가정이 되면 만인이 그 가정을 통하게 될 것입니다. 천국도 참다운 중심 가정, 핵심 가정이 없으면 이루어지지 않는다는 것입니다.

선생님이 주실 상속은 가정적 승리권이며 그 승리권을 상속 받을 가정은 세계를 대표한 가정 한 가정뿐이라는 것이다. 그 가정은 세계 만민을 왕래 시킬 수 있는 중심가정이 될 수 있고 천국도 중심가정 한 가정을 통해서 이루어지기 때문에 그 중심가정은 바로 핵심가정이 된다는 것이다. 천국을 이루기 위해서는 참부모님의 중심가정과 복귀자녀의 중심가정 2대의 중심가정이 있어야 된다는 뜻이다. 그런데 현재 가정연합은 복귀자녀의 중심가정 없이 참부모님의 육적인 중심가정에만 매여 신앙생활을 하고 있는 것이 현실이다.

하뜻 772 여러분은 지금 교회의 축복은 받았지만 나라의 축복과 세계의 축복까지 받아야 합니다. 앞으로는 선생님의 직계를 잇는 중심가정이 생길 것입니다. 그때는 그 중심가정을 중심삼고 후손들도 하나 되어야 하는 것입니다. 그렇게 되면 같은 시대에서 여러분과 하나 되는 것과 마찬가지가 됩니다. 대 축복권내를 넘어가기 전까지는 절대적으로 선생님 일족을 중심삼고 이 운동을 전개해야 합니다. 이것 때문에 선생님의 후손도 그와 하나 되어야 되고 여러분들도 하나 되어야 같은 입장으로 넘어간다는 것입니다. 그게 본연의 세계입니다.

“선생님의 직계를 잇는 중심가정이 생길 것입니다”라는 말씀의 이 중심가정은 하나를 말한다. 중심이 둘이 있을 수 없다. 중심은 주체를 말하며 주체가 둘이면 하나는 없어지든지 대상이 되든지 해야 한다. 그래서 선생님의 수많은 후손들도 그 하나의 중심 앞에 하나 되고 나와야 하고 축복가정의 1세들과 2세들까지도 그 중심과 절대적으로 하나 되어야 한다는 뜻이다.

하뜻 610 그래서 여러분은 가정교회를 통해 제2의 하나님이 되어야 하겠습니다. 여러분이 천륜을 상속받는 날에는 하나님도 여러분의 것이 되고, 천사장도 여러분의 것이 되고, 세계 만민이 다 여러분의 것이 됩니다. 그리고 천륜을 상속받은 사람이 기뻐하면 다 기뻐하고 슬퍼하면 다 슬퍼해야 합니다. 그를 통하지 않으면 살 길이 없는 것입니다.

여러분들 가운데 축복을 받아 책임분담을 다 하고 천륜을 상속받는 한 사람이라도 나왔으면 좋겠고 만약 그런 천륜을 상속받은 사람이 나온다면 나머지 모두는 그를 통하지 않으면 살길이 없다는 뜻이다.

천성경 1447 가정천국은 남자와 여자가 완전히 하나 되어야 이루어지고, 개인천국은 몸과 마음이 완전히 하나 되어야 이루어집니다. 가정천국은 하나님의 뜻을 중심으로 부부가 하나 되어야 하고 자녀와 하나 되어야 합니다. 그 뜻의 목적은 만민을 위하는 것입니다. 그리고 그 뜻의 중심은 하나님입니다. 그래서 하나님을 중심삼고 만민을 위하는 데서 가정천국이 연결되는 것입니다. 하나님만 위해야 하는 것이 아니고 하나님을 중심삼고 만민을 위해야 합니다. 하나님은 그런 가정을 찾으려고 하는 것입니다. 세계가 복귀될 때까지 그런 가정을 찾아 세우지 않으면 만민을 구할 수 없고, 만국을 구할 수 없고, 만 가정을 구할 수 없기 때문에 그런 가정을 만들기 위해 축복가정을 세운 것을 여러분은 알아야 되겠습니다. (100−310, 1978. 10. 22)

참부모님이 우리들을 축복해 주신 목적은 하나님의 뜻을 중심으로 하나님을 사랑하고 만민을 하나님처럼 사랑할 수 있는 축복가정을 만들기 위해서다. 하나님은 하나님만을 위하는 가정을 찾는 것이 아니라 하나님을 중심삼고 만민을 하나님처럼 사랑하는 그런 가정을 찾으신다는 말씀이다. 그런 가정이 축복가정 중에서 나오지 않으면 아무리 만민을 다 축복했다 하더라도 만민, 만 가정을 구할 수 없고 만국을 구할 수 없다는 것이다. 완성기 완성급까지 데려 갈 수 있는 가정이 없다면 무슨 소용이 있느냐는 뜻이 말씀 속에 있다. 즉 하나님도 참부모님도 한 가정, 그런 중심가정을 찾는다는 뜻이다.

천성경 1448 이제 선생님은 가정에 대한 규범, 천국가정으로서 가져야 할 생활에 대한 규범을 가르쳐주어야 한다는 것을 느끼고 있습니다. 그런데 복귀의 노정을 걸어야할 사람들은 원리를 중심삼고 가르쳐 줄 사람이 있으니까 그 사람들을 통해서 가르침을 받아야 되겠습니다. 선생님이 직접 그런 문제를 책임지는 시대는 지나갔습니다.

(22−334, 1969. 5. 11)

참부모님이 교육하는 시대는 지나가고 이제 그 터 위에서 참부모님 대신 교육할 수 있는 한 사람이 나와서 책임지고 나가는 시대가 와야 된다는 뜻이다. 즉 참부모님 대신 교육할 수 있는 한 가정을 기다리고 있다는 뜻이다.

하뜻 448 타락한 인류 앞에는 복귀의 과정이 남아있기 때문에 그 과정을 부모 될 수 있는 사람이 전부 다 닦아야 되고 그 다음엔 이런 과정을 어떤 중심가정이 나와서 세계를 대표해서 닦아주지 않고는 여러분들 자신이 하나님 앞으로 돌아갈 길이 없다는 것입니다. 그래서 여러분들은 공식노정을 거쳐 가야 됩니다. 공식만 알고 그대로 행하면 풀린다는 것입니다.

참부모님은 장성기 완성급에서 축복을 해주시는 것까지는 책임을 다  하셨지만 그 자리는 하나님이 직접주관 하실 수 있는 자리가 아니다. 그래서 우리가 하나님 앞에 돌아가기 위해서는 어떤 중심가정이 나와서 참부모님처럼 또 닦아 주지 않고는 안 되기 때문에 복귀섭리를 완료, 완성시키기 위해서는 참부모님 아닌 어떤 중심가정의 존재가 꼭 필요하다는 뜻이다.

7) **형님아 나와라**

"형님아 나와라"라는 것은 참부모님이 출현한 부모시대가 지나가고 다음시대인 자녀시대가 되었다는 뜻이다. 자녀시대에 제일 먼저 출발하는 자는 장자이기 때문에 하나님이 참부모님을 통해서 "형님아 나와라"라고 말씀을 주신 것이다. 그 장자의 사명을 다하는 형님이 나와서 동생을 찾아 탕감복귀의 길을 완료하게 되면 하나님의 뜻, 예수님의 뜻, 참부모님의 뜻, 인류구원의 뜻이 이루어져 만사형통이 된다는 뜻이다.

장자가 왜 귀하냐? 차자는 많이 있지만 장자는 하나이기 때문이다. 형님 하나만 있게 되면 순차적으로 뜻이 이루어지니 "형님아 나와라" 하신 것이다. 즉 타락은 부모의 타락과 자녀의 타락으로 이루어 졌기 때문에 복귀섭리의 완성도 참부모님이 책임분담 완성한 터 위에 자녀의 책임을 다 하여야 만이 이루어지게 되어 있는 것이다. 그래서 하나님은 "형님아 나와라"라는 섭리를 하실 수밖에 없는 것이다.

통일 434호 (p43) 여러분의 얼굴을 보면 축복이다, 해봐요. "축복이다!" 축(祝)자는 무슨 자냐 하면, 보일 시(示)변에 형님(兄)을 했어요. 형님을 보여주는 것이다! 이 우주 가운데 슬픔이 뭐냐? 형님의 모습을 보면서 형님의 모든 것을 배워 가지고 형님이 보고 좋아하는 우주의 동위권을 찾지 못한 것이 타락이다, 이렇게 봐요.
(2007. 7. 1 / 제17회 칠일절 말씀 천정궁)

통일 434호 (p46) 이런 것으로 볼 때에 축복(祝福)이라는 말이 형님(兄)을 보여 줘라(示), 또 그 다음에 형님의 어머니 될 수 있는 사람, 동생 될 수 있는 같은 존재, 동생의 존재를 보여 줘 가지고 그것을 하나로 엮어 놓은 것이 축복이다. 만사형통의 근원이다.
(2007. 7. 1 / 제17회 칠일절 말씀 천정궁)

천성경 1163 여러분, 원리에서 가인 아벨을 볼 때 가인이 귀하냐, 아벨이 귀하냐? 누가 귀해요? 아벨이 귀하다고 다 알고 있는데 그것은 잘못 알았습니다. 아벨은 동생의 자리요, 가인은 장자의 자리입니다. 바로 알아야 됩니다. 아벨보다도 차자보다고 장자의 자리가 귀한 것입니다. 장자는 한 사람이지만 차자는 많을 수 있는 것입니다. 장자가 여러 사람이 될 수 있어요? 장자라는 것은 하나밖에 없는 겁니다. 장자가 왜 귀하냐 하면, 하나밖에 없기 때문입니다. 차자는 얼마든지 있을 수 있는 것입니다. 그걸 알아야 됩니다. 하나님이 복귀 섭리를 해 나오는데 있어서 장자를 사탄편에 세워 나온 것이 한입니다. (136-126, 1985. 12. 22)

하뜻 600 이 역사가 언제 끝날 것이냐? 아벨이 개인적인 고개를 넘고 가정적인 고개를 넘고, 종족적인 고개를 넘고, 민족적인 고개를 넘고, 국가적인 고개를 넘고, 세계적인 고개를 넘어서 형님의 위치에 올라서야 끝이 나는 것입니다. 즉 사탄편의 형님이 동생의 자리에 서고 하나님편의 동생이 형님의 자리에 서는 때가 돼야 끝이 나는 것입니다. 그때에는 맏아들도 하나님편이 되고 작은 아들도 하나님편이 되는 것입니다. 이런 자리가 설정되지 않고는 부모가 찾아 올 수 없습니다.

장자가 차자가 되고 차자가 장자가 되어 부모의 자리에 올라가야 합니다. 이것이 탕감복귀의 길입니다. 그리고 형제의 자리에서 가인 아벨이 걸어야 할 탕감복귀의 길이란, 장자인 가인이 이제까지의 배경을 백지화시켜 버리고 차자 즉 동생인 아벨을 형님의 자리에 세워 아벨에게 절대 복종하고 그의 말을 듣고 섬겨야 합니다. 그래서 둘이 하나 되어야 합니다. 그러면 장자도 하나님의 아들 차자도 하나님의 아들이 되는 것입니다. 그래야 비로소 부모의 자리가 잡힐 수 있는 것입니다. 아담 해와도 가인 아벨을 통해서 복귀된다고 하지 않았습니까? 그런데 형님이 동생의 자리로 내려오고 동생이 형님의 자리에 올라가는 것이 얼마나 힘이 들겠습니까?

하뜻 601 우리 통일교회식으로 말하면 부모는 이미 나타났고, 자녀들이 축복을 받았습니다. 그러나 통일교인들이 축복은 받았으나 가인 아벨 관계에서 완전히 승리하여 받은 것이 아니라는 것입니다. 승리한 아벨적인 가정으로 공인된 입장에서 받은 축복이 아니었기 때문입니다. 장자가 복귀되어야 합니다. 장자는 아직 사탄편에 놓여 있습니다.

뜻길 217 부모는 자식들에게「너희들의 형님을 본받아라」하고 싶은 것이다. 결국은 심정문제다.

뜻길 376 하나님에게 있어 가장 가까운 자리는 맏아들이다.

## 제5절 축복가정의 제2축복(번성) 탕감복귀노정

축복가정이 축복을 받은 자리는 장성기 완성급이다. 그러므로 축복가정이 믿음의 자녀와 실체자녀를 번식한다 해도 장성기 완성급에서의 번성이 되는 것이다. 마찬가지로 우리가 아무리 종족적 메시아의 사명을 다한다 해도 장성기 완성급의 종족이기 때문에 역시 장성기 완성급의 번성이 되는 것이다.

하나님께서 원하시는 창조본연의 제2축복 번성축복을 이루려면 장성기 완성급의 탕감복귀의 길을 완료하여 순리의 길 7년노정을 걸어야 하는 것이 우리들의 숙명의 길이라는 것이다. 창조본연의 번성노정을 알고자 하는 사람들에게는 이 지면에서 발표하지 않아 미안한 마음을 가지게 된다. 때가 되고 이해할 만한 입장에 서면 언제라도 안내할 생각이다.

## 제6절 축복가정의 제3축복인 주관축복

축복가정의 제3축복인 주관축복에 대한 설명도 축복가정의 제2축복 번성 탕감복귀노정처럼 여기에서는 생략하게 되었으나 하뜻 p459의 말씀을 근거로 하면 근본적으로 형제가 하나 되어 통일된 자리에서 주관하게 되어 있지 형제가 둘이 되어 싸우는 자리에서는 창조본연의 제3축복인 주관축복은 이루어 질 수 없는 것이다.

# ◈ 제7장 축복가정과 제4아담

◉ 인간책임분담

창조원리에 의하면 모든 피조만물은 출생하고 성장하여 살다가 돌아가는 것이 전부이다. 그러나 인간에게만 인간책임분담이 있게 되었다. 그것은 창조주 하나님께서 하나님의 자녀격으로 지음 받은 인간에게 피조만물을 하나님처럼 주관 할 수 있는 주관주 자격을 주시기 위해서다. 그러나 인간은 책임분담인 따먹지 말라(창2/17)는 말씀을 지키지 못하고 창세기 3장6절처럼 따먹고 타락하고 말았다. 하나님은 구원섭리를 하시기 위하여 아담대신 예수님, 예수님대신 재림주 참부모님을 이 땅에 보내주셨다.

참부모님은 인간 책임분담 5%가 아닌 천성경 p1107의 내용처럼 가중된 97%의 책임분담을 승리 하시고 성화 하셨다. 여기서 말하는 자녀책임분담이란 축복가정의 책임분담을 말한다. 오늘 날 우리 축복가정은 책임분담을 다 하신 참부모님의 말씀에 절대신앙, 절대사랑, 절대복종 하는 책임분담 5%만 하면 되는 것인지 아니면 참부모님이 97% 책임분담의 길을 가셨던 것과 같이 우리 축복가정도 복귀의 길을 찾아 가야 하는 것인지는 아주 중요한 일이 아닐 수 없다. 참부모님의 8대 교재를 보면 우리 축복가정에 대한 책임분담이 있다, 없다고 하는 양면성 말씀을 보게 되는데 그 내용은 다음과 같다.

## 제1절 성약말씀의 자녀책임분담에 대한 양면성과 중심가정

―자녀의 책임분담이 없다고 인식 될 수 있는 말씀―

### 1) 참부모님이 인간책임분담을 다 하셨는가

천성경 1167 천상천국과 지상천국은 참부모의 완성과 사랑의 기반을 통해서만이 이루어진다는 겁니다. 영계에 가서 왕국을 통일하는 것이 참부모의 사명이지 다른 사람의 사명이 아닙니다. (131－182, 1984. 5. 1)

천성경 1506 종적인 탕감, 횡적인 탕감, 8단계의 탕감이 전부 끝났기 때문에 1989년 8월31일을 중심삼고 팔정식이라는 것을 서구사회 제일 높은 알래스카에 가서 했습니다. 제일 높은 곳입니다. 그 곳에서 9월 초하루에 천부주의를 발표했습니다. 천부주의입니다. 애원주의인 동시에 부모주의입니다. 부모주의는 사랑하자는 것입니다. 사랑하는데 사탄이 반대할 수 없습니다. 통일교회 가는 길 앞에 사탄이 반대 안 하면 순식간에 세계적인 것으로 전개되는 것입니다. (199－157, 1990. 2. 16)

천성경 1509 성경의 목적은 참부모 하나를 찾는 것입니다. 그게 가장 희망찬 복음입니다. 사탄도 피조물이기 때문에 참부모가 나오게 되면 없어지는 것입니다. 이런 때가 되어오니까 공산당이 무너지고 북한도 지금 무너지려고 하는 것입니다. 사방으로 둘러봐도 길이 없습니다. 선생님이 잘 압니다. 거기에 하늘나라가 열매를 맺고 천상지옥과 지상지옥의 해방이 이루어집니다. 우리의 목적은 하나님과 인류 그리고 사탄권에 속해있는 모든 것을 해방하고 구원하는 것입니다. 이것이 우리의 목표입니다. 우리는 이와 같은 부모의 심정을 선포하는 것입니다. 전진하는 것입니다. 거기에는 사탄이 있을 수 없습니다. 이것이 원리관입니다.
(202−328, 1990. 5. 27)

천성경 1542 하나님이 창조할 때 하나님 자체가 절대신앙, 절대사랑, 절대복종하는 위치에 있었기 때문에 그 상대적 가정을 이루지 못해 전부 다 지옥에 떨어졌던 것입니다. 참부모의 승리권으로 하나된 모든 기반에서 절대신앙 절대사랑 절대복종으로 말미암아 아담 가정에서 잃어버린 것을 세계적으로 넘어가는 이 때이기 때문에 통일교회는 참부모를 중심삼고 절대신앙, 절대사랑, 절대복종을 해야 합니다. 참부모는 하나님 앞에 절대신앙, 절대사랑, 절대복종의 전통을 이어 나왔기 때문에 그것을 전수받아야 됩니다. 알겠지요? 하늘의 축복이 같이 할 것입니다. (1996. 11. 3)

### 2) 직계자녀와 축복가정은 탕감복귀의 길이 필요치 않다?

천성경 1541 가인 아벨은 책임분담을 완성할 책임이 없습니다. 책임분담 완성은 누가 해야 되는 거예요? 아담과 해와, 즉 부모가 해야 됩니다. 선생님에게 그 책임이 있기 때문에 여러분이 못한 것을, 기독교가 잘못한 것을 전부 다 내가 책임지고, 40년 동안 부모의 자리에서 개인으로 정비하고, 가정으로 정비하고, 종족, 민족, 국가, 세계적으로 정비한 것입니다. (148−163, 1986. 10. 8)

축복 465 36가정은 타락한 인류의 조상들이 부활한 형이고, 그 다음에

72가정은 그 조상들의 아들딸이 부활한 형이며, 120가정은 세계 사람들이 부활한 형입니다. 그래서 이들이 하나되면 결국은 가정과 아들딸 그리고 세계까지 하나된다는 것입니다. 앞으로 120가정까지는 내가 직접 책임을 져야 되겠다고 생각을 합니다.

통일 196호 (p14) 그런데 가인이 아벨을 죽임으로써 아담자신은 아들딸이 없게 되었습니다. 아들딸이 없는 아담은 자신이 이것을 대신해야 하는 두 가지 사명을 짊어지게 된 것입니다.

(1987. 2. 4 미국, 이스트가든)

### 3) 참부모님은 탕감복귀의 길을 가고 자녀는 원리의 길을 밟아 간다?

뜻길 37 복귀의 길은 찾아가는 길, 원리의 길은 밟아가는 길.

뜻길 149 선생님은 탕감복귀의 길을 가는 것이요, 여러분들은 원리의 길을 가는 것이다.

하뜻 135 그러나 우리가 완전한 새로운 생명으로서 재창조되어 근본적으로 다시 태어나는 것은 참아버지 몸을 통해서만 이루어지게 됩니다. 참아버지에 의해서만 영육이 함께 구원되는 완전한 구원이 가능해지는 것입니다. 이와 같이 탄생된 우리의 자녀들은 원죄가 없으므로 구원의 과정을 통하지 않고 천국으로 가게 됩니다. 여러분은 복귀라는 것이 얼마만큼 어려운 과정을 거쳐야 하는 것인가를 알아야 합니다. 선생님은 진리를 발견할 뿐만 아니라, 그 진리의 전부를 성취하여야 합니다.

이상의 말씀만을 보면 아담 해와가 선악과를 따먹고 타락한 인류문제는 제3아담으로 오신 참부모님만의 책임분담 완성으로 모두 해결 되는 것으로 이해된다. 또 참부모님은 하나님 앞에 절대신앙, 절대사랑, 절대복종 하시고 계시듯이 우리 축복가정도 따로 탕감복귀의 길을 갈 필요 없이 참부모님 앞에 절대신앙, 절대사랑, 절대복종만 함으로써 모든 문제는 다 완결되는 것으로 말씀 하신 것을 알 수 있다. 그러나 과연 우리가 절대신앙, 절대사랑, 절대복종만 하면 하나님의 뜻이 다 이루어지는 것인가? 다음은 위에 말씀과 반대로 자녀도 탕감복귀의 책임분담이 있다고 인식 될 수 있는 말씀을 소개하도록 하겠다.

—자녀의 책임분담이 있다고 인식 될 수 있는 말씀—

4) 축복은 약속인데 그 약속은 미래에 이루는 자의 것이다 (뜻길 354)

축복 409~10 선생님이 여러분에게 이러한 원리의 내용을 가르쳐 주었는데도 불구하고 만약 여러분들이 이것을 실천하지 못하게 될 때, 선생님은 책임지지 않습니다. 여러분이 원리적 견해에서 원칙적인 책임을 지는 입장에 설 때 선생님은 여러분을 책임지는 것입니다. 알겠습니까? (1970. 3. 23 전 본부교회)

하뜻 445 탕감이 아직까지 안 됐다는 것입니다. 사탄으로부터 "이는 하나님의 아들딸이요, 지상천국에서 천상천국으로 갈 수 있는 자격을 갖추었다" 는 공인을 받을 수 없다는 것입니다.

하뜻 445 7수를 완성하지 못함으로 인해 영계와 육계를 잃어 버렸기 때문에, 7년 기간에 있어서 영계와 육계를 탕감복귀 해야 한다는 사실을 알아야 되겠습니다. 그러지 않고는 선생님을 따라가지 못한다는 것입니다. 이 공식을 따르지 않고는 절대로 선생님이 가는 천국을 따라가지 못합니다. 선생님도 이 공식을 따라가야 하기 때문에 고생을 하면서 이 길을 가는 것입니다.

천성경 1543 영계를 확실히 모르면 안 된다는 것입니다. 어영부영 살 수 없습니다. 땅에서 완전히 합격된 가정으로 천국에 직행할 수 있는 조건에 걸리지 않고 해방 직행할 수 있게끔 여러분이 가정을 만들어야 됩니다. 그것은 선생님의 책임이 아닙니다. 다 갈 수 있게끔 축복했지요? 하이웨이 닦아 놨지요? 자동차가 되어 있고 기름만 준다면 어디든지 갈 수 있는 것입니다.

지금까지 합격된 자들만을 보낸 것이 아니라 그냥 들여보냈기 때문에 저 나라의 감옥이나 중간영계에 가 있습니다. 지상의 중간영계라든가 낙원 가정이라든가 혹은 지옥 가정이 없게끔 깨끗이 정비해서 천국 직행할 수 있는 이러한 기반을 닦아야 됩니다.

(298－232, 1999. 1. 8)

천성경 1544 선생님은 지금까지 선생님의 말을 절대복종하라고 하지 않았습니다. 우리는 역사적인 노정을 순응해 나가야 됩니다. 역사적인 노정이 뭐냐 하면 하나님을 위한 섭리적인 역사노정입니다. 지금까지 여러분에게 복귀섭리노정을 통일교회 문 선생을 위해서 가르쳐 준 것이 아닙니다. 그러므로 선생님도 가는 것입니다. 주체 될 수 있는 하나님의 목적을 향하여, 상대될 수 있는 인류의 목적을 향하여 가는 것입니다. 그 목적을 한 점으로 결말 못 지었기 때문에 이것을 결말지어 주자는 것이 오늘날 이 시대 통일교회가

주장하는 통일원리요, 통일사상이다 하는 것을 알아야 되겠습니다. (71-64, 1974. 4. 28)

천성경 1541 여러분은 천국 가는 길을 모릅니다. 탕감 길을 모릅니다. 탕감 길을 알아요? 책임분담을 완성 못 했기 때문에 책임분담 조건에 걸려 있는 것입니다. 책임분담을 못함으로 사탄이 침범했다는 것입니다. 개인, 가정, 사회, 국가, 세계 또한 영계까지 전부 다 사탄이 침범하고 있는 것입니다. (137-104, 1985. 12. 24)

### 5) 축복가정도 복귀의 길을 찾아 가야한다

하뜻 151 이 복귀의 길을 선생님도 가지 않으면 안 되며, 여러분들도 모두 가야 하는 길입니다.

천성경 251 참부모가 복귀의 길을 갔으면, 여러분도 복귀의 길을 안 갈 수 없다는 것입니다. 최소한도의 책임분담 5퍼센트를 완수해야 됩니다. 그걸 알아야 됩니다. 여러분의 아내를 사랑하는 이상, 부모를 사랑하는 이상 하나님을 사랑해야 됩니다. 여러분의 아들딸을 사랑하는 이상 하나님을 사랑하라는 겁니다. 그것을 기반으로 해서 세계에 확대하는 것이 통일교회의 이상세계입니다. 본연의 세계입니다. (128-30, 1983. 5. 29)

뜻길 52 복귀해 가는 원리는 가르쳐 줄 수 없다. 그러므로 자신이 찾아 가야 한다.

천성경 1117 무지에는 완성이 없습니다. (231-21, 1992. 5. 31)

### 6) 축복가정도 제3창조주가 되기 위한 길을 가야한다

–축복가정은 중심가정이 되어야한다–

천성경 1107 타락한 인간은 인간 책임분담뿐만이 아닙니다. 전체 창조의 97퍼센트를 전부 다 유린해 버렸습니다. 창조과정 전부가 무너졌다 이겁니다. 그러니 얼마나 어려우냐는 겁니다. 그러므로 인간이 97퍼센트에 해당될 수 있는 책임을 해주지 않고는 책임분담을 완성할 수 있는 길이 영원히 없다는 것입니다.
(115–67, 1981. 11. 4)

축복 402 여러분은 축복 받을 때 우리는 하나님의 원리 원칙에 따라서 축복 받았다. 오늘부터 하나 됐다고 하는데 하나에요? 또다시 부부가 재창조해야 합니다. 서로서로 재창조해야 합니다. 원한의 부부의 구렁텅이를 메워야 할 길이 남은 것을 통일교회 축복받은 패들이 잊어 버렸다면 망하는 것입니다. 내가 암만 안 망한다고 해도 망하게 돼 있습니다. 두 부부는 하나님이 원하는 이상적 복귀완성의 부부를 향하여 또다시 재창조의 과정을 거쳐야 되는 것입니다. 그래서 통일교회에서 말하기를 개인복귀 완성, 그 다음에 가정복귀 완성을 말하는 것입니다.

개천일 (p35) 통일교회가 지금까지 얼마나 천대받았어요? 그랬지요? 이래 가지고 올라가는 겁니다. 이 단계에 올라갈 때는 반드시 탕감이 있어야 됩니다. 그래, 탕감길을 갔어요, 안 갔어요? 개인 탕감길을 갔어요, 안 갔어요? 모르지요? 사탄과 결투해 가지고 하나님 공판에 의한 승패의 결정을 했어요? 했어요, 안 했어요? 못 했으면 가정은 전부 다 탕감노정을 못 갑니다. 가정 탕감노정을 못 간 것이 종족 탕감노정을 갈 수 있어요? 어림도 없다는 것입니다. 종족 탕감노정을 못 갔는데 민족 탕감노정을 갈 수 있고, 민족 탕감노정을 못 갔는데 국가 탕감노정을 갈 수 있고, 국가 탕감 노정을 못 갔는데 세계 탕감노정을 갈 수 있고, 세계 탕감노정을 못 갔는데 천주 탕감노정의 길을 갈 수 있어요? 똑똑히 알아야 되겠습니다.

하뜻 448 타락한 인류 앞에는 복귀의 과정이 남아있기 때문에 그 과정을 부모 될 수 있는 사람이 전부 다 닦아야 되고 그 다음엔 이런 과정을 어떤 중심가정이 나와서 세계를 대표해서 닦아주지 않고는 여러분들 자신이 하나님 앞으로 돌아갈 길이 없다는 것입니다. 그래서 여러분들은 공식노정을 거쳐 가야 됩니다. 공식만 알고 그대로 행하면 풀린다는 것입니다.

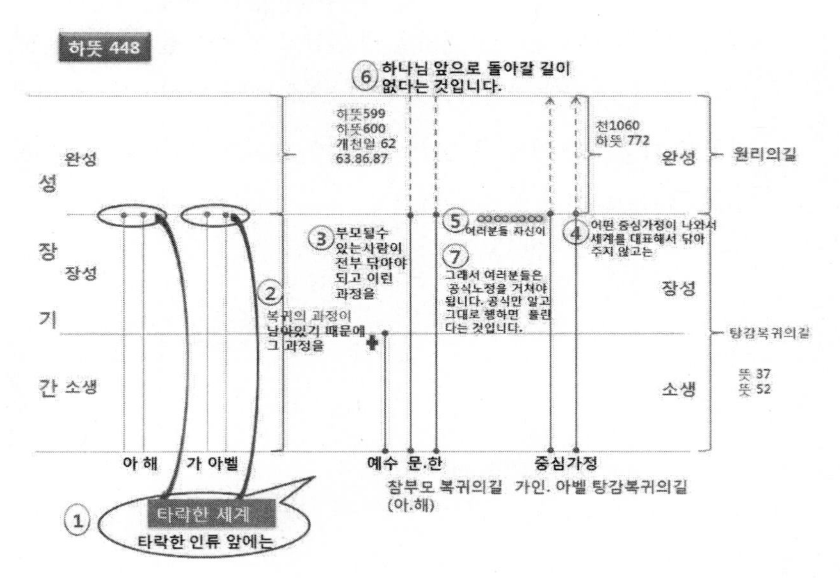

하뜻 772 세계에 사람이 아무리 많더라도 전부가 이 중심가정 중심혈통을 따라가게 되어 있는 것입니다. 통일교회 식구들은 가정을 가진 뒤에 한길을 따라가서 같이 살아야 되는 것입니다. 그렇기 때문에 앞으로의 세계는 수많은 인류가 살더라도 그 중심을 기준으로 해서 아들딸이 하나 되어 이와 같은 원칙에서 움직여야 합니다. 그렇게 되면 하나 되려고 노력하는 세계 서로 위하는 세계가 될 것입니다.

하뜻 772 여러분은 지금 교회의 축복은 받았지만 나라의 축복과 세계의 축복까지 받아야 합니다. 앞으로는 선생님의 직계를 잇는 중심가정이 생길 것입니다. 그때는 그 중심가정을 중심삼고 후손들도 하나 되어야 하는 것입니다. 그렇게 되면 같은 시대에서 여러분과 하나 되는 것과 마찬가지가 됩니다. 대 축복권내를 넘어가기 전까지는 절대적으로 선생님 일족을 중심삼고 이 운동을 전개해야 합니다. 이것 때문에 선생님의 후손도 그와 하나 되어야 되고 여러분들도 하나 되어야 같은 입장으로 넘어간다는 것입니다. 그게 본연의 세계입니다.

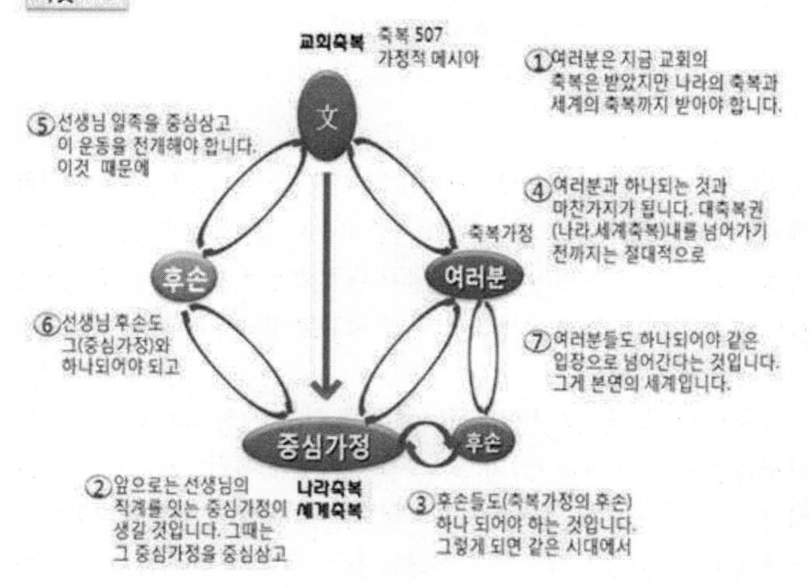


천성경 1534 하나님은 제1창조주로서 아담과 해와를 창조하시고, 아담 해와는 제2창조주로서 우리를 창조했다. 그러므로 우리는 제3창조주가 되는 것이다. (1998. 8. 21)

천성경 1548 하나님은 제1창조주, 아담은 제2창조주, 손주는 제3창조주입니다. 여기서부터 소생, 장성, 완성, 3을 넘어섬으로 말미암아 정착입니다. 그래서 4차 아담을 세움으로써 전부 다 아담 아들딸로부터 번식해 나가는 것입니다.

하나님은 제1창조주, 아담은 제2창조주, 아담과 해와도 제3창조주를 거쳐 세상에 지상천국 잔치가 벌어지기 때문에 우리 통일교회에 있어서의 제4차 아담권시대로 넘어가 정착해 가지고 본연의 축복과 만대의 후손이 자기 부모의 전통을 존경하고 후손이 자기 부모의 전통을 존경하고 아들딸이 하나되어서 천국 들어갈 수 있는 전환된 세계가 눈앞에 왔다는 것입니다.

(295-255, 1998. 9. 8)

하나님은 아담 해와를 창조하시는데 95%를 책임지시고 5%는 아담 해와가 책임분담을 완수함으로써 스스로 100%를 완성했다는 조건을 가지도록 하셨다. 그러나 아담 해와가 타락함으로써 사탄이 피조세계 전부를 탈취 주관하게 되므로 하나님 자체의 3수를 제외한 97%를 다 사탄이 주관하게 되었다.

그래서 구세주로 오신 참부모님은 아담 대신 사명으로 오셨지만 인간책임분담 5%가 아닌 제2의 창조주로써 97%의 책임분담을 다 하셔야 했다. 그러한 책임을 완수하신 참부모님은 타락한 인류를 축복가정으로 재창조해 주셨다. 그러므로 하나님 앞에 아담이 5%책임을 하게 되어 있었듯이 참부모님 앞에 축복가정이 참부모님의 참가정을 닮아 참부모가 되고, 참스승, 참주인이 되는 책임분담 5%을 해야 한다. 그러나 과연 하나님의 복귀섭리는 참부모님의 97% 책임분담과 축복가정의 5%책임분담만으로 완성하고 천국을 이룰 수 있는 것인가? 제3창조주를 거처 지상천국 잔치가 벌어진다고 하신 말씀은 제2창조주(참부모님)만으로는 지상천국이 이루어질 수 없다는 뜻이 아니고 무엇이겠는가? 제3아담(참부모님)인 제2창조주만으로 지상천국이 이루어지면 좋겠지만 천국을 이루어 정착시키기 위해서는 제4차 아담시대로 넘어 가야 하기 때문에 말씀은 또 다른 탕감복귀의 길을 간 97% 책임분담을 하고 나오는 메시아적 존재 즉 제3창조주(제4차아담)의 등장을 요구하고 있는 것은 아닌가?

## 제2절 참부모님과 축복가정의 종적 횡적 8단계 탕감복귀노정

◉ 8단계 탕감복귀노정

8단계 탕감복귀노정이란 어디에서 온 것인가? 원래 하나님의 창조과정이 모두 소생, 장성, 완성이란 3단계 질서를 통해서 성장하고 완성되게 되어 있었다. 하나님의 피조물 모두가 3단계를 통해서 완성 하였는데, 하나님의 아들딸로 지음을 받은 인간 아담 해와 만이 3단계를 완성하지 못하고 소생, 장성기에서 타락 하고 말았다. 타락한 인간은 하나님의 아들 자리에서 종의 종 자리로 떨어졌고 그 자리에서 다시 본연의 자리로 돌아가기 위해서는 8단계 탕감복귀노정의 과정이 꼭 필요하게 되었다는 말씀을 제3아담이신 참부모님이 밝혀 주셨다. 그러므로 타락한 인류는 예외 없이 하나님 앞으로 돌아가기 위해서는 종적 8단계와 횡적 8단계 탕감복귀노정을 거치게 되었다.

천성경 1506 종적인 탕감, 횡적인 탕감, 8단계의 탕감이 전부 끝났기 때문에 1989년 8월31일을 중심삼고 팔정식이라는 것을 서구사회 제일 높은 알래스카에 가서 했습니다. 제일 높은 곳입니다. 그 곳에서 9월 초하루에 천부주의를 발표했습니다. 천부주의입니다. 애원주의인 동시에 부모주의입니다. 부모주의는 사랑하자는 것입니다. 사랑하는데 사탄이 반대할 수 없습니다. 통일교회 가는 길 앞에 사탄이 반대 안하면 순식간에 세계적인 것으로 전개되는 것입니다. (199－157, 1990. 2. 16)

### 1) 제3아담 참부모님은 종적 횡적 8단계 탕감을 완료하셨는가?

**참부모님의 종적 8단계 탕감복귀노정**

하뜻 476 이 육적 세계에서는 하나님이 축복을 하는 것이 아닙니다. 여인이 해야 합니다. 그렇기 때문에 이 세상 만민을 대표해서 한 여인의 종이 돼야하는 것입니다. 종살이부터 시작해야 합니다.

하뜻 476 그 기간이 길지 않습니다. 40일 기간에 전부 뒤집는 것입니다. 여자가 곤란한 것은 40일 동안에 계시가 자꾸 변한다는 것입니다. 종이라고 하더니 그 다음엔 아들이라고 하고, 그 다음에는 남편, 그 다음에는 왕이라고 하니 믿을 수 없다는 것입니다. 여자는 마음대로 시킬 수 있으니까 종으로 있을 때가 제일 좋다는 것입니다. 남편같이, 왕과 같이, 하나님 같이 위하는 것은 싫다고 하는 것입니다.

축복 507 통일은 먼저 부부가 하나 되는 것이다. 남자 메시아가 있으면 여자 메시아도 있어야 하니 가정적 메시아로서 주님은 오신다. 타락을 아담 해와 두 사람이 했으니 복귀도 두 분이 해야 한다. 종족적인 메시아가 되는 것이다. (1968. 10. 20 전 본부교회)

하뜻 26 제2차 7년 노정은 그러한 기준을 각자 자기를 중심삼고 전개해야 되는 기간입니다. 선생님이 육신의 혈족을 앞세우고 사랑했더라면 복귀섭리는 이루어질 수 없는 겁니다. 하나님도 사랑하는 독생자와 선민을 희생시키고 십자가를 지게 하셨습니다.

하뜻 200 시대가 달라진 것입니다. 예수님이 자기 친척과 자기 형제와 부모까지 버려가면서 세상을 구원하기 위해 생애를 바쳤습니다.

그래서 선생님은 7년 노정 기간에 자신의 친척과 종족에 대해 전도를 해서는 안 되는 것입니다.

내가 평양에서 나올 때 불과 한 시간 정도 가면 부모님을 다 만날 수 있었지만 달려가지를 못했습니다. 부모가 죽음길을 가더라도 상관할 수 없는 길, 다른 종족을 찾아나서야 할 운명길을 출발하여 남한으로 내려오게 된 것입니다. 누구보다 나를 사랑하던 어머니와 누구보다 나를 사랑하던 그 형님 누나들이 공산치하에서 희생되어 갔다고 보고 있습니다. 내가 사랑하는 가족을 버리고 혈족을 버리고 만나겠다고 하던 사람들이 여러분들입니다.

**축복** 508 여러분은 자기 아들딸한테 영향을 미칠 수 있는 부모가 되어야 되겠습니다. 이것이 첫째 사명입니다. 그러려면 교회생활이나 공적 생활을 철저히 해야 되고, 사적 생활에 있어서 모범이 되어야 합니다. 이것은 자녀로 하여금 금후에 뜻길을 갈 수 있게끔 교육하는데 절대 필요한 것입니다. 알겠지요? 그 다음에는 1968년도에 430가정을 축복할 때에 선생님이 지시한 바와 같이 종족적 메시아가 되라는 것입니다. 그 사명을 해야 합니다. 선생님을 중심삼고 협회에 36가정이 조직되어 있듯이 김씨면 김씨 가문에서 먼저 축복 받은 가정을 중심삼고 김씨 가문의 36가정형이 있어야 됩니다. 알겠어요? 36가정이 못 되면 여러분이 12가정형의 조상이라도 되어야 합니다. 그건 여러분이 부모니까 여러분의 아들딸을 중심삼고 삼위기대를 이루어서 그 기준을 만들어 나가야 합니다. 그리하여 여러분들이 여러분 씨족의 조상이 되어 여러분 가정을 중심삼은 새로운 지파편성을 해야 될게 아니에요? 그것이 12

지파형인데 그것을 형성하면 그 12지파권내에 전부 들어가는 것입니다. 12지파 형태와 마찬가지로 12제자가 있어야 되고, 12제자가 중심이 되어 70문도가 되고 나아가 120문도와 같은 형태를 갖추어 나가야 됩니다. 이것이 직계종족입니다.
(1970. 6. 4 전 본부교회)

참부모님의 종적 횡적 8단계 탕감복귀

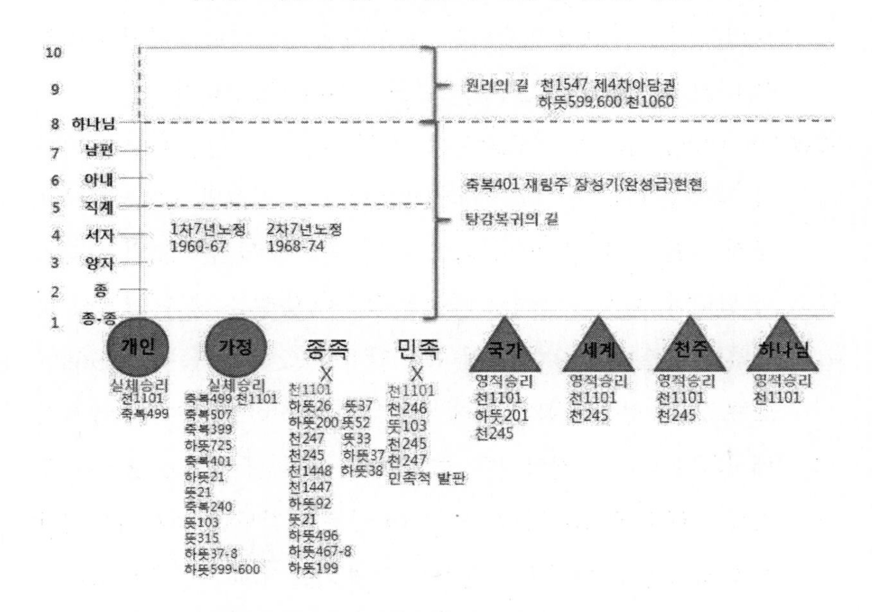


### 2) 참부모님의 횡적 8단계 탕감복귀노정과 그 승리권

축복 499 통일교회가 가는 길에 있어서 개인적인 십자가를 선생님이 지고 나오고 있습니다. 가정적인 십자가의 길까지도 선생님이 지고 나왔습니다. 여러분은 그 내용을 모릅니다. 이것을 알려면 원리를 자세히 알아야 하고, 기도를 못해도 십년 이상은 해야 합니다. 부모가 고생한 내용을 말하지 않으면 자식은 모릅니다. 부모가 말할 수 없는 그런 사연이 깃들어 있습니다. 이런 선생님 가정을 중심 삼고 통일교회 축복가정들이 종족이 되어, 이 땅 위의 모든 민족을 복귀해야 하는 사명을 지고 있습니다. 이렇게 자꾸 커 가는 것입니다. (1969. 9. 14 전 본부교회)

천성경 1101 참부모님의 승리권은 제1은 개인, 제2는 가정, 제3은 국가, 제4는 세계, 제5는 천주, 제6은 하나님의 참사랑입니다. 그 다음은 일체이상 실현으로 이모든 것이 참사랑으로 하나 되는 겁니다. (212−137, 1991. 1. 2)

### 3) 참부모님의 횡적 8단계 탕감복귀노정 중 종족 민족탕감복귀는 누구의 책임인가

하뜻 26 여러분이 종족적 메시아로서 제2차 7년 노정기간 해야 할 일이 무엇이겠습니까? 여러분들의 종족과 가정을 중심으로 선생님이 하지 못했던 일과 예수님께서 하지 못했던 일을 전개하여 하늘 편에서 세워야 할 탕감조건을 모두 완성하는 일입니다. 개인으로부터 가정, 종족, 민족, 국가를 모두 사랑했다는 기준을 세워서 세계까지 연결시켜 나가야 합니다.

천성경 247 참부모에게는 이 민족을 넘어 세계적인 십자가를 지고 가야 할 책임이 있습니다. 그러므로 민족적인 십자가는 지방에 널려있는 참자녀의 입장에 있는 축복가정들이 지고가야 된다는 것입니다. 축복가정 전체가 하나의 종족적인 발판, 민족적인 발판이 되어야만 하늘의 역사는 이민족을 중심삼고 승리의 고개를 넘어갈 수 있다는 것입니다. (13－288, 1964. 4. 12)

천성경 247 앞으로 우리가 해야 할 것은 참부모를 모실 수 있는 터전을 닦고 그분 앞에 세계의 형제를 규합하는 일입니다. 또 이런 책임을 짊어진 선조들로서 후손들이 짊어질 십자가와 핍박의 길을 없애 주자는 것입니다. 이것이 우리의 본연의 사명입니다. (86－229, 1976. 3. 31)

천성경 245 복귀의 길을 가는 여러분은 개개인이지만 여러분 개인만이 가는 길이 아닙니다. 언제나 복귀의 길을 가는 여러분은 참부모를 대신해서 가는 것입니다. 그렇지 않고는 종족적, 민족적, 혹은 국가적인 참부모의 승리의 터전을 마련할 수 없다는 것입니다. (13－288, 1964. 4. 12)

#### 4) 참부모님의 횡적 8단계 탕감복귀노정과 영적 승리권

하뜻 201 한국에 있어서 영적인 면으로라도 국가적인 승리의 기반을 닦아야 하는 것이 선생님이 미국에 오기 전까지의 사명이었습니다.

천성경 245~6 여러분이 바르게 참부모를 대신해서 가기 위해서는 참부모가 세계적인 영적 승리의 기준을 세우기 위해 나간다면 여러분은 국가적인 승리의 기준을 세우기 위해 나가야 된다는 것을 확실히 알아야 합니다. 영적으로는 참부모의 승리의 기준이 세워졌기에 지상에 참부모의 승리의 기준을 세워야 하는데 여러분이 민족적인 기준을 넘어가야 할 참부모의 책임을 대행하고 있다는 것입니다. 이것을 다른 면에서 설명하면, 여러분이 민족적인 기준을 넘어서 세계적인 기준을 향하여 간다면 오시는 참부모는 영적으로 천주적인 승리의 기준을 세워야 된다는 것입니다. 참부모의 인연을 갖고 오시는 주님은 우리가 지고가야 할 십자가를 영적으로 개척하고, 실체적으로 승리하시고 모든 것을 책임지고 나가지 않으면 안 되는 것입니다. 이것이 부모복귀의 어려움입니다.

(13-288, 1964. 4. 12)

참부모님은 종적 8단계 탕감복귀를 승리 하시고(하뜻476) 횡적 8단계중 개인, 가정을 실체적으로 승리하셨다.(축복499 축복240 천1101) 그러나 종족과 민족은 직접 할 수 없으므로 참자녀의 입장에 있는 지방의 축복가정들에게 대행토록 하셨으며(하뜻26 천247 천1101) 국가, 세계, 천주는 실체승리가 아닌 영적승리만 하셨다.(하뜻201 천245 천1101 개천35)

이와 같이 참부모님은 횡적 8단계중 개인과 가정까지는 완성하셨지만 3단계와 4단계(종족, 민족)은 직접 하시지 못하시고 축복가정들을 통해서 이룰 수밖에 없는 것이다. 그러나 축복가정들이 자녀노정(제2차7년노정)에서 그 책임을 다 하지 못하여 지금까지 연장되고 있다면 하나님 섭리는 참부모님이 가신 횡적 8단계 즉 가정까지 만으로 멈춘 상태라고 보지 않을 수 없다.

전지전능하신 하나님의 창조목적은 하나님의 책임분담 95%와 인간 책임분담 5%가 합하여 완성되게 되어 있었다. 그러나 지금까지 인간이 책임분담을 하지 못하여 6천년동안 섭리가 연장되어 왔다. 마찬가지로 참부모님도 팔방 만방의 능력이 있으시지만 자녀들이 종족 민족탕감복귀의 책임을 안 해주면 7년이 21년으로, 21년이 63년으로 연장되지 않는다고 누가 말할 수 있겠는가?

현재 우리 축복가정들은 종적 8단계와 횡적 8단계 탕감복귀를 참부모님이 모두 완성 완료하셨기 때문에 따로 탕감복귀의 길을 갈 필요가 없다고 알고 있다. 오직 아벨에게 순종만 하면 된다고 생각하고 있지는 않는가?

소생 장성기간은 탕감복귀의 길을 가는 것이요, 제4차 아담시대에는 탕감이 없는 자연 복귀시대라고 하셨다.(천1547) 그러나 종족, 민족탕감복귀를 완료하지 않는 한 제4차 아담시대는 오지 않을 뿐만 아니라 하나님 복귀섭리의 완성도 있을 수 없다고 볼 때 우리 축복가정들이 해야 할 책임에 대한 깊은 생각과 심각한 탐구가 요구 된다. (천1060–61 참고)

### 5) 축복가정의 종적 횡적 8단계 탕감복귀노정

축복가정들과 직계자녀들은 8단계 탕감복귀노정을 가지 않아도 되는 것으로 알고 있다. 오늘날 우리가 살고 있는 나라, 세계, 천주 모두 사탄이 주관 하고 있는데 우리는 그 세계와 상관이 없다고 해서 관계없이 살 수 있는 것인가? 관계가 없이 살 수 있다면 왜 참부모님은 이상세계를 이루시기 위해 일평생 탕감복귀의 길을 가셨으며, 축복가정도 복귀의 길을 안 갈 수 없다고(천251 하뜻 151)하셨는가? 그것은 타락으로 인하여 종적, 횡적으로 본연의 위치와 처소를 잃어 버렸으니 복귀의 과정에서 그 위치와 처소가 반드시 현실로 나타나야 되기 때문이다.

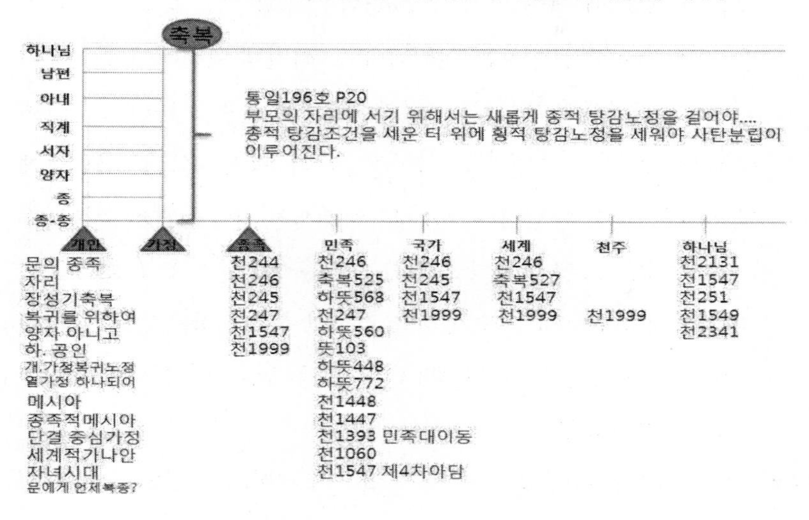


### 6) 참부모님의 현현과 축복가정의 위치

축복 401 그러면 앞으로 인간들이 가야할 노정 앞에는 무엇이 남아 있느냐? 참부모를 맞음으로 대 승리를 하는 것이 아닙니다. 참부모는 어디까지나 완성기에서 현현하는 것이 아니라 장성기 완성급에서 현현해야 하기 때문에 이 7년이라는 과정을 거치지 않고는 완전 승리의 결과를 가져올 수 없는 것입니다. 이것은 원리적인 내용입니다. 그렇기 때문에 기독교에서 주장하는 7년 대환란이라는 말이 나오게 된 것입니다. 여기서 우리 통일교인들이 알아야 할 것은 7년 노정은 싫든 좋든 가지 않으면 안 될 노정이라는 것입니다. (1971. 1. 1 전 본부교회)

축복 399 축복은 그 사람을 축복하는 것이 아니라 그 자리를 축복하는

것입니다. (1967. 12. 26 대전교회)

축복을 해줄 때 제일 먼저 "너희들이 실수할 때는 너희들이 책임을 지겠느냐"고 물어보는 것입니다. 그러기에 조건적인 축복입니다. 왜 조건적인 축복이냐? 여러분에게 만물을 주관하라고 한다면 아직까지는 사탄이 참소한다는 것입니다. 축복은 그런 사람들에게 해주는 것이 아닙니다. 사탄을 굴복시킨 사람들에게 축복해주는 것입니다. 그것이 원칙입니다. 그러나 여러분이 그러한 기준까지 나가지 못했으니 할 수 없이 조건적인 축복을 하는 겁니다. 그러므로 여러분은 앞으로 한 번 더 축복을 받아야 되는 것입니다. (1963. 10. 16 대구교회)

축복 400 승리적 주관권의 표를 받는 것이 축복이라는 것입니다. 선생님이 축복한 가정들은 3년 노정뿐만이 아니라 4년 노정도 거쳐야 하기 때문에 아직 완전한 축복을 받은 것이 아닙니다.

그러한 과정을 거쳐 나가야 3차 축복을 받을 수 있는 것입니다. (1965. 1. 1 전 본부교회)

축복 400 한 가지 여러분이 알아야 할 것은, 여러분이 축복받는 자리는 완성된 자리가 아니라는 것입니다. 부모가 걸어간 십자가의 다리가 있다면 그 다리를 그냥 그대로 걸어가야 합니다. 날아갈 수 없는 것입니다. 산꼭대기에 올라가려면 다리를 거쳐야 한다고 할 때, 그 다리의 위험으로부터 피하기 위해 철근으로 완비할 수는 있을지는 모르지만 다리 위로 가는 것은 어쩔 수가 없다는 것입니다. (1970. 10. 19 성주식 중앙수련소)

축복 400 그렇기 때문에 선생님이 걸어간 7년 노정은 영원히 남아지는 것입니다. 개인적 7년 노정과 가정적 7년노정이 있는 것입니다. 이 길은 영원히 남아지는 것입니다. 인간은 장성기 완성급에서 타락했기 때문에 그냥 완성 단계로 올라 갈 수는 없습니다. 우리 인간이 장성기 완성급에서 타락했기 때문에 타락한 그 선상이상 올라가서야 비로소 원죄를 벗을 수 있게 되어 있다는 것입니다. 장성기 완성급에서 벗는 것이 아닙니다. 그렇지 않아요?

(1970. 10. 19 성주식 중앙수련소)

축복 400~1 따라서 오늘 여러분이 축복받으려고 나선 이 자리는 완성기 완성급이 아니라 장성기 완성급이라는 사실을 알아야 됩니다. 타락한 아담 해와를 중심삼고, 가인, 아벨, 셋과 그들의 대상을 포함한 아담 가정의 여덟 식구가 모두 떨어져 내려갔기 때문에 하나님 앞에 탕감조건을 세워 가지고 다시 완성급을 향하여 들어서는 자리인 것입니다. (1970.10.19 성주식 중앙수련소)

7) 축복가정의 종적 8단계 탕감복귀노정

▷ 축복가정은 종적 8단계를 걷지 않아도 되는 것으로 원리를 이해하고 있다. 종적 8단계는 하나님과 인간 즉 하나님과 나와의 관계다.

▷ 인간은 타락으로 인하여 하나님과의 관계가 끊어졌다. 하나님과 인간 사이를 관계 맺어주는 분이 구세주요, 예수님과 재림주 참부모님이시다.

▷ 우리 축복가정들은 예수님만 믿으면 된다는 기독교의 신앙과 같이 참부모님으로 오신 레버런 문을 절대신앙, 절대사랑, 절대복종하는 것이 종적 8단계를 대신하는 것으로 알고 신앙 생활하여 왔다.

천성경 1544 선생님은 지금까지 선생님의 말을 절대복종하라고 하지 않았습니다. 우리는 역사적인 노정을 순응해 나가야 됩니다. 역사적인 노정이 뭐냐 하면 하나님을 위한 섭리적인 역사노정입니다. 지금까지 여러분에게 복귀섭리노정을 통일교회 문 선생을 위해서 가르쳐 준 것이 아닙니다. 그러므로 선생님도 가는 것입니다. 주체 될 수 있는 하나님의 목적을 향하여, 상대될 수 있는 인류의 목적을 향하여 가는 것입니다. 그 목적을 한 점으로 결말 못 지었기 때문에 이것을 결말지어 주자는 것이 오늘날 이 시대 통일교회가 주장하는 통일원리요, 통일사상이다 하는 것을 알아야 되겠습니다. (71-64, 1974. 4. 28)

하뜻 725 가정완성 기반을 닦는 데에는 원칙이 있습니다. 종족적 탕감을 하지 않으면 가정 안식 기반은 생기지 않습니다. 개인 안식 기반을 얻으려면 가정 안식 기반에서 탕감하여 승리하지 않으면 안 됩니다. 그것은 철칙입니다.

통일 196호 (p22) 종적 탕감조건을 세운 기대위에 횡적 탕감조건을 세우는 사람만이 하나님의 아들 자격을 가질 수 있음을 명심하시기를 바랍니다. (1987. 2. 4 미국 이스트가든)

통일 196호 (p20)부모의 자리에 서기 위해서 새롭게 종적 탕감노정을 걸어야 하겠습니다. 종적 탕감조건을 세운 터 위에 횡적 탕감조건을 세워야 사탄분립이 이루어진다는 것을 확실히 알고 처음부터 새롭게 출발해야 할 것입니다. (1987. 2. 4 미국 이스트가든)

통일 196호 (p21) 여자들의 경우도 내적 탕감조건의 8단계를 거쳐야하는데, 아들딸의 자리에서 탕감 조건을 완수하게 되면 부모의 자리

즉 어머니의 자리에 서게 될 수 가 있는 것입니다. 아버지 앞에 어머니의 입장에 서려면 절대복종으로 탕감조건을 세워야 합니다. 절대순종하지 못하면 어머니의 자리에 설수도 없을 뿐만 아니라 사탄권에 빠질 수밖에 없는 것입니다. 이렇듯 내적 외적 탕감 복귀를 완수한 터 위에 육계와 영계가 하나 되어야 비로소 하나님의 나라가 세워지게 되어 있습니다. (1987. 2. 4 미국 이스트가든)

#### 8) 축복가정의 횡적 8단계 탕감복귀노정

축복 525 축복받은 부부는 축복받은 그날서부터 해야 할 책임이 있습니다. 그 책임은 부부가 합하여 가정을 형성하여 사는 것이 아니라, 둘이 합쳐서 민족 혹은 국가를 형성해야 하는 것입니다. 그것이 문제라는 거예요. 축복받은 사람이 열 사람이면 열 사람의 가정이 합하여 새로운 세계관을 가지고 하나의 새로운 종족을 편성해야 합니다. 새로운 국가를 형성하자면 먼저 새로운 종족을 편성해야 된다는 거예요. 그 종족은 분열된 종족이 아니라 하나로 통일된 종족이라야 됩니다. (1970. 3. 22 전 본부교회)

축복 525 그러니 축복받은 열 사람의 목적은 서로 같아야 합니다. 이 가정들은 사탄세계에서 찾아 세운 소수의 가정들이기에 언제나 사탄세계의 공세를 받을 수 있는 입장에 있습니다. 그렇기 때문에 언제나 하나가 되어 단결해가지고 그 환경에 압도해 들어오는 외부의 힘을 능가할 수 있는 자체내의 결속을 해야 하는 것입니다. 그 힘을 능가하려면 자체내의 완전한 통일이 이루어져야 된다는 것입니다. 이래 가지고 하나 된 모습이 된다면 아무리 외적으로 사탄의 침범을 받더라도 능히 이겨낼 수 있는 것입니다. 이렇게 결집된 실체를 갖춘 데에서부터 사탄세계의 침범을 받지 않는 새로운 종족이 형성되는 것입니다. 그러한 단결된 종족을 통하여 민족이 형성되고, 그 단결된 민족을 통해서 새로운 국가가 형성될 것이 아니겠느냐는 것입니다. (1970. 3. 22 전 본부교회)

하뜻 25 이것은 선생님에게만 한정된 노정이 아닙니다. 전 세계 식구들이 가야 할 노정입니다. 남자나 여자나, 늙은이나 젊은이나 모두가 가야 할 노정입니다. 제2차 7년 노정을 통하여 전면적 진격을 감행해야 합니다.

뜻길 349 하늘이 축복을 해준 것은 자기들을 위하여 해준 것이 아니요, 종족복귀를 위하여 민족복귀를 위하여 세계복귀를 위하여 천주복귀를 위하여 해준 것이다.

개천일 p35 통일교회가 지금까지 얼마나 천대받았어요? 그랬지요? 이래 가지고 올라가는 겁니다. 이 단계에 올라갈 때는 반드시 탕감이 있어야 됩니다. 그래, 탕감길을 갔어요, 안 갔어요? 개인 탕감길을 갔어요, 안 갔어요? 모르지요? 사탄과 결투해 가지고 하나님 공판에 의한 승패의 결정을 했어요? 했어요, 안 했어요? 못 했으면 가정은 전부 다 탕감노정을 못 갑니다. 가정 탕감노정을 못 간 것이 종족 탕감노정을 갈 수 있어요? 어림도 없다는 것입니다. 종족 탕감노정을 못 갔는데 민족 탕감노정을 갈 수 있고, 민족 탕감노정을 못 갔는데 국가 탕감노정을 갈 수 있고, 국가 탕감 노정을 못 갔는데 세계 탕감노정을 갈 수 있고, 세계 탕감노정을 못 갔는데 천주 탕감노정의 길을 갈 수 있어요? 똑똑히 알아야 되겠습니다.

천성경 1547 축복가정은 가정을 중심삼고 가정적 메시아, 종족적 메시아, 국가적 메시아, 세계적 메시아가 있음으로 말미암아 새로이 자르딘 교육을 받는 그 기지에 와 가지고 천국 갈 수 있는 티켓을 해주는 것입니다. 여러분에게 사진을 다 찍어 주는 것입니다.
(298－224, 1999. 1. 8)

언제 선생님이 대이동을 명령할지 모릅니다. 이제는 여러분이 돌아서야 할 때입니다. 돌아서야 된다는 것입니다. 전 세계의 축복받은 식구들은 빠른 시일 내에 남미에 가서 교육 받아야만 앞으로 천국에 들어갈 수 있는 티켓을 받고 선생님이 일족에게 사진을 찍어주는 것입니다. 이것은 선생님의 명령입니다.
(300－309, 1999. 4. 11)

천성경 1999 지금 선생님이 여러분한테 메시아라는 이름을 주었습니다. 종족적 메시아! 그러면 여러분이 어떻게 해야 돼요? 메시아로서 무엇을 해야 되겠어요? 국가적 메시아, 세계적 메시아, 천주적 메시아가 될 수 있는 모든 것을 다 준비 해 놓았습니다. 산과 같이 큰 보물을 여러분을 위해 준비했습니다. 여러분이 메시아가 되기만 하면 보석산 같은 이 모든 것을 다 상속받는 것입니다. 수도관 같은 것이 연결되어 가지고 물이 흘러서 내려가듯이 여러분에게 상속되는 것입니다. (189－247, 1989. 4. 9)

천성경 1393 종족적 메시아로서 입적했을 때에는 한국어를 모르면 부모님의 가까운 곳에 가서 살 수 없습니다. 머지않아 그런 때가옵니다. 입적하는 데는 초국가적, 초민족적으로 해야 됩니다. 민족대이동을 하는 때가 오는 겁니다. 그래서 민족적 메시아를 서둘러서 해야 됩니다. 세상은 무엇이든지 선생님이 말한 대로 됩니다. 그렇게 되도록 되어 있습니다. (253-48, 1994. 1. 1)

하뜻 560 여러분에게는 장성기 완성급 기준을 능가하기 위한 7년 기간이 남아 있습니다. 3년간 준비하여 예수님의 공적노정을 중심으로 3명의 제자를 비롯한 탕감의 원칙 기반을 만들어야 합니다. 그리고 민족적인 메시아의 사명을 다해야 합니다. 여러분은 일본 통일교회를 위해서 활동하는 것이 아니고 나라를 위해서 활동하고 있습니다. 선생님은 세계를 위해서 활동하고 있습니다. 여러분들보다 한 단계 앞서서 여러분들이 장차 가야 할 길의 토목 공사를 하고 기관차를 만들기도 하면서 분주하게 활동해 왔습니다.

천성경 251 그렇기 때문에 여러분은 누구보다도 선생님을 사랑해야 됩니다. 누구보다도 참부모와 하나돼야 됩니다. 참된 사랑을 중심삼은 혈통이기 때문에 거기에는 상속권이 있고 동위권이 있고 동참권이 있는 것입니다. 그래서 사탄이 근접할 수 없는 것입니다. (189-223, 1989. 4. 6)

천성경 2130 가정에서 편안히 사는 사람들은 멍청이입니다. 가정천국 울타리 안에서밖에 머무르지를 못합니다. 그래서 대표적 가정이 되고 중심적 가정이 되야 된다 이겁니다. 그래서 효자 충신 성인 성자의 도리는 내가 갈 길이다 이겁니다. 천성적으로 내가 필연적으로 가야할 길이라는 것입니다.

선생님은 일생동안 자나 깨나 뜻이라는 초점을 잃어버린 적이 없습니다. 자리에서 일어나면 계속합니다. 천년만년 계속하는 것입니다. 선생님이 승리한 무엇이 있기 때문에 종족적 메시아의 책임을 못해도 국가적 메시아의 책임을 해서 자기들의 잘못된 것을 청산하라고 내세운 겁니다. 거기서 효자가 되어야 되고, 충신이 되어야 됩니다. 세계 국가를 사랑하는 마음으로 형제들을 위해서 기도하고 그래야 됩니다. 이래야 부모님을 따라 성자의 지위를 가지고 하나님 앞에 어전(御殿)에 나타날 수 있는 것입니다.

(283－77, 1997. 4. 8)

### 9) 참부모님과 축복가정의 종적 횡적 8단계 탕감복귀 완성

<2011년도 연두표어>

－天情父母 地和子女 定着終最 一體完了 天宙定着 天一國 萬歲－

천정부모하고 지화자녀하면 정착종최요,

일체완료라 천주정착하니 천일국 만세러라

**천성경 246** 참부모 앞에 참자녀로 서기 위해서는 자녀의 개인적인 복귀노정이 있는 것이요, 자녀의 가정적인 복귀노정이 있는 것이요, 자녀의 종족적인 복귀노정이 있는 것이요, 자녀의 민족적인 복귀노정이 있는 것이요, 자녀의 국가적인 복귀노정이 있는 것입니다. 부모의 개인, 가정, 종족, 민족, 국가적인 복귀노정과 자녀의 개인, 가정, 종족, 민족, 국가적인 복귀노정을 완결하여, 부모와 자녀가 일체되어 승리했다는 기준을 세워 놓고서야 비로소 민족복귀를 종결 짓고 세계적인 무대를 향해 새로이 출발할 수 있는 것입니다. 그러면 통일교회의 사명은 무엇이며 여기에 입교한 여러분은 어떤 입장에 있느냐? 선생님을 중심한 이 통일교회에 불려온 여러분은 서러운 6천년 종적역사를 횡적으로, 실체적으로 전개해야 하는 입장에 있는 것입니다. (13-288, 1964. 4. 12)

하뜻 599 가인 아벨이 하나 됨으로 부모가 구원 받는다

하뜻 600 아담 해와도 가인 아벨을 통해서 복귀된다고 하지 않았습니까?

개천일 p62 가인 아벨 복귀를 왜 해야 되느냐 하면 부모님이 설자리를 찾기 위해서입니다. 그 문제가 복귀시대를 중심삼고 그렇게 찾아 나온 것입니다. 세계적으로 종적으로 찾아 나온 것이 횡적으로 전개될 그런 때가 오면 아담국가 해와국가 그 다음에는 가인국가 아벨국가 형이 나오는 것입니다.

개천일 p64 가인 아벨 원리는 공식이에요. 공식인데 왜 아벨이 가인을 굴복시키지 않으면 안 되느냐? 이건 절대적입니다. 이걸 안하고는 부모가 돌아올 길이 없습니다.

개천일 p86 가인 아벨이 하나 안 돼 가지고는 부모가 설자리가 없다는 것을 알아야 됩니다. 그렇기 때문에 하나님이 죽은 하나님 놀음을 했고 메시아가 죽은 메시아 놀음을 해오는 것입니다. 그러니 지금 여러분이 돌아간 다음에는 종족복귀를 해야 됩니다. 이미 축복받은 가정은 남자, 여자, 자녀들과 완전히 하나돼야 됩니다. 여러분의 아들딸들이 마음대로 하거든 목덜미를 들이 잡아 가지고 공부시켜야 됩니다. 부모의 말을 안 들으면 추방해 버려야 된다구요.

개천일 p87 사탄세계와 같이 자식들 앞에 전부 다 규탄 받는 어미 아비가 안 되게끔 해야 됩니다. 가정이 사위기대 기반이 돼야만 거기에 부모님이 임재하지요? 가정기반이라는 것은 에덴동산에 아담 해와 중심삼고 가인 아벨이, 아담 해와도 잘못했지만 가인 아벨이

잘못함으로 전부 깨져 나갔으니만큼 부모가 하나돼 가지고 자녀와 합해서 사위기대를 이뤄야 됩니다. 이것이 가정 아니에요? 그 기반이 하나된 기반 위에 서야만 하늘나라의 가정적 심정권이 이루어지기 때문에 사탄이 침범 못해요. 이게 공식입니다.

개천일 p89 충성을 다한 어버이 앞에 불효자식이 자세를 갖추어서 아버지라고 말할 수 없는 것이 천리의 도리입니다. 선생님이 종적인 길을 닦아 나왔으면 여러분은 종적인 기준에 비례되는 횡적 노정을 따라서 다리를 놓아 줘야 됩니다. 나무 조각 하나 가지고 다리를 놓는데, 내가 여기 있을 때 들어서 저기 갖다 놓는데 지나가던 아들도 그 다리 놓는 데는 혜택 받을 수 있는 이 시대에 들어 왔다구요. 종적인 세계는 그것이 안 됩니다. 밑창에서부터 혼자 들어와야 됩니다. 누가 도와줘 가지고는 종적 기준이 무너져요. 만년 고독단신입니다. 의논도 못 해요. 아내라고 의논할 수 없다는 것입니다. 자식이라고 의논할 수 없는 것입니다. 그래서 내게는 친구도 없어요. 그런 걸 똑똑히 알아야 되겠습니다.

개천일 p90 그래 가지고 뭘 하자는 거냐? 여러분의 일족을 전부 다 하늘편에 세워나가는 것입니다. 여러분의 일족권 내에 있어서 종족을 중심삼아 가지고 부모님을 모신 해방의 잔치를 해야 된다구요. 이번에 내가 잔치하라고 돈 줬지요? 그게 소생잔치예요. 장성잔치, 완성잔치 때는 남북통일과 더불어 여러분의 일족의 해방 잔치를 해야 됩니다. 그러지 않고는 남북 국가 해방권 내에 못 들어갑니다.

개천일 p91 이래 놓고 한국과 아시아나라 나라를 중심삼고 하나 되는,

해방되는 잔치를 하지 않고는 아시아 중심국가로 못 나갑니다. 가인 아벨 기준을 닦지 않고는 하늘나라에 갈 길이 없습니다.

천성경 2084 가정에서 남자나 여자나 형제나 모두가 원하는 것은 효자효녀가 되어야 된다하는 것입니다. 그것은 사랑을 중심삼고 한 몸이 되어야 된다는 것입니다. 가정을 하나 만들기 위해서는 효자가 필요합니다. 나라도 마찬가지입니다. 나라의 아버지하고 어머니, 왕과 왕후, 아들딸을 중심삼고 상대적 세계의 부처, 형제끼리 상하 좌우 전후가 맞아야 됩니다. 전후가 없으면 부모와 자식이 관계를 맺을 수 없습니다. 그러니까 상하 좌우 전후입니다. 형제가 절대 필요합니다. 결혼은 형제로부터 엮어 나가는 것입니다.

(286−268, 1997. 8. 13)

천성경 2085 부모님의 소원이 뭐냐? 어머니 아버지로서 혈통적으로 하나 된 뿌리가 없습니다. 아들딸을 낳아야 그 집안의 핏줄이 이어지는 것입니다. 아들딸이 부모를 사랑함으로 말미암아 관계없던 어머니 아버지의 핏줄이 나로 말미암아 통일이 벌어지는 것입니다. 자식으로 말미암아 부모의 완성을 가져오는 것입니다. 그 아들딸이 효도함으로 말미암아 어머니 아버지의 완성이 벌어집니다. 그렇기 때문에 부모를 완성시키는 것은 나의 완성을 가져올 수 있는 것입니다. 내가 크면 어머니 아버지와 같이 하나 되어야 된다는 것입니다. 그렇기 때문에 서로 완성하는 것입니다.

(223−174, 1991. 11. 10)

천성경 2341 2대 창조주의 기준은 약속되어 있지만 3대 창조주인 아들딸, 손자를 못 봤다는 것을 알아야 됩니다. 여러분이 손자가 되어야 된다는 걸 알아야 됩니다. 그 손자는 제1의 보이지 않는 하나님과 제2하나님이 자라나온 모든 전체를 재현시켜 가지고 하나님도 기뻐하고 부모도 기뻐할 수 있는 자기 스스로의 과거 전체 역사를 전개시켜서 두 세계의 사랑의 세계를 느끼게 할 수 있는 존재입니다. 그런 입장에 선 것이 아담도 아니고 하나님도 아니고 손자입니다. 그래서 하나님도 아들딸을 숭배한다는 것입니다. 하나님도 손자를 숭배한다는 것입니다. 아담도 자기 아들딸을 숭배해야 된다 이겁니다. (264-195, 1994. 10. 9)

하뜻 448 타락한 인류 앞에는 복귀의 과정이 남아있기 때문에 그 과정을 부모 될 수 있는 사람이 전부 다 닦아야 되고 그 다음엔 이런 과정을 어떤 중심가정이 나와서 세계를 대표해서 닦아주지 않고는 여러분들 자신이 하나님 앞으로 돌아갈 길이 없다는 것입니다. 그래서 여러분들은 공식노정을 거쳐 가야 됩니다. 공식만 알고 그대로 행하면 풀린다는 것입니다.

### 10) 제4차아담권 시대

천성경 1548 하나님은 제1창조주, 아담은 제2창조주, 손주는 제3창조주입니다. 여기서부터 소생, 장성, 완성, 3을 넘어섬으로 말미암아 정착입니다. 그래서 4차 아담을 세움으로써 전부 다 아담 아들딸로부터 번식해 나가는 것입니다.

하나님은 제1창조주, 아담은 제2창조주, 아담과 해와도 제3창조주를 거쳐 세상에 지상천국 잔치가 벌어지기 때문에 우리 통일교회에 있어서의 제4차 아담권 시대로 넘어가 정착해 가지고 본연의 축복과 만대의 후손이 자기 부모의 전통을 존경하고 후손이 자기 부모의 전통을 존경하고 아들딸이 하나 되어서 천국 들어갈 수 있는 전환된 세계가 눈앞에 왔다는 것입니다. (295－255, 1998. 9. 8)

천성경 1547 제4아담시대는 자연복귀시대로 진입하는 것입니다. 탕감복귀시대가 끝났으므로 제4아담시대는 여러분의 노력에 의해서 개인 아담권을 승리해 가지고 가정아담권을 넘어 종족아담권, 세계까지 넘어설 수 있는 자유 해방권이 벌어집니다. 이제는 여러분의 가정이 이상적 가정이 되어 부모님과 하나님을 직접모시고 부모님 대신이 되어야만 합니다. 여러분은 구약시대, 신약시대에 온 메시아, 신약시대를 넘어서 성약시대에 온 메시아, 1차 아담, 2차 아담, 3차 아담의 대신가정이 됨으로 하나님을 모시게 되어 만민이 천국 직행할 수 있게 되는 것입니다. 그렇게 됨으로 제4차 아담권 해방 축복시대로 들어가는 것입니다. 제4차 아담의 시대가 확정되면 축복 2세들은 부모가 직접 축복해 주는 시대가 열리는 것입니다. (198－224, 1999. 1. 8)

천성경 1060 형제를 부모이상 사랑하겠다는 사람은 천국에서 영원히 살 수 있는 사람입니다. 형제를 부모같이 사랑하지 못하는 사람은 여기에서 벗어나는 겁니다. 그 도리의 근본을 깨우쳐 보면 간단합니다. 그것을 몰라 지금까지 못한 겁니다. 우리 식구 식구들끼리 하나 되느냐, 못되느냐하는 것이 문제입니다. 부모 앞에 효도 못하는 자리에 섰으면 부모를 위해 자기가 정성들인 것을 부모 대신 자기 식구를 위해 주라는 겁니다. 그러면 부모에게 효도한 이상의

것으로서 하늘이 받아들이는 겁니다. 그런 사람은 반드시 복 받습니다. (78-41, 1975. 5. 1)

천성경 1060 천국에 가는 길은 형제를 하나님과 같이 사랑하는데서 열립니다. 여러분은 선생님을 따라가고자 하는데 그 마음으로 형제를 따라 같이 가려고 노력해 보라는 겁니다. 이렇게 볼 때 천국에 제일 높게 빠르게 좋게 인도하는 자는 하나님도 아니요 선생님도 아니요 형제라는 결론을 내리게 됩니다. 부모와 부부의 사랑을 능가하는 사랑을 가지고 노력 하는 자는 최고의 사랑의 주체자로서 상대를 선택하는 것입니다. (66-125, 1973. 4. 18)

## 제3절 사대중생과 천민의 완성

◉ 중생 부활이란?

"중생"하면 일반적으로 죽었던 사람이 다시 살아남을 말한다. 기독교에서는 성서의 문자 그대로 죽은 사람이 다시 살아난 것을 중생, 부활이라고 믿는 자도 있고(마27/52) 또한 인간조상 아담 해와가 선악과를 따먹고 죽었음으로 메시아로 오신 예수 그리스도를 믿고 성령을 받음으로 말미암아 기독교적 중생 또는 부활이 이루어진다고 한다. (요3/3~5 롬11/17)

그리고 우리 가정연합에서는 예수님의 재림의 목적을 이루시기 위해 이 땅에 참부모로 오신 문선명, 한학자 양위분의 주례로 축복을 받아 사탄의 혈통으로부터 하나님의 혈통으로 돌아가는 것을 중생, 부활이라고 한다. 그러면 왜 중생이 필요하게 되었는가? 그것은 인간이 타락으로 죽었기 때문이다. 육신은 활동하고 있지만 하나님과 관계없이 살아가고 있기 때문에 영적으로 죽은 입장인 것이다.

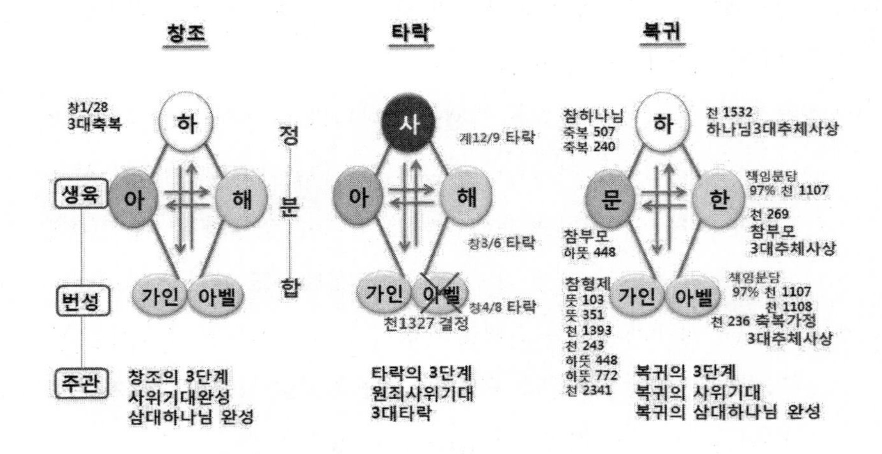


1) **참부모님으로 부터 축복을 받으면 중생이 완료되는 것인가? 사대중생이 왜 필요한 것인가**

천성경 243 그러나 이제는 처음부터 그 방향이 180도 전환됐다 이겁니다. 그곳은 시작점인데 영점입니다. 그곳에는 아무런 의미도 존재도 관념도 전통도 문화도 없는 것입니다. 이게 재창조입니다. 하나님께서 처음에 모든 환경적인 것을 창조하시고 나서 흙과 물과 공기로 하나 만들어서 인간을 지었습니다. 그때 인간은 아무런 관념이 없었습니다. 영점입니다. 그러니 사탄의 전통에서 180도 돌아서는 것입니다. 180도 돌아서서 거듭나는 것입니다. 거듭난다는 것은 다시 태어난다는 것입니다. 그 첫 번째는 나라가 아니라 부모입니다. 그 다음은 형제입니다. 세 번째는 부부, 남편과 아내입니다. 네 번째는 자녀입니다. (215−171, 1991. 2. 17)

우리 축복가정들은 참부모님의 축복으로 원죄가 없어지고 중생이 완료되었다고 믿고 있다. 그러나 참부모님은 중생에도 사대중생이 있다고 말씀하셨다. 이 말씀 또한 이루어 드리지 않은 한 복귀섭리와 구원의 목적은 아직 미완성이라고 해야 할 것이다.

그렇다면 사대중생이란 무엇인가? 첫째 참부모님으로 부터 접붙임의 중생은 종적타락(아담 해와의 음란타락 창3/6)에 대한 종적 중생이요, 두 번째로 형제접붙임의 중생은 가인이 아벨을 살인한 횡적타락에 대한 횡적중생을 말한다. 세번째는 부부가 서로 중생의 과정을 거쳐 네 번째로 하나님 앞에 자녀로 중생이 완료되는 것이다. 즉 재림주 참부모님으로 부터 축복으로 접붙인 중생은 중생의 출발임에는 틀림이 없지만 그것만으로는 완전히 하나님 앞으로 돌아 갈 수 없다는 뜻을 말한다.(하뜻448) 왜냐하면 인간시조가 부모타락(아담 해와타락)뿐만 아니라 형제타락(가인 아벨타락)을 하므로 모두 깨져 나갔기 때문에 인류가 완전히 하나님 앞으로 돌아가기 위해서는 참부모님이 다 닦은 터 위에 어떤 중심가정이 나와 또 닦아 주지 않으면 안 된다는 것이다. 그러므로 타락한 인류에게는 필연적으로 하나님의 자녀로 돌아가기 위한 사대중생이라는 과정이 남아지게 되었다.

2) 부모중생

아담 해와(부모)가 음란으로 타락했으므로 아담 해와 대신 제2아담, 제3아담이 나와서 부모(부모메시아)의 입장에서 만민을 접붙여 중생시켜야 한다.

축복 507 통일은 먼저 부부가 하나 되는 것이다. 남자 메시아가 있으면 여자 메시아도 있어야 하니 가정적 메시아로서 주님은 오신다. 타락을 아담 해와 두 사람이 했으니 복귀도 두 분이 해야 한다. 종족적인 메시아가 되는 것이다. (1968. 10. 20 전 본부교회)

축복 240 성혼 축복을 받는다는 것은 두려운 일입니다. 섭리적으로 볼 때 하나님의 중심적 사상은 아담 해와의 가정으로부터 출발합니다. 하나님은 그것을 모델로 똑같은 가정을 만들려고 하셨습니다. 일정한 모형을 만들어 가지고 재료를 투입시키면 일시에 몇천 몇만개가 나옵니다. 선생님은 그 모형을 만들기 위해 지금까지 고생해 왔습니다. 그 모형이 부숴지면 아무것도 되지 않습니다.
(1978. 9. 22 일본 가미가와)

천성경 1252 남자 여자가, 오목 볼록이 하나되는 것은 하나님이 완성하고, 절반 되는 여자, 절반 되는 남자가 완성하는 자리입니다. 오목 볼록이 결혼해 가지고 첫사랑의 관계를 맺는 그 자리에서부터 하나님의 사랑적 이상이 완성되는 정착지가 벌어지는 겁니다. 남자 여자의 사랑을 중심삼은 하나님의 상대적 자리로서의 완성의 자리가 결정되는 것입니다. 이것은 우주의 핵입니다. 이것이 움직이게 되면 모든 우주가 왔다갔다 합니다. 지상천국의 본거지요, 천상천국의 본거지라는 겁니다. 이곳은 사랑의 본연지인만큼 사랑의 본궁입니다. 많은 왕궁 가운데 중심 궁을 본궁이라고 합니다. 이곳이 사랑의 본궁이요, 생명의 본궁이요, 혈통의 본궁이요, 그 다음에는 천상천국과 지상천국의 출발지요, 인간이 바라고 있는 자유와 행복과 평화가 여기에서부터 시작되는 것입니다. 거기는 사랑, 생명, 혈통 모든 것의 왕궁이고, 개인, 가정, 종족, 민족이 거기서부터 연결됩니다. 천상천국과 지상천국의 본연지, 출발지라는 것을 알아야 합니다. 그 다음에는 자유와 행복과 평화의 기원지입니다. 여자에게 남자가 없으면 절대 암흑이요, 남자에게 여자가 없으면 절대 암흑입니다. (261－173, 1994. 6. 9)

천성경 1101 남자 여자는 천주의 압축된 핵입니다. 부부가 참사랑을 하는 데는 온 우주가 걸려듭니다. 남자와 여자는 사랑을 위해서 태어났습니다. 본래 인간은 종적 횡적으로 되어 있습니다. 책임분담을 완성함으로써 종적인 주인이 설정되고 다음에 횡적인 주인이 설정되는 것입니다. 그것은 참사랑에 의해 성립되는 것입니다.
(218－136, 1991. 7. 14)

천성경 2274 참된 나와 참된 가정을 찾아야 됩니다. 가정하게 되면 3대를 말합니다. 할아버지하고 부모하고 부부하고 자녀입니다. 이것을 확대한 것이 세계입니다. 그렇기 때문에 어떤 사람이든지 필요한 것이 뭐냐? 부모, 처자(부부), 형제, 자녀입니다. 공식이에요, 이것. 그렇게 사랑 못한 사람은 천국 못갑니다. 우리 가정맹세에 나오는 4대심정과 3대왕권 황족권을 체휼 못하면 천국 못 가게 되어

있습니다. (272−212, 1995. 8. 30)

천성경 1742 그렇기 때문에 여기서부터는 사탄이 돌아가야 합니다. 돌아가긴 돌아가는데 어디로 돌아가느냐? 원점으로 돌아가야 합니다. 거짓 부모로 시작했으니 원점으로 돌아가서 참부모로 다시 시작해야 합니다. 그러니 얼마나 심각해요? 내가 하나님의 사랑과 하나님의 생명과 하나님의 혈통을 다시 이어야 합니다. 그래서 여러분, 축복받을 때 혈통전환식을 했지요? 그걸 내 생명보다 더 믿어야 되는 것입니다. 통일교회의 하나의 의식이라고 해서 그저 일반 종교의식으로 생각해서는 안 되는 것입니다. 이것은 죽었던 사람을 회생시키는 주사약과 마찬가지입니다. 해독주사입니다. (216−107, 1991. 3. 9)

축복 401 그러면 앞으로 인간들이 가야할 노정 앞에는 무엇이 남아 있느냐? 참부모를 맞음으로 대 승리를 하는 것이 아닙니다. 참부모는 어디까지나 완성기에서 현현하는 것이 아니라 장성기 완성급에서 현현해야 하기 때문에 이 7년이라는 과정을 거치지 않고는 완전 승리의 결과를 가져올 수 없는 것입니다. 이것은 원리적인 내용입니다. 그렇기 때문에 기독교에서 주장하는 7년 대환란이라는 말이 나오게 된 것입니다. 여기서 우리 통일교인들이 알아야 할 것은 7년노정은 싫든 좋든 가지 않으면 안 될 노정이라는 것입니다. (1971. 1. 1 전 본부교회)

하뜻 448 타락한 인류 앞에는 복귀의 과정이 남아있기 때문에 그 과정을 부모 될 수 있는 사람이 전부 다 닦아야 되고 그 다음엔 이런 과정을 어떤 중심가정이 나와서 세계를 대표해서 닦아주지 않고는 여러분들 자신이 하나님 앞으로 돌아갈 길이 없다는 것입니다. 그래서 여러분들은 공식노정을 거쳐 가야 됩니다. 공식만 알고 그대로 행하면 풀린다는 것입니다.

### 3) 형제중생

—가인이 아벨을 쳐 죽인 것은 횡적타락이다—

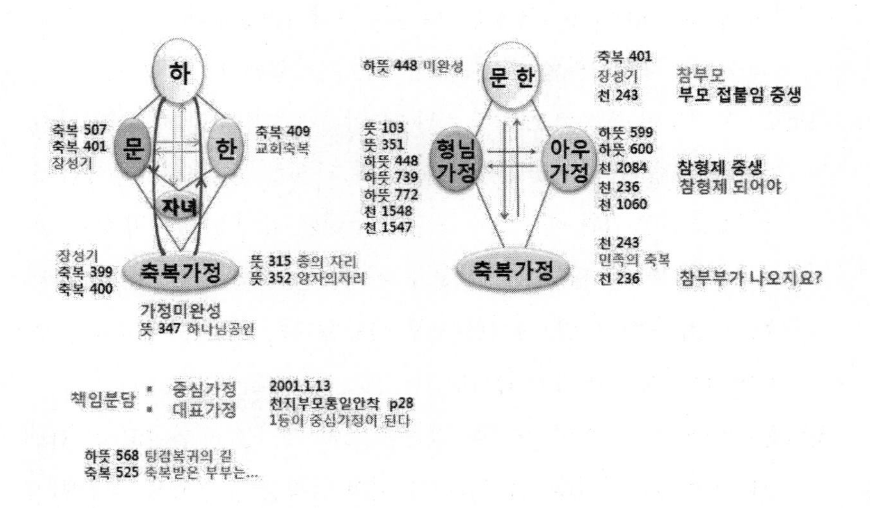


통일 196호 (p14) 횡적인 타락에 있어서는 가인이 아벨을 죽임으로 이루어 졌으므로 복귀의 과정에서는 아벨이 가인을 순종굴복시킴으로 이루어지게 되어 있습니다. (1987. 2. 4 미국 이스트가든)

아담 해와의 자녀, 형제(가인, 아벨)가 형이 아우를 죽인 것은 최초의 살인이며 이것이 아담 해와의 음란행위, 타락사건보다 더 큰 타락사건이 되었다. 그래서 복귀섭리는 아담이 탕감 복귀한 터 위에 복귀된 가인이 형제탕감복귀의 길을 승리하여 참형제조상(형제메시아, 횡적메시아)으로 완성하고 타락한 인류를 횡적으로 접붙여 부활 중생시켜야 할 섭리가 필요하게 되었다.

—횡적인 참형제는 종족적 메시아로 출현한다—

하뜻 199 제1차 7년노정을 기반으로 제2차 7년노정이 시작되었습니다. 제2차 7년노정은 축복가정이 가야할 기간입니다. 1차 7년노정은 부모시대요,(1960~1967) 2차 7년노정은 자녀시대입니다.(1968~1974) 그것은 구약시대와 신약시대에 맞먹는 기간입니다.

하뜻 26 여러분이 종족적 메시아로서 제2차 7년 노정기간 해야 할 일이 무엇이겠습니까? 여러분들의 종족과 가정을 중심으로 선생님이 하지 못했던 일과 예수님께서 하지 못했던 일을 전개하여 하늘 편에서 세워야 할 탕감조건을 모두 완성하는 일입니다. 개인으로부터 가정, 종족, 민족, 국가를 모두 사랑했다는 기준을 세워서 세계까지 연결시켜 나가야 합니다.

하뜻 26 제2차 7년노정은 그러한 기준을 각자 자기를 중심삼고 전개해야 되는 기간입니다. 선생님이 육신의 혈족을 앞세우고 사랑했더라면 복귀섭리는 이루어질 수 없는 겁니다. 하나님도 사랑하는 독생자와 선민을 희생시키고 십자가를 지게 하셨습니다.

하뜻 448 타락한 인류 앞에는 복귀의 과정이 남아있기 때문에 그 과정을 부모 될 수 있는 사람이 전부 다 닦아야 되고 그 다음엔 이런 과정을 어떤 중심가정이 나와서 세계를 대표해서 닦아주지 않고는 여러분들 자신이 하나님 앞으로 돌아갈 길이 없다는 것입니다. 그래서 여러분들은 공식노정을 거쳐 가야 됩니다. 공식만 알고 그대로 행하면 풀린다는 것입니다.

하뜻 449 이 완성급이라는 것은 아들과 부모 그리고 천사도 다 복귀된 자리인 것입니다. 그래서 천사의 자리, 부모의 자리, 아들의 자리, 이 세기준이 횡적으로 하나 돼야 합니다. 횡적으로 그런 길을 닦음으로 말미암아 복귀가 되는 것입니다. 사탄세계는 뭐냐 하면 천사세계요, 타락한 아담의 세계요, 타락한 아담의 아들딸의 세계입니다. 그런데 이들 셋이 하나돼 가지고 하나님 앞에 경배함으로 말미암아 그 세계에 가서 찾아올 수 있는 길이 생긴다는 것입니다. 그렇게 해놓아야 여러분의 후손과 인류가 여러분을 따라올 수 있다는 것입니다. 그럼으로 해서 자기 종족과 민족과 국가와 세계가 자기가 닦은 길을 따라서 선생님이 죽은 후에도 백년 천년 이것이 복귀될 때까지 이 공식이 반복되어서 하나 돼 나갈 수 있다는 것입니다. 참부모의 분신체가 되어 가지고 타락권(사탄주관권)을 넘지 않고는 복귀되지 않는 것입니다.

축복 503 그러므로 여러분은 모든 면에서 그들의(참자녀) 본이 되어야 합니다.

여러분은 자동적인 입장에서 본이 되어야 합니다. 선생님을 중심삼고 가인도 전통을 이어받을 수 있고, 아벨도 전통을 이어 받을 수 있는 것입니다. 여러분은 그러한 혜택권내에 살고 있다는 사실에 고마움을 느낄 줄 알아야 합니다. (1970. 10. 19 중앙수련소)

축복 499 통일교회가 가는 길에 있어서 개인적인 십자가를 선생님이 지고 나오고 있습니다. 가정적인 십자가의 길까지도 선생님이 지고 나왔습니다. 여러분은 그 내용을 모릅니다. 이것을 알려면 원리를 자세히 알아야 하고, 기도를 못해도 십년 이상은 해야 합니다. 부모가 고생한 내용을 말하지 않으면 자식은 모릅니다. 부모가 말할 수 없는 그런 사연이 깃들어 있습니다. 이런 선생님 가정을 중심삼고 통일교회 축복가정들이 종족이 되어, 이 땅 위의 모든 민족을 복귀해야 하는 사명을 지고 있습니다. 이렇게 자꾸 커 가는 것입니다. (1969. 9. 14 전 본부교회)

천성경 1393 종족적 메시아로서 입적했을 때에는 한국어를 모르면 부모님의 가까운 곳에 가서 살 수 없습니다. 머지않아 그런 때가옵니다. 입적하는 데는 초국가적, 초민족적으로 해야 됩니다. 민족대이동을 하는 때가 오는 겁니다. 그래서 민족적 메시아를 서둘러서 해야 됩니다. 세상은 무엇이든지 선생님이 말한 대로 됩니다. 그렇게 되도록 되어 있습니다. (253−48, 1994.1.1)

천성경 236 여러분 가정에서 3대 주체사상의 실체를 갖춘 참형제 참부부 참부모가 나와야 됩니다. 실체 존재입니다. 참형제가 되어야 참부부가 나오지요? 참부부가 나와야 참부모가 나옵니다. 참부모의 자리에 서면, 참부부가 되는 것은 물론이고 참자녀가 되는 것입니다. 부모의 의식, 주체사상을 중심삼고 그대로 대상적인 입장에서 하나 되는 것입니다. 사랑으로 하나 되는 것입니다. 사랑만이 이 모든 것을 화합할 수 있습니다. (204−129, 1990. 7. 1)

천성경 1547 축복가정은 가정을 중심삼고 가정적 메시아, 종족적 메시아, 국가적 메시아, 세계적 메시아가 있음으로 말미암아 새로이 자르딘 교육을 받는 그 기지에 와 가지고 천국 갈 수 있는 티켓을 해주는 것입니다. 여러분에게 사진을 다 찍어 주는 것입니다.
(298－224, 1999. 1. 8)

언제 선생님이 대이동을 명령할지 모릅니다. 이제는 여러분이 돌아서야 할 때입니다. 돌아서야 된다는 것입니다. 전 세계의 축복받은 식구들은 빠른 시일내에 남미에 가서 교육 받아야만 앞으로 천국에 들어갈 수 있는 티켓을 받고 선생님이 일족에게 사진을 찍어주는 것입니다. 이것은 선생님의 명령입니다.
(300－309, 1999. 4. 11)

천성경 1999 지금 선생님이 여러분한테 메시아라는 이름을 주었습니다. 종족적 메시아! 그러면 여러분이 어떻게 해야 돼요? 메시아로서 무엇을 해야 되겠어요? 국가적 메시아, 세계적 메시아, 천주적 메시아가 될 수 있는 모든 것을 다 준비 해 놓았습니다. 산과 같이 큰 보물을 여러분을 위해 준비했습니다. 여러분이 메시아가 되기만 하면 보석산 같은 이 모든 것을 다 상속받는 것입니다. 수도관 같은 것이 연결되어 가지고 물이 흘러서 내려가듯이 여러분에게 상속되는 것입니다. (189－247, 1989. 4. 9)

하뜻 568 한국의 축복가정들은 지금까지 세상 돌아가는 것도 모르고 살아왔습니다. 뜻을 위해서 희생해야 할 텐데도 불구하고 자기 멋대로 살고 있습니다. 대한민국이라는 국가권도 벗어나지 못한 채 복작복작해 나왔다는 것입니다. 축복가정도 이렇게 사는 거지 뭐 다른게 있나, 자식을 낳고 그저 그렇게 먹고 사는 거지 뭐 하면서 말입니다. 그렇게 생각했습니까. 안했습니까? 이게 축복가정입니까? 그저 이렇게 믿고만 나가면 축복도 다 이루어지고 이렇게 믿고만 나가면 선생님이 다 천국에 데려가는 줄로 알고 있습니다. 그러나 그것이 아닙니다. 탕감복귀는 가정을 중심삼은 탕감복귀나 민족을 중심삼은 탕감복귀나 다 마찬가지라는 것입니다. 같은 길을 걸어가야 한다는 것입니다. 같은 길을 걸어가는 데 있어서도 개개인이 따로따로 걸어가려면 아주 어렵지만, 대표적인 한 분이 닦은 기반을 상속받아 가지고 간다면 훨씬 쉬운 것입니다.

뜻길 351 축복가정은 민족복귀의 밑뿌리가 되어야 한다. 썩은 뿌리에 접붙일 수 없는 것이다.

뜻길 103 선생님의 전통이 여러분을 만들고 여러분의 전통이 민족을 만들어야 한다. 전통은 이 민족이 본받을 수 있고 세계 만민이 따라갈수 있는 것이어야 한다.

–참형제와 직계자녀–

하뜻 739 가인과 아벨과 선생님의 자녀를 연결함으로써 소생, 장성, 완성기반이 이루어지고 그런 하나의 중핵을 중심으로 하여 세계의 모체가 되는 전통이 세워지게 됩니다.

하뜻 772 세계에 사람이 아무리 많더라도 전부가 이 중심가정 중심혈통을 따라가게 되어 있는 것입니다. 통일교회 식구들은 가정을 가진 뒤에 한길을 따라가서 같이 살아야 되는 것입니다. 그렇기 때문에 앞으로의 세계는 수많은 인류가 살더라도 그 중심을 기준으로 해서 아들딸이 하나 되어 이와 같은 원칙에서 움직여야 합니다. 그렇게 되면 하나 되려고 노력하는 세계 서로 위하는 세계가 될 것입니다.

하뜻 772 여러분은 지금 교회의 축복은 받았지만 나라의 축복과 세계의 축복까지 받아야 합니다. 앞으로는 선생님의 직계를 잇는 중심가정이 생길 것입니다. 그때는 그 중심가정을 중심삼고 후손들도 하나되어야 하는 것입니다. 그렇게 되면 같은 시대에서 여러분과 하나되는 것과 마찬가지가 됩니다. 대 축복권내를 넘어가기 전까지는 절대적으로 선생님 일족을 중심삼고 이 운동을 전개해야 합니다. 이것 때문에 선생님의 후손도 그와 하나 되어야 되고 여러분들도 하나되어야 같은 입장으로 넘어간다는 것입니다. 그게 본연의 세계입니다.

**—참부모님 대신 교육할 수 있는 자는 누구인가—**

천성경 1448 이제 선생님은 가정에 대한 규범, 천국가정으로서 가져야 할 생활에 대한 규범을 가르쳐주어야 한다는 것을 느끼고 있습니다. 그런데 복귀의 노정을 걸어야할 사람들은 원리를 중심삼고 가르쳐 줄 사람이 있으니까 그 사람들을 통해서 가르침을 받아야 되겠습니다. 선생님이 직접 그런 문제를 책임지는 시대는 지나갔습니다. 가정 하나 하나를 중심삼고 재차 수습해야 했습니다. 우리 통일교회의 조직은 가정조직입니다. 가정을 위주로 한다는 것입니다. 개인을 위주로 해오던 것을 가정을 위주로 한다는 것입니다. (22−334, 1969. 5. 11)

하뜻 92 나는 사람을 끌어 모으려고 노력하는 사람이 아닙니다. 공적으로 살려는 한 사람, 천륜을 위주로 살려는 한 사람, 나의 모든 것을 넘겨줄 수 있는 대표자 한 사람만 찾으면 나는 승리했다고 생각하는 것입니다. 사고방식이 여러분과 다르다는 것입니다.

하뜻 467~8 내가 이제 죽는다면 나같이 하나님을 사랑하고 나같이 인류를 사랑하는 사람이 이 땅 위에 누가 있을까 하는 염려가 앞섭니다. 그런 의미에서 내가 오래 살아야 되겠다는 것입니다. 선생님은 여러분 가운데서 그런 사람이 빨리 나왔으면 얼마나 좋겠느냐는 눈으로 여러분을 바라보고 있다는 것을 알아야 합니다. 하나님이 이 레버런 문에게 축복을 해주신다면 나는 하나님이 나에게 그런 사람을 주시는 것이 제일 큰 선물이요, 축복이라고 보는 것입니다. 지금까지 불신 받고 수난 당하신 하나님을 대해서 선생님 이상 사랑하고, 선생님이상 인류를 해방해 주기 위해서 노력하겠다는 사람이 이 시간 나온다면 오늘은 영광의 날일 것입니다.

하뜻 496 진리를 탐구하는데도 마찬가지입니다. 기성교회와 같이 성경을 본다고 해서 될 수 있는게 아닙니다. 얼마나 방대한 잼대로 재야하는지 생각해 보라는 것입니다. 실험하는 사람이 이것저것 갖다 맞추어 보듯이 진리나 원리를 캐나가는 것도 마찬가지입니다. 그런 것을 생각하면 선생님이 많이 발견했지 않아요? 여러분은 이왕에 갈 바에는 잘 가야 합니다. 4월까지는 잘못 갔다 하더라도 5월부터는 잘 가야 합니다. 힘차게 가야합니다. 선생님에게 지지 않게끔 갈수 있는 여러분이 되기를 바랍니다. 내가 언젠가 이야기했지만 누구에게 나의 사명을 맡기고 내가 죽을 수 있겠는가 하고 생각할 때가 많습니다. 내가 사랑하던 하나님을 누가 사랑할까하는 것입니다. 여러분만은 꼭 이것을 해내야 합니다. 여러분이 그렇게 한다면 절대로 망하지 않을 것입니다. 그와 같은 정신을 가지고 사는 사람들은 이 역사상에서 누구보다도 하나님의 축복을 더 많이 받을 것이고, 통일교회를 정통적으로 계승해 나갈 것입니다.

천성경 1447 가정천국은 남자와 여자가 완전히 하나 되어야 이루어지고, 개인천국은 몸과 마음이 완전히 하나 되어야 이루어집니다. 가정천국은 하나님의 뜻을 중심으로 부부가 하나 되어야 하고 자녀와 하나 되어야 합니다. 그 뜻의 목적은 만민을 위하는 것입니다. 그리고 그 뜻의 중심은 하나님입니다. 그래서 하나님을 중심삼고 만민을 위하는 데서 가정천국이 연결되는 것입니다. 하나님만 위해야 하는 것이 아니고 하나님을 중심삼고 만민을 위해야 합니다. 하나님은 그런 가정을 찾으려고 하는 것입니다. 세계가 복귀될 때까지 그런 가정을 찾아 세우지 않으면 만민을 구할 수 없고, 만국을 구할 수 없고, 만 가정을 구할 수 없기 때문에 그런 가정을 만들기 위해 축복가정을 세운 것을 여러분은 알아야 되겠습니다. (100－310, 1998.10.22)

4) 부부중생과 가정완성

참부모님으로 부터 축복으로 재창조함을 받은 축복가정은 아무리 참부모님 가정을 닮아 하나님 앞에 돌아가고자 몸부림을 쳐도 온전히 사탄분별을 하지 못하고 부부완성도 하지 못하고 있는 것이 현실이다. 그런데 천성경 p236(축복가정의 삼대주체사상)에 말씀을 보면 참형제에게 연결된 다음에 또 다시 부부가 재창조 역사를 해보니 부부의 완성이 가능하다는 것이다. 이것은 내 가정이 종적 횡적타락에 대한 종적 횡적 구세주에 의하여 거듭 나야 한다는 말씀이 아닌가? 다시 말하면 축복가정이 참부모님 앞에 참자녀로 접붙이고 또 다시 참형제에게 접붙임을 받아 참형제가 되야 만이 참부부가 될 수 있고 그래야 비로소 하나님 앞에 참자녀로 공인 받을 수 있다는 것을 가르쳐 주고 계신다.

천성경 1249 "나 축복받았으면 됐지! 가만히 있어도 천국이지." 그렇게 앉아 있다간 박살납니다. 축복받은 것이 완성 단계가 아닙니다. 여러분, 7년노정을 배웠지요? 이러한 복잡한 내용을 알아 가지고 맞추어 주는 사람이 없기 때문에 전능하신 하나님도 할 수 없이 끌려나오는 것입니다. 여러분이 축복받을 때, "우리는 하나님의 원리원칙에 따라서 축복받았다. 오늘부터 하나됐다." 고 하는데 하나예요? 또다시 부부가 재창조해야 합니다.
(68－148, 1973. 7. 29)

천성경 1249 서로서로 재창조해야 합니다. 원한의 부부의 구렁텅이를 메워야 할 길이 남은 것을 통일교회 축복받은 패들이 잊어버렸다면 망하는 것입니다. 내가 암만 안 망한다고 해도 망하게 돼 있습니다. 두 부부는 하나님이 원하는 이상적 복귀 완성의 부부를 향하여 또다시 재창조의 과정을 거쳐야 되는 것입니다. 그래서 통일교회에서 말하기를 개인복귀 완성, 그 다음에 가정복귀 완성을 말하는 것입니다. (68－148, 1973. 7. 29)

천성경 2130 가정에서 편안히 사는 사람들은 멍청이입니다. 가정천국 울타리 안에서밖에 머무르지를 못합니다. 그래서 대표적 가정이 되고 중심적 가정이 되야 된다 이겁니다. 그래서 효자 충신 성인 성자의 도리는 내가 갈 길이다 이겁니다. 천성적으로 내가 필연적으로 가야할 길이라는 것입니다.

선생님은 일생동안 자나 깨나 뜻이라는 초점을 잃어버린 적이 없습니다. 선생님이 승리한 무엇이 있기 때문에 종족적 메시아의 책임을 못해도 국가적 메시아의 책임을 해서 자기들의 잘못된 것을 청산하라고 내세운 겁니다. 거기서 효자가 되어야 되고 충신이 되어야 됩니다. 세계국가를 사랑하는 마음으로 형제들을 위해서 기도하고 그래야 됩니다. 이래야 부모님을 따라 성자의 지위를 가지고 하나님 앞에 어전(御殿)에 나타날 수 있는 것입니다.

(283－77, 1997. 4. 8)

천성경 1137 혈통을 전환하는 것은 메시아가 할는지 모르나, 전환하도록 행동하는 것은 자기 자신이 아니면 안 됩니다. 이러한 기준이 이룩되지 않는 한 우리는 구원의 길에 이르지 못합니다. 그것은 결코 쉽게 이루어지지 않고 죽느냐 사느냐의 경지를 통과해야 합니다. 40일 단식기도라든가 피를 토하는 죽음의 경지에 가야 혈통 전환이 가능합니다. (1970. 10. 13 한국 중앙수련소)

－축복가정의 책임분담－

뜻길 347 선생님은 축복가정들을 두고 눈물을 흘리며 기도할 때가 많다. 왜? 내가 축복해주고 내가 짤라야 하기 때문이다. 선생님은 하늘 앞에 면목이 없다. 오늘날까지 이끌고 나온 것은 어느 기간에 하나님 앞에 공인시키기 위함이었다.

천성경 246 참부모 앞에 참자녀로 서기 위해서는 자녀의 개인적인 복귀노정이 있는 것이요, 자녀의 가정적인 복귀노정이 있는 것이요, 자녀의 종족적인 복귀노정이 있는 것이요, 자녀의 민족적인 복귀노정이 있는 것이요, 자녀의 국가적인 복귀노정이 있는 것입니다. 부모의 개인, 가정, 종족, 민족, 국가적인 복귀노정과 자녀의 개인, 가정, 종족, 민족, 국가적인 복귀노정을 완결하여, 부모와 자녀가 일체되어 승리했다는 기준을 세워 놓고서야 비로소 민족복귀를 종결 짓고 세계적인 무대를 향해 새로이 출발할 수 있는 것입니다. 그러면 통일교회의 사명은 무엇이며 여기에 입교한 여러분은 어떤 입장에 있느냐? 선생님을 중심한 이 통일교회에 불려온 여러분은 서러운 6천년 종적역사를 횡적으로, 실체적으로 전개해야 하는 입장에 있는 것입니다. (13－288, 1964. 4. 12)

**천성경** 247 참부모에게는 이 민족을 넘어 세계적인 십자가를 지고 가야 할 책임이 있습니다. 그러므로 민족적인 십자가는 지방에 널려있는 참자녀의 입장에 있는 축복가정들이 지고가야 된다는 것입니다. 축복가정 전체가 하나의 종족적인 발판, 민족적인 발판이 되어야만 하늘의 역사는 이민족을 중심삼고 승리의 고개를 넘어갈 수 있다는 것입니다. (13－288, 1964. 4. 12)

개천일 p35 통일교회가 지금까지 얼마나 천대받았어요? 그랬지요? 이래 가지고 올라가는 겁니다. 이 단계에 올라갈 때는 반드시 탕감이 있어야 됩니다. 그래, 탕감길을 갔어요, 안 갔어요? 개인 탕감길을 갔어요, 안 갔어요? 모르지요? 사탄과 결투해 가지고 하나님 공판에 의한 승패의 결정을 했어요? 했어요, 안 했어요? 못 했으면 가정은 전부 다 탕감노정을 못 갑니다. 가정 탕감노정을 못 간 것이 종족 탕감노정을 갈 수 있어요? 어림도 없다는 것입니다. 종족 탕감노정을 못 갔는데 민족 탕감노정을 갈 수 있고, 민족 탕감노정을 못 갔는데 국가 탕감노정을 갈 수 있고, 국가 탕감 노정을 못 갔는데 세계 탕감노정을 갈 수 있고, 세계 탕감노정을 못 갔는데 천주 탕감노정의 길을 갈 수 있어요? 똑똑히 알아야 되겠습니다.

천성경 2084 가정에서 남자나 여자나 형제나 모두가 원하는 것은 효자효녀가 되어야 된다하는 것입니다. 그것은 사랑을 중심삼고 한 몸이 되어야 된다는 것입니다. 가정을 하나 만들기 위해서는 효자가 필요합니다. 나라도 마찬가지입니다. 나라의 아버지하고 어머니, 왕과 왕후, 아들딸을 중심삼고 상대적 세계의 부처, 형제끼리 상하 좌우 전후가 맞아야 됩니다. 전후가 없으면 부모와 자식이 관계를 맺을 수 없습니다. 그러니까 상하 좌우 전후입니다. 형제가 절대 필요합니다. 결혼은 형제로부터 엮어 나가는 것입니다.
(286－268, 1997. 8. 13)

－축복가정의 영적중생－

천성경 1238 성신이 임함으로써 영적인 아기로서 재생할 수 있는 영적중생(靈的重生)의 역사가 벌어진다는 것입니다. 여러분, 그런 체험 있습니까? 그런 체험이 없는 한 아직 사탄세계의 아들딸이라는 것입니다. 아직까지 사탄의 참소를 받을 수 있는 사람이라는 것을 여러분은 알아야 됩니다. 그런 사람은 천당에 못 갑니다. 지옥에 가야 하는 것입니다. (114－27, 1981. 5. 14)

천성경 1239 하나님의 심정은 어디서 연결되느냐? 이론으로 연결되지 않습니다. 핏줄을 통해서만이 연결되는 겁니다. 여러분은 하나님의 심정의 핏줄을 받았습니다. 지금까지는 몰랐다는 겁니다. 그래서 여러분이 축복받기 전에 혈통전환식이 있는 겁니다. 그때는 내가 아무것도 없다는 무의 경지에 들어가야 됩니다. 내 몸뚱이는 없다 하는 자리에 서 가지고 부모님의 혈육에 다시 이어받는 결착점이 나로부터 시작된다는 신념을 가져야 합니다.

(180－159, 1988. 8. 22)

하뜻 610 새 역사의 창조는 메시아가 혼자서 하는 것이 아니라 소메시아들과 같이 하는 것입니다. 이제 수천만의 소메시아가 쏟아져 나올 것입니다. 여러분도 한번 동참해 보겠습니까? 희망찬 통일의 앞날이 동터오고 있다는 사실을 여러분이 알아야 합니다.

하뜻 609 그래서 여러분은 가정교회를 통해 제2의 하나님이 되어야 하겠습니다.

5) 자녀중생과 천민

뜻길 352 하나님의 구원섭리의 목적은 아버지 앞에 양자 아닌 직계의 아들을 찾아 세우는 것이고 그 수속이 어린양잔치(祝福)이다.

뜻길 354 축복가정은 제2메시아 사명을 해야 되는데, 오히려 짐이 돼서는 안된다. 사명을 못 하면 축복이 화가 된다.

천성경 250 여러분이 참부모의 심정적인 내용을 얼마나 알고 있습니까? 또, 혈통 문제, 인격 문제, 말씀의 문제, 생활의 문제, 그리고 국가관, 세계관, 천주관이 참부모와 얼마나 하나 되어 있습니까? 이것은 여러분이 진정한 의미에서 하나님의 참아들 딸이 될 수 있느냐 하는 문제를 결정짓는 모체가 되는 것입니다. 여러분 자체만 가지고는 불안하기 때문에 어떻게 여러분을 참부모와 연결시키느냐 하는 것이 문제입니다. 근원이 없으면 안 됩니다. 즉, 그 핵심이 없어 가지고는 안 된다는 것입니다. (28−247, 1970. 1. 22)

천성경 551 세 번째는 사랑의 상대권의 영원성을 유지하기 위함입니다. 하나님의 상대되는 것은 아담과 해와 뿐이 아니라는 것입니다. 아담과 해와가 상대의 위치에 섬과 동시에 그 자녀들도 상대의 위치에 서게 되는 것입니다. 그러니까 하나님의 상대 위치를 영속적으로 보존시키기 위해 인간을 창조했던 것입니다.
(222−338.1991. 11. 7)

천성경 2156 그렇다면 사위기대가 뭐냐? 완성한 아담과 완성한 해와가 하나님의 사랑 가운데 축복을 받아 가지고, 그분의 아들딸이 됨과 동시에 하나님이 원하는 가정을 이루기 위해서는 자녀가 있어야 되기 때문에 자녀를 완성시키는 것입니다. (80−268, 1975. 11. 2)

뜻길 348 "우리는 천민(天民)이다." 선민(選民)은 하나님을 완전히 지니지 못한 백성이요, 천민은 하나님을 완전히 지닌 백성이다. 우리는 천민이기에 죽어도 사탄이 가져가지 못한다.

뜻길 349 참부모는 세계를 주고도 바꿀 수 없고, 참자녀는 만민을 주고도 바꿀 수 없는 가치(價値)이다.

−황족권과 천국−

천성경 1550 하늘나라에 들어갈 수 있는 사람들은 하나님의 사랑의 직계 자녀로서 하늘나라의 왕손으로서, 하나님 앞에 왕자 왕녀의 문을 거쳐야 되는 것입니다. 천국은 어디냐? 왕손으로서 황족으로서, 가는 곳입니다. 이 땅위에 모범적인 형제지우애(兄弟之友愛)

의 직계 자녀와 방계적 자녀가 되어 모범적인 하나의 일족과 국가를 형성한 자리에서 황족의 명예를 가지고 살다가 그냥 그대로 이동해 가는 곳이 천국입니다. (236-204, 1992. 11. 8)

천성경 1551 하늘과 땅의 나라가 사랑으로써 일체화되어야 합니다. 이렇게 황족권만 이루게 된다면 영계나 지상에 가도 모든 중심이 되는 것입니다. 그렇기 때문에 어디에서나 일체가 이루어지는 것입니다. 그걸 말하는 것입니다. 천상천국 지상천국 사랑일체화입니다. 사랑으로써 비로소 황족을 중심삼고 모든 전부가 하나되는 것입니다. 세계의 모든 민족이 하나되고 하늘의 모든 족속이 하나된다는 것입니다. (232-326, 1992. 7. 10)

천성경 2160 사위기대를 어디서 이루어야 되느냐? 이 지상에서 이루어야 합니다. 어느 때 이루어야 되느냐? 자기가 죽기 전에 이루어야 합니다. 그것을 이루지 않고는 국가를 맞이할 수 있는 국민이 되지 못하는 것이요, 세계를 맞이할 수 있는 인류가 되지 못하는 것이요, 하나님의 뜻이 이루어지면 천국세계를 맞이할 수 있는 천민(天民)이 되지 못하는 것입니다. (45-62, 1971. 6. 13)

## 제4절 뜻의 삼대 상호완성

### 1) 하나님의 창조목적은 인간을 통해서 완성된다

창 1/28 하나님이 그들에게 복을 주시며 하나님이 그들에게 이르시되 생육하고 번성하여 땅에 충만하라, 땅을 정복하라, 바다의 물고기

와 하늘의 새와 땅에 움직이는 모든 생물을 다스리라 하시니라

**천성경** 2156 하나님의 뜻은 창조이상을 완성함으로써 이루어지는 것입니다. 그러면 하나님의 창조이상이 무엇이냐? 물론 만물을 짓는 것이 하나님의 창조이상이기도 하겠지만 아담과 해와를 중심삼고 창조이상을 이루려 했다는 것입니다. 하나님의 창조이상 완성 뜻의 완성은 무엇이냐? 하나님을 중심삼고 하나님의 사랑을 중심삼고 사위기대를 완성함으로 말미암아 창조이상도 완성되고 뜻도 완성되는 것입니다. 다시 말해서 하나님의 뜻을 완성한다는 말은 언제나 하나님의 사랑을 중심삼고 사위기대적 사랑기반을 내포하고 있다는 사실을 여러분은 확실히 알아야 된다는 것입니다.

(102－174, 1978. 12. 24)

**천성경** 1590 하나님은 창조주이기 때문에 그런 것들은 언제든지 만들 수 있고, 가질 수 있습니다. 그러나 사랑이라는 것은 혼자서는 못 갖습니다. 사랑은 반드시 상대를 통해서 나타나고 이루어지게 되어 있지, 혼자서는 하나님이라도 못 이룬다는 것입니다.

(272－275, 1995. 10. 8)

하나님이 천지를 누구를 위해 지었느냐? 하나님을 위해 지은 것이 아닙니다. 사랑의 대상을 위해서입니다. 그러면 하나님의 사랑의 대상이 누구입니까? 만물지중(萬物之衆)에 유인(惟人)이 최귀(最貴)라 했습니다. 사람만이 하나님의 사랑의 대상으로 지어졌다는 것입니다. 사랑의 본질적 내용을 분석해 볼 때 속성에는 상속권이 있고, 동참권이 있기 때문에 사랑에 접하면 아무리 높은 하나님, 아무리 위대한 하나님, 아무리 우주적인 하나님이라고 해도 사랑

에 놀아나는 것입니다. (179－148, 1988. 8. 1)

천성경 1646 우주는 사랑에서 시작했습니다. 그거 무슨 사랑이에요? 종적인 사랑과 횡적인 사랑입니다. 그리고 전후의 사랑입니다. 그것은 구형의 사랑을 말하는 것입니다. 상하, 좌우, 전후를 연결하는 중심은 가정입니다. 하나님한테 "하나님 어디계시오?" 하면 "사랑의 중심에 있다." 하는 것입니다. "사랑의 중심이 어디요?" 하면 "사랑의 정착지다." 하는 것입니다. "사랑의 정착지가 어디요?" 하면 "생식기다!" 하는 것입니다. (279－48, 1996. 6. 9)

천성경 2274 참된 나와 참된 가정을 찾아야 됩니다. 가정하게 되면 3대를 말합니다. 할아버지하고 부모하고 부부하고 자녀입니다. 이것을 확대한 것이 세계입니다. 그렇기 때문에 어떤 사람이든지 필요한 것이 뭐냐? 부모, 처자(부부), 형제, 자녀입니다. 공식이에요, 이것. 그렇게 사랑 못한 사람은 천국 못갑니다. 우리 가정맹세에 나오는 4대심정과 3대왕권 황족권을 체휼 못하면 천국 못 가게 되어 있습니다. (272－212, 1995. 8. 30)

### 2) 참사랑 완성은 무엇으로 가능한가

천성경 1640 남자의 완성, 여자의 완성, 하나님까지 완성시킬 수 있는 그 본고장이 어디냐? 어디에서 하나님의 사랑을 완성시킬 수 있고 어디에서 남자와 여자를 완성시킬 수 있느냐? 그 중심 정착지가 어디냐? 이게 문제입니다. 이걸 모르면 지상에 사랑의 이상천국을 확장 확대할 수 없습니다. 그게 눈이요, 코요, 손이요, 발이요, 어디요? 오목 볼록입니다. (261－167, 1994. 6. 9)

천성경 1591 인간의 완성은 어디에 있느냐? 남자면 남자 자체로 완성할 길이 없고, 여자면 여자 자체로 완성할 길이 없습니다. 그것은 전부 다 반제품이기 때문입니다. 그러므로 남자와 여자가 완전히 하나 된 사랑을 중심삼고만이 완성된다는 것입니다. 아담이 완성하는 데는 누가 절대 필요하겠습니까? 하나님이 절대 필요한데, 하나님은 종적으로 절대 필요합니다. 아담이 완성되려면 종횡의 인연을 가져야 합니다. 종횡의 사랑의 인연을 갖지 않으면 회전운동, 구형운동이 불가능합니다. 그렇기 때문에 횡적으로 아담에게 절대 필요한 것은 해와입니다. 마찬가지로 해와에게도 절대 필요한 것이 아담입니다. (145－319, 1986. 6. 1)

**－생식기는 섭리의 근본문제요 해결점의 출발점과 종착점－**

천성경 1635 여러분 마음대로 궁둥이 더럽히면 안돼! 여자의 것은 누가 주인이라구요? 웃지 말라구! 우주의 근본을 밝히는데... 그런가 안 그런가 생각해 보라구요. 내가 이것을 알기 위해서 얼마나 뼛골이 녹아났는지 알아요? 말은 간단합니다. 그렇지만 내용은 얼마나 엄청난지 알아요? 천하가 갈라지고, 세계가 둘로 갈라지고, 악한 사람, 선한 사람이 여기서 갈라지는 것입니다.

(177－219, 1988. 5. 20)

천성경 1636 사랑의 왕궁이 어디예요? 이런 얘기 한다고 이상하게 생각하면 안 됩니다. 그걸 바로잡지 못하면 세상이 다 틀어집니다. 아귀가 안 맞으면 온 천하에 요사스러움이 벌어집니다. 문 총재가 지금까지 고심해 우주의 근본을 파헤치다 보니 딱 도착한 곳이 생식기였습니다. 생식기에 도착해서 가만히 생각해 보니까 천지의 조화가 여기에서 소용돌이 치더라 이겁니다. 놀라운 사실입니다.
(197−24, 1990. 1. 7)

천성경 1636 선생님이 모든 복잡한 세계의 진리를 탐구했지요? 다 알려고 하니 하나님이 전부 허락해 주었습니다. 그렇게 고생하고 고생하고 나오다 보니, 앉아 있는 그 자리에 내가 품고 있고 아는 것이더라 이겁니다. 그러니 물론 놀랍고 감사했지만 허무하기 짝이 없었습니다. (295−15, 1998. 8. 16)

천성경 1636 지금까지 인간이 고민한 근본문제가 이렇게 간단하고 이렇게 쉬운 줄 내가 정말 몰랐습니다. 지지리 고생했습니다. 세상에 이렇게 된 것을 모르고 내가 울고 불고, 영계에 들어가서 똥싸개까지 뒤지고, 별의별 짓을 다 했습니다. 그런데 알고 보니 내가 다 갖고 있었습니다. "아, 이것을 몰랐구나!" 했습니다. 내게 다 있습니다. 우주가 다 내 안에 있습니다. 우주가 다 내게 들어와 있습니다.
(199−314, 1990. 2. 21)

천성경 1636 선생님이 우주의 근본이 무엇이냐 하는 문제를 놓고 9년 동안이나 몸부림쳐가지고 해결했습니다. 알고 보니 간단한 이치였습니다. "야, 요렇게 간단한 걸 몰랐구나. 다 갖고 있었는데 몰랐구나." 이랬습니다. 그렇잖아요? 산삼 캐는 할아버지들이 태백산 같은 깊은 산중에 들어가 산삼을 캐려고 돌아다니는데, 아 이거 아침에 나와서 오줌 싸고 쉬던 자리, 깔고 앉았던 자리가 삼밭이 었다 이겁니다. 그걸 몰랐습니다. 돌아오다가 출발할 때 오줌 싸고 담배꽁초 버린 곳에 가서 다시 그거 주워서 피우겠다고 가

보니 아이쿠 삼발이라는 것입니다. 그럴 수가 있다는 것입니다. 그럴 때는 담배꽁초 찾아 피우는 것도 행복이니라! 그럴 수 있다는 것입니다. (196－130, 1989. 12. 31)

천성경 1639 남자와 여자가 왜 생겨났어요? 남자와 여자가 다른 게 뭐예요? 남자와 여자가 어떻게 하나돼요? 남자와 여자가 무엇을 중심삼고 하나되는 거예요? 생식기를 중심삼고 하나되는 것입니다. 이게 조화통입니다. 이 자리에서 사랑의 완성이 벌어집니다. 참사랑이 처음으로 완성되는 것입니다. 그 다음에, 남자와 여자의 생명이 하나되는 곳도 그 자리입니다. 남자와 여자의 핏줄이 교류해 심어지는 곳도 그 자리입니다. 그 자리가 이상적 사랑의 본궁이요, 혈통의 본궁이라는 것입니다. 절대적인 본연의 곳을 본궁이라 하는데, 누구도 그 가치를 바꿀 수 없습니다. (228－51, 1992. 3. 3)

천성경 1639 아담과 해와의 생식기 그 자리가 위대하다는 것입니다. 그렇기 때문에 그 생식기는 사랑의 본궁이라고 합니다. 놀라운 말입니다. 천지창조의 전체, 하나님까지 완성시켜서 안식시킬 수 있는 왕궁인데, 그것이 본궁입니다. 하늘나라도 첫째가 아니요, 지상나라도 첫째가 아닙니다. 가정에서부터 시작하는 것입니다. 이게 본궁입니다. 놀라운 말입니다. 그 자리는 또 참사랑을 중심삼은 본궁이지만, 참생명을 중심삼은 본궁이기도 합니다. 그 다음에는 혈통을 중심삼은 본궁이고, 지상천국의 출발지요, 천상천국의 출발지라는 것입니다. (264－347, 1994. 10. 27)

천성경 1640 남자의 완성, 여자의 완성, 하나님까지 완성시킬 수 있는 그 본고장이 어디냐? 어디에서 하나님의 사랑을 완성시킬 수 있고 어디에서 남자와 여자를 완성시킬 수 있느냐? 그 중심 정착지가 어디냐? 이게 문제입니다. 이걸 모르면 지상에 사랑의 이상천국을 확장 확대할 수 없습니다. 그게 눈이오, 코요, 손이오, 발이오, 어디요? 오목 볼록입니다. (261－167, 1994. 6. 9)

천성경 1640 사랑의 본궁이 생식기요, 생명의 본궁이 생식기요, 혈통의 본궁이 생식기입니다. 하나님이 최고로 찾고 있던 참된 사랑의 기원지이며 정착지는 남자와 여자의 생식기입니다. 거기서부터 남녀의 생명이 결탁하는 것입니다. 거기서 부터 피가 엮어져 역사성을 지닌 인류라는 이 모든 혈족이 관계되어 있는 것입니다. 그렇기 때문에 가장 귀한 것입니다. (212－297, 1991. 1. 8)

천성경 1544 하나님이 절대적이라면 나도 절대적인 자리를 원해야 됩니다. 하나님이 불변이라면 나도 불변이어야 됩니다. 하나님이 유일이라면 나도 유일이어야 됩니다. 하나님이 영원이라면 나도 영원이어야 합니다. 이러한 관점에서 인간의 영생은 불가피적이요, 그것은 결과적인 귀일점이 아닐 수 없다는 결론을 당당히 내릴 수 있다고 보는 것입니다.

아무리 하나님이 사랑이 있다 하더라도 내가 사랑이 없고, 아무리 하나님에게 생명이 있다 하더라도 내게 생명이 없고, 아무리 하나님에게 이상이 있다 하더라도 우리 인간에게 이상이 없다면 모든 것이 허사라는 것입니다. 4대 심정권과 3대 왕권을 잃어버렸으니, 이것을 찾아야 됩니다. 그것을 이루기 위해서는 절대복종과 절대순종과 절대희생을 중심삼고 순응하고, 무슨 일을 시켜도 다 하겠다고 해야 됩니다. 그렇게 하고 난 후에야 부모가 사탄세계에서부터 여기로 오는 것입니다. 그러니까 사탄세계의 남자는 천사장이 니 잘라 버려야 되는 것입니다. 그러면 여기서 올라가는 것입니다. (235－293, 1992. 10. 25)

선생님은 지금까지 선생님의 말을 절대복종하라고 하지 않았습니다. 우리는 역사적인 노정을 순응해 나가야 됩니다. 역사적인 노정이 뭐냐 하면 하나님을 위한 섭리적인 역사노정입니다. 지금까지 여러분에게 복귀섭리노정을 통일교회 문 선생을 위해서 가르쳐 준 것이 아닙니다. 그러므로 선생님도 가는 것입니다. 주체 될 수 있는 하나님의 목적을 향하여, 상대될 수 있는 인류의 목적을 향하여 가는 것입니다. 그 목적을 한 점으로 결말 못 지었기 때문에 이것을 결말지어 주자는 것이 오늘날 이 시대 통일교회가 주장하는 통일원리요, 통일사상이다 하는 것을 알아야 되겠습니다. (71－64, 1974. 4. 28)

### 3) 참가정의 모델

**축복** 240 성혼 축복을 받는다는 것은 두려운 일입니다. 섭리적으로 볼 때 하나님의 중심적 사상은 아담 해와의 가정으로부터 출발합니다. 하나님은 그것을 모델로 똑같은 가정을 만들려고 하셨습니다. 일정한 모형을 만들어 가지고 재료를 투입시키면 일시에 몇천 몇만개가 나옵니다. 선생님은 그 모형을 만들기 위해 지금까지 고생해 왔습니다. 그 모형이 부숴지면 아무것도 되지 않습니다. 하나님의 섭리의 중심사상은 메시아의 가정, 복귀한 아담 해와의 가정, 타락권을 승리한 가정을 만드는 것입니다. 그러므로 인간의 중심사상은 타락권을 넘어 승리권에 있는 하나님과 함께 사랑을 중심으로 한 가정을 이루는 데 두어야 하는 것입니다.

(1978. 9. 22 일본 가미가와)

축복 241 아담가정의 완성은 가정적 완성의 출발이며 종족, 민족, 국가 모두의 시작이며 천국의 기점인 것입니다. 여러분들은 가정을 중심으로 하여 종족권의 사명을 다 하느냐 못하느냐 민족권의 사명을 다하느냐 못하느냐 하는 기로에 서 있습니다. 선생님은 세계적인 사명을 갖고 있으나 중심점은 여러분과 똑같습니다.

(1978. 9. 22 일본 가미가와)

축복 499 통일교회가 가는 길에 있어서 개인적인 십자가를 선생님이 지고 나오고 있습니다. 가정적인 십자가의 길까지도 선생님이 지고 나왔습니다. 여러분은 그 내용을 모릅니다. 이것을 알려면 원리를 자세히 알아야 하고, 기도를 못해도 십년 이상은 해야 합니다. 부모가 고생한 내용을 말하지 않으면 자식은 모릅니다. 부모가 말할 수 없는 그런 사연이 깃들어 있습니다. 이런 선생님 가정을 중심삼고 통일교회 축복가정들이 종족이 되어, 이 땅 위의 모든 민족을 복귀해야 하는 사명을 지고 있습니다. 이렇게 자꾸 커 가는 것입니다. (1969. 9. 14 전 본부교회)

하뜻 701 타락된 세계를 바라보시는 하나님은 전체를 복귀하시기전에 우선 하나의 모델을 만드십니다. 대량 생산을 할 때 틀을 만드는 것과 같습니다. 개인을 복귀할 때는 개인의 틀을, 가정을 복귀할 때는 가정의 틀을, 종족을 복귀할 때는 종족의 틀을, 민족을 복귀할 때는 민족의 틀을, 국가를 복귀할 때는 국가의 틀을 만들어야 합니다. 그래서 역사를 통해서 완전한 개인의 틀을 만들려면 창조 원리에 의한 소생, 장성, 완성이라는 세 단계를 거쳐야 합니다.

### 4) 참부모는 참자녀를 통해서 완성한다

하뜻 593 내가 전체적인 탕감복귀의 조건을 대표적으로 세웠기 때문에 여러분은 거기에 접붙여야 되는 것입니다. 선생님을 타고 넘어가야 됩니다. 여러분이 선생님과 하나되기 위해서는 여러분 가정이 먼저 하나되어야 합니다. 부부가 하나되고, 부모와 자식들이 하나되어야 합니다. 그렇게 되어서 가정적으로 접붙여야 됩니다.

하뜻 596 선생님은 지금까지 처량한 일생을 거쳐 왔지만 감사할 일이 가면 갈수록 많아지는 것을 알고 있습니다. 그것이 어디서부터 생기느냐? 가정에서부터 생기는 것입니다. 그래서 선생님이 여러분에게 상속해 줄 것이 무엇이냐 하면 가정적 승리권입니다. 그런 상속을 받을 수 있는 가정은 어떤 가정이냐? 세계를 대표한 가정, 메시아적 사명을 하는 가정입니다. 여러분의 가정은 세계를 대표한 가정으로서 모든 것을 안고 출수 있는 치다꺼리할 수 있어야 합니다. 그리고 세계 만민을 왕래시킬 수 있는 중심 가정이 되어야 합니다. 오색 인종이 그 가정을 파고 들어가려고 하고 그 가정과 관계 맺고 싶도록 해야 합니다. 그런 중심 가정이 되면 만인이 그 가정을 통하게 될 것입니다. 천국도 참다운 중심 가정, 핵심 가정이 없으면 이루어지지 않는다는 것입니다.

하뜻 599 가인 아벨이 하나됨으로 부모가 구원 받는다

하뜻 600 아담 해와도 가인 아벨을 통해서 복귀된다고 하지 않았습니까?

개천일 (p62) 가인 아벨 복귀를 왜 해야 되느냐 하면 부모님이 설자리를 찾기 위해서입니다. 그 문제가 복귀시대를 중심삼고 그렇게 찾아 나온 것입니다. 세계적으로 종적으로 찾아 나온 것이 횡적으로 전개될 그런 때가 오면 아담국가 해와국가 그 다음에는 가인국가 아벨국가 형이 나오는 것입니다.

개천일 (p64) 가인 아벨 원리는 공식이에요. 공식인데 왜 아벨이 가인을 굴복시키지 않으면 안 되느냐? 이건 절대적입니다. 이걸 안하고는 부모가 돌아올 길이 없습니다.

개천일 (p86) 가인 아벨이 하나 안 돼 가지고는 부모가 설자리가 없다는 것을 알아야 됩니다. 그렇기 때문에 하나님이 죽은 하나님 놀음을 했고 메시아가 죽은 메시아 놀음을 해오는 것입니다. 그러니 지금 여러분이 돌아간 다음에는 종족복귀를 해야 됩니다. 이미 축복받은 가정은 남자, 여자, 자녀들과 완전히 하나돼야 됩니다. 여러분의 아들딸들이 마음대로 하거든 목덜미를 들이 잡아 가지고 공부시켜야 됩니다. 부모의 말을 안 들으면 추방해 버려야 된다구요. (천2093)

개천일 (p87) 사탄세계와 같이 자식들 앞에 전부 다 규탄 받는 어미 아비가 안 되게끔 해야 됩니다. 가정이 사위기대 기반이 돼야만 거기에 부모님이 임재하지요? 가정기반이라는 것은 에덴동산에 아담 해와 중심삼고 가인 아벨이, 아담 해와도 잘못했지만 가인 아벨이 잘못함으로 전부 깨져 나갔으니만큼 부모가 하나돼 가지고 자녀와 합해서 사위기대를 이뤄야 됩니다. 이것이 가정 아니에요? 그 기반이 하나된 기반 위에 서야만 하늘나라의 가정적 심정권이 이루어지기 때문에 사탄이 침범 못해요. 이게 공식입니다.

개천일 (p89) 충성을 다한 어버이 앞에 불효자식이 자세를 갖추어서 아버지라고 말할 수 없는 것이 천리의 도리입니다. 선생님이 종적인 길을 닦아 나왔으면 여러분은 종적인 기준에 비례되는 횡적 노정을 따라서 다리를 놓아 줘야 됩니다. 나무 조각 하나 가지고 다리를 놓는데, 내가 여기 있을 때 들어서 저기 갖다 놓는데 지나가던 아들도 그 다리 놓는 데는 혜택 받을 수 있는 이 시대에 들어 왔다구요. 종적인 세계는 그것이 안 됩니다. 밑창에서부터 혼자 들어와야 됩니다. 누가 도와줘 가지고는 종적 기준이 무너져요. 만년 고독단신입니다. 의논도 못 해요. 아내라고 의논할 수 없다는 것입니다. 자식이라고 의논할 수 없는 것입니다. 그래서 내게는 친구도 없어요. 그런 걸 똑똑히 알아야 되겠습니다.

개천일 (p90) 그래 가지고 뭘 하자는 거냐? 여러분의 일족을 전부 다 하늘 편에 세워나가는 것입니다. 여러분의 일족권 내에 있어서 종족을 중심삼아 가지고 부모님을 모신 해방의 잔치를 해야 된다구요. 이번에 내가 잔치하라고 돈 줬지요? 그게 소생잔치예요. 장성잔치, 완성잔치 때는 남북통일과 더불어 여러분의 일족의 해방 잔치를 해야 됩니다. 그러지 않고는 남북 국가 해방권 내에 못 들어갑니다.

개천일 (p91) 이래 놓고 한국과 아시아나라 나라를 중심삼고 하나되는, 해방되는 잔치를 하지 않고는 아시아 중심국가로 못 나갑니다. 가인 아벨 기준을 닦지 않고는 하늘나라에 갈 길이 없습니다.

축복 500 축복가정은 복귀노정에서 누구보다도 선두에 서서 탕감의 길을 가야 합니다. 그 길은 자기적인 탕감조건보다는 국가와 민족이 세워야 할 탕감조건을 등에 지고 가는 길이기 때문에, 후손 앞에 자랑스러운 조상이 되는 것입니다. 하나님의 나라를 세울 때까지는 축복가정이 선두에 서서 지상의 안식과 더불어 영원한 영계의 안식의 기준을 만들어야 합니다. 그러한 전통이 세워진다면 축복가정은 관심의 표적이 될 것입니다. (1972. 5. 7 일본 동경교회)

축복 501 축복받은 우리들은 무엇을 해야 되느냐? 예수님이 이 땅 위에서 이루지 못한 일들을 이루어야 합니다. 그런 자리를 넘어서지 못하면 하나님의 아들이 될 수 없습니다. 예수님은 책임을 다하지 못하고 죽음으로 말미암아 하나님의 아들이 되었지만, 우리는 살아서 하나님의 아들이 될 수 있다는 것입니다. 그렇게 되면 예수님보다 우리가 낫다는 결론이 나옵니다. 그렇지 않아요?
(1967. 12. 31 전 본부교회)

하뜻 569 개인시대로부터 가정시대, 종족시대, 민족시대, 국가시대, 세계시대로 발전된 것은 6천년을 통해서 이루어 졌는데, 이것은 한꺼번에 일대에 이루어야 할 일이지 오랜 역사를 통해서 이룰 일이 아닙니다. 원리적으로 보면 아담 해와의 당대에서 완성할 일이지 몇천년을 두고 완성할 일이 아닙니다.

하뜻 570 그러한 심정적 상속을 통해서 역사적인 기반을 닦아 나왔는데, 메시아는 그와 같은 기반을 한 시대, 즉 일대에 완성해야 합니다. 그러한 책임을 지고 핵심적인 내용을 실현해야 하기 때문에 세계적인 기독교권 가운데 메시아가 와서 기독교를 중심삼고 세계를 연결시키려고 하는 것입니다. 그것도 종적으로 연결시키고 횡적으로 연결 시켜야 됩니다. 이렇게 연결시키게 되면 사방으로 통하는 것입니다. 이와 같은 일을 세계적으로 확대하여 역사적인 전체 기반을 닦기 위해 오시는 분이 메시아입니다. 메시아는 개인으로 오시지만 세계기독교를 대표하여 오시는 것입니다. 세계의 기독교를 대표함과 동시에 세계의 기독교 국가를 대표하여 오시는 분이라는 것을 알아야 합니다.

### 5) 신인일체권은 어디에서 이루어지는가

**천성경** 1658 선생님이 근본 문제를 추구할 때 신인일체권은 도대체 어디인지를 주욱 생각했습니다. 이것은 중대한 문제입니다. 이것을 해결하지 않고서는 출발점과 종결점이 맞지 않습니다. 그런 가운데 천둥처럼 번쩍 하는 깨달음이 있었습니다. 참사랑은 직단거리를 통한다는 것입니다. 그 일성이 모든 것을 해결했습니다. 하늘땅이 참사랑으로 연결된다면 직단거리를 통한다는 것입니다. 다시 말하면 수직은 하나입니다. 수평에 대해서 90도 외에는 없습니다. 이것은 최고의 직단거리입니다. (250-153, 1993. 10. 14)

**천성경** 2143 그렇기 때문에 이 우주 안에서 인간과 하나님이 참사랑을 중심삼고 수직적인 직단거리로 연결될 수 있는 길이 뭐냐? 이렇게 연결될 수 있는 관계가 부자의 관계입니다. 직단거리가 수직 외에는 없습니다. 조금만 틀려도 수직이 아닙니다. 직단거리니까 수직입니다. 그 수직을 중심삼고 어머니 아버지는 동서로 직단거리로 연결되어 있습니다. 그다음에 형제도 전후로 직단거리입니다. 이것이 90각도입니다. 전지전능하신 하나님이 그런 이상적 구상력을 가지셨기 때문에 수직과 수평이 90각도를 이룬, 전후 좌우간 모두 90각도를 이룬 구형의 중앙 복판에 우주 복판에 계시는 것입니다. 하나님이 무엇중심삼고 계시느냐? 참사랑을 중심삼고 계십니다. 하나님에게 물어보면 그것밖에 없다는 것입니다.

(198－298, 1990. 2. 5)

### 6) 완성은 3대를 통해서 이루어 진다

천성경 1543 절대신앙에는 사랑이 따라갑니다. 부자지관계에 있어서는 절대 믿고 절대사랑하고 절대복종하는 것입니다. 서로 완성하기 위해서는, 부모는 자식을 위해서 태어났으니 자기의 피와 살과 정성, 이모든 것을 투입하여 자기보다 낫기를 바랍니다. 무한히 낫기를 바라는 것입니다. 투입하고, 투입하고, 투입해 잊어버리고 무한히 투입, 영원히 투입하고 잊어버리는 것입니다. 그 말이 뭐냐 하면 개인 가정을 넘고, 종족, 세계를 넘고 하나님이 있다면 하나님의 위에까지 올라가야 된다 이겁니다. (295－255, 1998. 9. 8)

천성경 2085 부모님의 소원이 뭐냐? 어머니 아버지로서 혈통적으로 하나된 뿌리가 없습니다. 아들딸을 낳아야 그 집안의 핏줄이 이어지는 것입니다. 아들딸이 부모를 사랑함으로 말미암아 관계없던 어머니 아버지의 핏줄이 나로 말미암아 통일이 벌어지는 것입니다. 자식으로 말미암아 부모의 완성을 가져오는 것입니다. 그 아들딸이 효도함으로 말미암아 어머니 아버지의 완성이 벌어집니다.

그렇기 때문에 부모를 완성시키는 것은 나의 완성을 가져올 수 있는 것입니다. 내가 크면 어머니 아버지와 같이 하나되어야 된다는 것입니다. 그렇기 때문에 서로 완성하는 것입니다.

(223－174, 1991. 11. 10)

천성경 2054 아버지를 사랑의 주인으로 만들어 주는 것은 아들이요, 남편을 사랑의 주인으로 만들어 주는 것은 아내요, 형님을 사랑의 주인으로 만들어 주는 것은 동생인 것입니다. 반대로 자식이 부모가 없으면, 아내가 남편이 없으면, 형님이 동생이 없으면 각각 사랑의 주인 자리를 찾지 못하는 것입니다. 참사랑의 주인이 되기 위해서는 상대를 자기보다도 높이고 위해야 되는 것입니다.

(316－235, 2000. 2. 13)

천성경 1548 하나님은 제1창조주, 아담은 제2창조주, 손주는 제3창조주입니다. 여기서부터 소생, 장성, 완성, 3을 넘어섬으로 말미암아 정착입니다. 그래서 4차 아담을 세움으로써 전부 다 아담 아들딸로부터 번식해 나가는 것입니다.

하나님은 제1창조주, 아담은 제2창조주, 아담과 해와도 제3창조주를 거쳐 세상에 지상천국 잔치가 벌어지기 때문에 우리 통일교회에 있어서의 제4차 아담권시대로 넘어가 정착해 가지고 본연의 축복과 만대의 후손이 자기 부모의 전통을 존경하고 후손이 자기 부모의 전통을 존경하고 아들딸이 하나 되어서 천국 들어갈 수 있는 전환된 세계가 눈앞에 왔다는 것입니다.

절대신앙, 절대사랑, 절대복종위에 절대 유일가정 영원불변의 가정 하나님을 모실 수 있는 영원한 가정이 되어 가지고 그것이 영원한 종족, 영원한 민족, 영원한 국가, 영원한 세계를 이루어 지상천국을 이루고 그것이 천상천국으로 직결되는 하나의 체제를 이루어야 합니다. 하나님에 대해서 손자도 아버지라 하고 아들도 아버지라 하고, 아버지도 아버지라 부르면서 하나님을 동가치적으로 아버지로 모시는 아담과 같은 자리를 만민이 갖게 돼야 합니다. 여러분은 이제부터 조상이 되는 것입니다.

(295－255, 1998. 9. 8)

천성경 2084 가정에서 남자나 여자나 형제나 모두가 원하는 것은 효자 효녀가 되어야 된다하는 것입니다. 그것은 사랑을 중심삼고 한 몸이 되어야 된다는 것입니다. 가정을 하나 만들기 위해서는 효자가 필요합니다. 나라도 마찬가지입니다. 나라의 아버지하고 어머니, 왕과 왕후, 아들딸을 중심삼고 상대적 세계의 부처, 형제끼리 상하 좌우 전후가 맞아야 됩니다. 전후가 없으면 부모와 자식이 관계를 맺을 수 없습니다. 그러니까 상하 좌우 전후입니다. 형제가 절대 필요합니다. 결혼은 형제로부터 엮어 나가는 것입니다.

(286－268, 1997. 8. 13)

### 7) 참부모님을 모셔라 －참부모님은 어디에서 현현하시는가

축복 401 그러면 앞으로 인간들이 가야할 노정 앞에는 무엇이 남아 있느냐? 참부모를 맞음으로 대 승리를 하는 것이 아닙니다. 참부모는 어디까지나 완성기에서 현현하는 것이 아니라 장성기 완성급에서 현현해야 하기 때문에 이 7년이라는 과정을 거치지 않고는 완전 승리의 결과를 가져올 수 없는 것입니다. 이것은 원리적인 내용입니다. 그렇기 때문에 기독교에서 주장하는 7년 대환란이라는 말이 나오게 된 것입니다. 여기서 우리 통일교인들이 알아야 할 것은 7년 노정은 싫든 좋든 가지 않으면 안 될 노정이라는 것입니다. (1971. 1. 1 전 본부교회)

축복 401 "나 축복 받았으면 됐지! 가만히 있으면 천국이지!" 그렇게 앉아 있다간 박살나는 것입니다. 축복받은 것이 완성단계가 아니예요.

축복 399 축복은 그 사람을 축복하는 것이 아니라 그 자리를 축복하는 것입니다. (1967. 12. 26 대전교회)

축복을 해줄 때 제일 먼저 "너희들이 실수할 때는 너희들이 책임을 지겠느냐"고 물어보는 것입니다. 그러기에 조건적인 축복입니다. (1963. 10. 16 대구교회)

축복 400 따라서 오늘 여러분이 축복받으려고 나선 이 자리는 완성기 완성급이 아니라 장성기 완성급이라는 사실을 알아야 됩니다. 타락한 아담 해와를 중심삼고 가인, 아벨, 셋과 그들의 대상을 포함한 아담 가정의 여덟 식구가 모두 떨어져 내려갔기 때문에 하나님 앞에 탕감조건을 세워 가지고 다시 완성급을 향하여 들어서는 자리인 것입니다. (1970. 10. 19 중앙수련소 / 성주식)

### 8) 완성기 완성급의 인도자는 누구인가

하뜻 448 타락한 인류 앞에는 복귀의 과정이 남아있기 때문에 그 과정을 부모 될 수 있는 사람이 전부 다 닦아야 되고 그 다음엔 이런 과정을 어떤 중심가정이 나와서 세계를 대표해서 닦아주지 않고는 여러분들 자신이 하나님 앞으로 돌아갈 길이 없다는 것입니다. 그래서 여러분들은 공식노정을 거쳐 가야 됩니다. 공식만 알고 그대로 행하면 풀린다는 것입니다.

천성경 1550 하늘나라에 들어갈 사람은 하나님의 사랑을 중심삼고 왕자 왕녀로 완성해서 가정에서 아들딸을 낳아 황족권 내의 사랑을 맛보고, 그 전체를 그대로 옮겨 가는 사람입니다. 그런 사람이 천국의 국민이라는 것입니다. 그런데 뭐 예수 믿고 천당 갑니까? 예수님 혼자는 안 됩니다. 예수님에게 상대가 있어요? 환경에는 상대이상이 있어야 됩니다. 그런데 예수는 주체로서 대상이 없습니다. 그러니까 낙원에 가서 기다리고 있는 것입니다. 때가 되면 다시 와야 됩니다. 이런 사실도 모르고 떠드는 기성교회를 보면 천치 중에 그런 천치가 없다는 것입니다. (226−204, 1992. 11. 8)

천성경 1550 하늘나라에 들어갈 수 있는 사람들은 하나님의 사랑의 직계 자녀로서 하늘나라의 왕손으로서, 하나님 앞에 왕자 왕녀의 문을 거쳐야 되는 것입니다. 천국은 어디냐? 왕손으로서 황족으로서, 가는 곳입니다. 이 땅위에 모범적인 형제지우애(兄弟之友愛)의 직계 자녀와 방계적 자녀가 되어 모범적인 하나의 일족과 국가를 형성한 자리에서 황족의 명예를 가지고 살다가 그냥 그대로 이동해 가는 곳이 천국입니다. (236−204, 1992. 11. 8)

천성경 1551 하늘과 땅의 나라가 사랑으로써 일체화되어야 합니다. 이렇게 황족권만 이루게 된다면 영계나 지상에 가도 모든 중심이 되는 것입니다. 그렇기 때문에 어디에서나 일체가 이루어지는 것입니다. 그걸 말하는 것입니다. 천상천국 지상천국 사랑일체화입니다. 사랑으로써 비로소 황족을 중심삼고 모든 전부가 하나되는 것입니다. 세계의 모든 민족이 하나되고 하늘의 모든 족속이 하나된다는 것입니다. (232−326, 1995. 7. 10)

천성경 1060 형제를 부모이상 사랑하겠다는 사람은 천국에서 영원히 살 수 있는 사람입니다. 형제를 부모같이 사랑하지 못하는 사람은 여기에서 벗어나는 겁니다. 그 도리의 근본을 깨우쳐 보면 간단합니다. 그것을 몰라 지금까지 못한 겁니다. 우리 식구 식구들끼리 하나 되느냐, 못되느냐하는 것이 문제입니다. 부모 앞에 효도 못하는 자리에 섰으면 부모를 위해 자기가 정성들인 것을 부모 대신 자기 식구를 위해 주라는 겁니다. 그러면 부모에게 효도한 이상의 것으로서 하늘이 받아들이는 겁니다. 그런 사람은 반드시 복 받습니다. (78−41, 1975. 5. 1)

천성경 1060 천국에 가는 길은 형제를 하나님과 같이 사랑하는데서 열립니다. 여러분은 선생님을 따라가고자 하는데 그 마음으로 형제를 따라 같이 가려고 노력해 보라는 겁니다. 이렇게 볼 때 천국에 제일 높게 빠르게 좋게 인도하는 자는 하나님도 아니요 선생님도 아니요 형제라는 결론을 내리게 됩니다. 부모와 부부의 사랑을 능가하는 사랑을 가지고 노력 하는 자는 최고의 사랑의 주체자로서 상대를 선택하는 것입니다. (66−125, 1973. 4. 18)

하뜻 772 여러분은 지금 교회의 축복은 받았지만 나라의 축복과 세계의 축복까지 받아야 합니다. 앞으로는 선생님의 직계를 잇는 중심가정이 생길 것입니다. 그때는 그 중심가정을 중심삼고 후손들도 하나 되어야 하는 것입니다. 그렇게 되면 같은 시대에서 여러분과 하나 되는 것과 마찬가지가 됩니다. 대 축복권내를 넘어가기 전까지는 절대적으로 선생님 일족을 중심삼고 이 운동을 전개해야 합니다. 이것 때문에 선생님의 후손도 그와 하나 되어야 되고 여러분들도 하나 되어야 같은 입장으로 넘어간다는 것입니다. 그게 본연의 세계입니다.

### 9) 참부모님을 모시고 완성기 완성급을 향하여

하뜻 599 가인 아벨이 하나 됨으로 부모가 구원 받는다

하뜻 600 이 역사가 언제 끝날 것이냐? 아벨이 개인적인 고개를 넘고 가정적인 고개를 넘고, 종족적인 고개를 넘고, 민족적인 고개를 넘고, 국가적인 고개를 넘고, 세계적인 고개를 넘어서 형님의 위치에 올라서야 끝이 나는 것입니다.

하뜻 601 우리 통일교회식으로 말하면 부모는 이미 나타났고, 자녀들이 축복을 받았습니다. 그러나 통일교인들이 축복은 받았으나 가인 아벨 관계에서 완전히 승리하여 받은 것이 아니라는 것입니다. 승리한 아벨적인 가정으로 공인된 입장에서 받은 축복이 아니었기 때문입니다. 장자가 복귀되어야 합니다. 장자는 아직 사탄편에 놓여 있습니다.

하뜻 602 남편이 없을 때 애기를 밴 여인이 아무리 변명해 봐야 그 변명이 통하지 않듯이, 아벨은 시험을 받더라도 아무런 변명을 하지 말고 때가 될 때까지 참아야 하는 것입니다.

하뜻 603 지금이 선생님이 승리하여 세계적인 기반을 닦아 놓은 기반을 여러분이 상속받아야 할 때인 것입니다. 그 심정을 상속받아서 나는 참부모의 아들딸임에 틀림없다고 할 수 있어야 합니다.

하뜻 606 여러분은 가정교회를 완성하여 종족적 메시아가 되어서 천국에 들어가야 합니다. 여러분이 예수님이 이루지 못한 종족적 기반

을 탕감복귀하면 여러분은 선생님의 국가적인 승리의 기반과 연결되고, 핍박이 없는 발전 무드를 통해서 천국에 직행할 것입니다.

하뜻 607 이렇게 하여 종의 종의 자리에서 종의 자리로 올라가고, 종의 자리에서 양자의 자리로 올라가고, 양자의 자리에서 직계 자녀의 자리로 올라가고, 장자의 자리로 올라가는 것입니다. 이렇게 되려면 가정교회에서 가인들을 자연굴복 시켜야 하는 것입니다. 여러분이 천국에  가느냐 못 가느냐 하는 문제가 현실적으로 여러분의 활동 여하에 달려 있다는 것입니다.

하뜻 610 그래서 여러분은 가정교회를 통해 제2의 하나님이 되어야 하겠습니다. 여러분이 천륜을 상속받는 날에는 하나님도 여러분의 것이 되고, 천사장도 여러분의 것이 되고, 세계 만민이 다 여러분의 것이 됩니다. 그리고 천륜을 상속받은 사람이 기뻐하면 다 기뻐하고 슬퍼하면 다 슬퍼해야 합니다. 그를 통하지 않으면 살 길이 없는 것입니다.

하뜻 610 새 역사의 창조는 메시아가 혼자서 하는 것이 아니라 소메시아들과 같이 하는 것입니다. 이제 수천만의 소메시아가 쏟아져 나올 것입니다. 여러분도 한번 동참해 보겠습니까? 희망찬 통일의 앞날이 동터오고 있다는 사실을 여러분이 알아야 합니다.

개천일 (p62) 가인 아벨 복귀를 왜 해야 되느냐 하면 부모님이 설자리를 찾기 위해서입니다. 그 문제가 복귀시대를 중심삼고 그렇게 찾아 나온 것입니다. 세계적으로 종적으로 찾아 나온 것이 횡적으로 전개될 그런 때가 오면 아담국가 해와국가 그 다음에는 가인국가 아벨국가 형이 나오는 것입니다.

개천일 (p64) 가인 아벨 원리는 공식이에요. 공식인데 왜 아벨이 가인을 굴복시키지 않으면 안 되느냐? 이건 절대적입니다. 이걸 안하고는 부모가 돌아올 길이 없습니다.

개천일 (p86) 가인 아벨이 하나 안 돼 가지고는 부모가 설자리가 없다는 것을 알아야 됩니다. 그렇기 때문에 하나님이 죽은 하나님 놀음을 했고 메시아가 죽은 메시아 놀음을 해오는 것입니다. 그러니 지금 여러분이 돌아간 다음에는 종족복귀를 해야 됩니다.

개천일 (p87) 사탄세계와 같이 자식들 앞에 전부 다 규탄 받는 어미 아비가 안 되게끔 해야 됩니다. 가정이 사위기대 기반이 돼야만 거기에 부모님이 임재하지요? 가정기반이라는 것은 에덴동산에 아담 해와 중심삼고 가인 아벨이, 아담 해와도 잘못했지만 가인 아벨이 잘못함으로 전부 깨져 나갔으니만큼 부모가 하나돼 가지고 자녀와 합해서 사위기대를 이뤄야 됩니다. 이것이 가정 아니에요? 그 기반이 하나된 기반 위에 서야만 하늘나라의 가정적 심정권이 이루어지기 때문에 사탄이 침범 못해요. 이게 공식입니다.

개천일 (p89) 충성을 다한 어버이 앞에 불효자식이 자세를 갖추어서 아버지라고 말할 수 없는 것이 천리의 도리입니다. 선생님이 종적인 길을 닦아 나왔으면 여러분은 종적인 기준에 비례되는 횡적 노정을 따라서 다리를 놓아 줘야 됩니다.

개천일 (p90) 이번에 내가 잔치하라고 돈 줬지요? 그게 소생잔치예요. 장성잔치, 완성잔치 때는 남북통일과 더불어 여러분의 일족의 해방 잔치를 해야 됩니다. 그러지 않고는 남북 국가 해방권 내에 못 들어갑니다.

개천일 (p91) 이래 놓고 한국과 아시아나라 나라를 중심삼고 하나되는, 해방되는 잔치를 하지 않고는 아시아 중심국가로 못 나갑니다. 가인 아벨 기준을 닦지 않고는 하늘나라에 갈 길이 없습니다.

## 제5절 참부모님을 해방하는 효자는 누구인가

뜻길 369 효자 효녀의 도리를 다하는 자녀를 가지면, 사탄이 굴복하는 것이 원칙이다(효자 효녀의 도리를 다하는 아담 해와와 하나님이 하나된 자리는 사탄—천사장—이 굴복하지 않으면 안 될 자리니까).

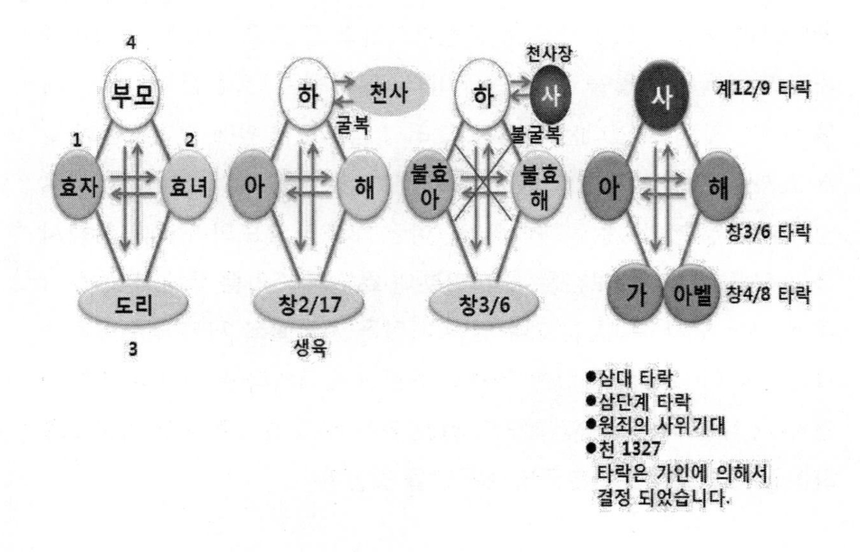

1) 효자 효녀의 도리를 다하는 자녀를 가지면 왜 사탄이 굴복하는가

태초의 에덴동산에서 창조주이신 하나님이 부모로써 아담 해와, 자녀에게 바라던 것이 있었다면 하나님의 소망을 이루는 것이었다. 그 소망은 바로 아담 해와가 따먹지 말라는 책임분담을 다하고 그들을 통해 하나님의 창조목적인 3대축복을 이루는 것 이였다. 책임분담을 다 하는 아담 해와는 하나님 앞에 효자요, 효녀가 되는 것이다. 즉 하나님의 창조목적은 3대축복을 이루는 것이고 3대축복의 완성은 인간이 책임분담을 다 함으로써 완성되는 것이다.

세상에서도 뜻을 이루고 성공한 효자를 가진 부모에게는 주위 사람들이 존경심을 갖지만 만사의 뜻을 이루지 못한 불효자를 둔 부모는 사람들로부터 존경 받지 못한다. 마찬가지로 참부모님은 하나님 앞에 6천년만의 효자가 되었기 때문에 참부모님과 같은 효자를 둔 하나님께 사탄이 굴복하지 않을 수 없는 것이다. 즉 사탄은 본래 천사의 자리에 돌아가지 않을 수 없다는 뜻이다. 그러나 참부모님 앞에 참부모님과 같은 효자는 한 사람도 없고 불효자들만 있다면 사탄이가 어떻게 참부모님께 자연 굴복하겠는가? 하나님은 아담 해와의 효도의 도리를 통해서 뜻을 이루시고 참부모님은 가인 아벨의 효도의 도리를 통해서 뜻을 이루게 되어 있다. 즉 참부모님 앞에 사탄을 자연굴복 시키기 위해서는 효자 효녀의 도리를 다하는 가인과 아벨이 필요하다는 것이다. 그렇다면 누가 가인 아벨의 탕감복귀의 길을 가는 효자 효녀가 되어 사탄으로 하여금 참부모님께 자연굴복하게 만들 것인가?

뜻길 369

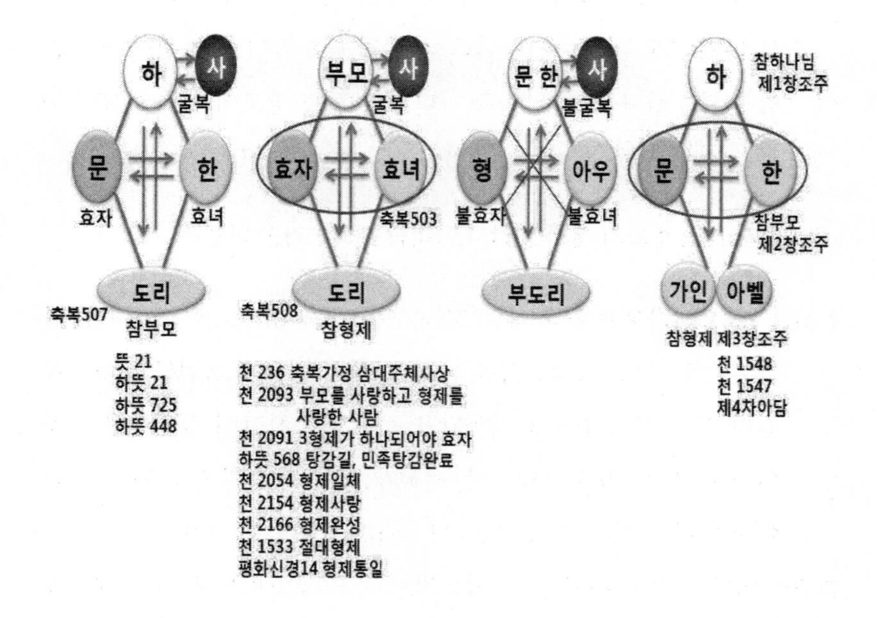


2) 하나님은 효자 효녀를 원하신다

창 1/28 하나님이 그들에게 복을 주시며 하나님이 그들에게 이르시되 생육하고 번성하여 땅에 충만하라, 땅을 정복하라, 바다의 물고기와 하늘의 새와 땅에 움직이는 모든 생물을 다스리라 하시니라

창 2/17 선악을 알게 하는 나무의 열매는 먹지 말라 네가 먹는 날에는 반드시 죽으리라 하시니라

천성경 1105 이 책임분담이 이루어짐으로 말미암아 아담과 해와는 비로소 인간으로서 완성됩니다. 완성된 인간이 되는 것입니다. 또,

하나님은 인간 완성과 더불어 인간을 창조한 목적이 이루어지는 것입니다. 그건 뭐냐 하면, 창조주로서 권위를 세울 수 있는 결과를 가져오게 된다는 것입니다. 이렇게 중요합니다. 사람이 책임분담을 완수했다는 그 입장은 하나님의 모든 창조이상을 완성할 수 있는 결과가 된다는 것입니다. (169－45, 1987. 10. 25)

3) **효자 효녀가 되지 못한 인간시조(아담 해와 / 가인 아벨)**

천성경 1541 여러분은 천국 가는 길을 모릅니다. 탕감길을 모릅니다. 탕감길을 알아요? 책임분담을 완성 못 했기 때문에 책임분담 조건에 걸려 있는 것입니다. 책임분담을 못함으로 사탄이 침범했다는 것입니다. 개인, 가정, 사회, 국가, 세계, 또한 영계까지 전부 다 사탄이 침범하고 있는 것입니다. (137－104, 1985. 12. 24)

창 3/6 여자가 그 나무를 본즉 먹음직도 하고 보암직도 하고 지혜롭게 할 만큼 탐스럽기도 한 나무인지라 여자가 그 열매를 따먹고 자기와 함께 있는 남편에게도 주매 그도 먹은지라

창 4/8 가인이 그의 아우 아벨에게 말하고 그들이 들에 있을 때에 가인이 그의 아우 아벨을 쳐 죽이니라

천성경 1327 타락은 아들딸, 가인에 의해서 결정되는 것입니다. (237－249, 1992. 11. 17)

통일 196호 (p14) 사탄이 인류역사를 지배하게 된 결정적인 이유는 어디에 있었느냐 하는 것입니다. 첫째는 아담과 해와가 타락한 것이고 둘째는 가인이 아벨을 죽임으로 말미암아 사탄이 인류역사를 지배하게 된 것입니다. 이 두 가지 조건이 사탄으로 하여금 종적지

배와 횡적지배를 할 수 있게 했습니다. 지상세계만이 아니고 영계까지 사탄이 지배하게 됐습니다.

횡적인 타락에 있어서는 가인이 아벨을 죽임으로 이루어 졌으므로 복귀의 과정에서는 아벨이 가인을 순종굴복시킴으로 이루어지게 되어있습니다. (1987. 2. 4 미국 이스트가든)

천성경 1934 앞으로 이 세계문제를 해결하고, 인류의 도덕문제를 해소시키기 위해서는 타락 원리가 없으면 안 됩니다. 타락원리 없이는 인간문제가 시정되지 않습니다. 이건 사탄이 하늘을 배반하고 역사를 끌어 나온 최후의 절망적 종말현상이라는 것입니다. 이것은 인류를 파탄, 멸망시키기 위한 사탄의 전략입니다. 이것을 해소하지 않으면 역사가 풀어지질 않는다는 것입니다. 역사가 풀어지지 않으면 역사를 청산 지을 수 없는 것입니다. 거기에 대한 대안을 중심삼고, 하나님의 창조와 이상 대안을 중심삼고 우리 하나님주의로 돌아가자, 참사랑주의로 돌아가자는 것입니다. 그것 자기자체를 위한 것이 아니라 위타적인 겁니다. 사랑 상대를 창조해야 된다는 것입니다. 그런 내용이 아니고는 수습할 길이 없습니다. (219−266, 1991. 10. 11)

하뜻 457 가인이 아벨을 죽인 것은 제2의 타격

하뜻 459 그런데 가인이 아벨을 죽인 것은 천사장이 아담을 타락시킨 것과 마찬가지가 되었습니다. 그래서 두 세계의 싸움이 시작된 것입니다.

축복 673 삼형제가 하나되지 못한 것이 타락이지요? 그렇지요? 셋이 하나되지 못한 것이 타락이기 때문에 복귀원칙에 따라서 세 형제가 한 살림살이를 해가지고 하나되지 못하면 천국은 절대로 이룰 수 없는 것입니다.

(1971. 5. 6 축복가정부인 전도대원 수련회 중앙수련소)

천성경 1740 타락이 뭐냐? 하나님이 1대라면 아담이 2대입니다. 3대 된 핏줄의 손자를 못 가진 것이 타락입니다. 손자를 못 가진 것이 타락입니다. 타락하고 나서 아들딸을 낳았느냐, 타락하기 전에 아들딸을 낳았느냐? 타락하고 나서 아들딸을 낳았다는 것입니다. 그거 누가 결혼식을 해줬어요? 하나님과 관계없이 쫓겨나 결혼해서 낳아 사탄의 새끼가 됐다는 것입니다. 오늘날 60억 인류는 하나님 앞에 추방 받아 숨어서 저끄린 결혼을 통해서 낳은 핏줄이 연결된 아들딸이니 지옥 가는 것입니다. 하나님과 상관없습니다.

(2000. 3. 3)

### 4) 효자 효녀의 도리란

효자 효녀의 도리란 에덴동산에서 아담 해와가 성장기간에 따먹지 말라는 책임분담(개성완성)을 완수하는 것이었다. 오늘날의 복귀섭리에 있어서는 참부모님이 오셔서 아담 해와를 대신하여 책임분담을 완수하시고 하나님 앞에 효자 효녀의 도리를 다하셨다면 참부모님의 자녀로 지음 받은 우리 축복가정들도 우리의 책임분담 노정기간에 참부모님 앞에 효자 효녀의 도리를 다해야 하지 않겠는가? 모든 것은 때와 조건을 맞추지 않으면 안 된다. 그 때와 조건을 알아보자.

–제2차 7년노정 (자녀노정)–

하뜻 199 제1차 7년노정(1960~1967)을 기반으로 제2차 7년노정(1968~1974)이 시작되었습니다. 제2차 7년노정은 축복가정이 가야할 기간입니다. 1차 7년노정은 부모시대요, 2차 7년노정은 자녀시대입니다. 그것은 구약시대와 신약시대에 맞먹는 기간입니다.

하뜻 25~26 여러분들은 선생님과는 달리 제2차7년노정이 시작되었으므로 지금부터 자기의 부모와 형제자매에게 귀한 말씀을 전해 줄 수 있는 권내에 살고 있습니다. 통일교회 식구들은 종족적 메시아의 입장에 서야 되는 것입니다. 여러분이 종족적 메시아로서 제2차 7년 노정기간 해야 할 일이 무엇이겠습니까? 여러분들의 종족과 가정을 중심으로 선생님이 하지 못했던 일과 예수님께서 하지 못했던 일을 전개하여 하늘 편에서 세워야 할 탕감조건을 모두 완성하는 일입니다. 개인으로부터 가정, 종족, 민족, 국가를 모두 사랑했다는 기준을 세워서 세계까지 연결시켜 나가야 합니다.

천성경 251 참부모가 복귀의 길을 갔으면 여러분도 복귀의 길을 안 갈 수 없다는 것입니다. 최소한도의 책임분담 5퍼센트를 완수해야 됩니다. 그걸 알아야 됩니다. 여러분의 아내를 사랑하는 이상, 부모를 사랑하는 이상 하나님을 사랑해야 됩니다. 여러분의 아들딸을 사랑하는 이상 하나님을 사랑하라는 겁니다. 그것을 기반으로 해서 세계에 확대하는 것이 통일교회의 이상세계입니다. 본연의 세계입니다. (128–30, 1983. 5. 29)

하뜻 151 이 복귀의 길을 선생님도 가지 않으면 안 되며, 여러분들도 모두 가야 하는 길입니다. 복귀의 길에 있어서 선생님이 세계적 사명을 완수했다고 한다면 여러분들은 국가적 사명까지 완수하면 됩니다. 선생님은 세계적 승리기반을 만들고 국가적 승리기대는 여러분들이 만들지 않으면 안 됩니다. 선생님은 세계적인 승리기대를 만들기 위해서 축복의 상대기대를 넓힘으로써 탕감의 승리권을 넓혀가고 있는 것입니다. 그것이 선생님이 가고 있는 제3차 세계복귀노정(1975~1981)입니다.

뜻길 37 복귀의 길은 찾아가는 길, 원리의 길은 밟아가는 길.

뜻길 52 복귀해가는 원리는 가르쳐 줄 수 없다. 그러므로 자신이 찾아가야 한다.

하뜻 568 그저 이렇게 믿고만 나가면 축복도 다 이루어지고 이렇게 믿고만 나가면 선생님이 다 천국에 데려가는 줄로 알고 있습니다. 그러나 그것이 아닙니다. 탕감복귀는 가정을 중심삼은 탕감복귀나 민족을 중심삼은 탕감복귀나 다 마찬가지라는 것입니다. 같은 길을 걸어가야 한다는 것입니다. 같은 길을 걸어가는 데 있어서도 개개인이 따로따로 걸어가려면 아주 어렵지만, 대표적인 한 분이 닦은 기반을 상속받아 가지고 간다면 훨씬 쉬운 것입니다.

**–자녀메시아 (형제메시아)의 자격–**

천성경 2084 가정에서 남자나 여자나 형제나 모두가 원하는 것은 효자효녀가 되어야 된다하는 것입니다. 그것은 사랑을 중심삼고 한 몸이 되어야 된다는 것입니다. 가정을 하나 만들기 위해서는 효자가 필요합니다. 나라도 마찬가지입니다. 나라의 아버지하고 어머니,

왕과 왕후, 아들딸을 중심삼고 상대적 세계의 부처, 형제끼리 상하 좌우 전후가 맞아야 됩니다. 전후가 없으면 부모와 자식이 관계를 맺을 수 없습니다. 그러니까 상하 좌우 전후입니다. 형제가 절대 필요합니다. 결혼은 형제로부터 엮어 나가는 것입니다.
(286−268, 1997.8.13)

천성경 370 왜 형제가 필요하냐? 종횡을 중심삼고 연결되는 것이 형제입니다. 아담과 해와를 횡적이라고 하게 되면, 하나님과 아담과 해와는 종적인 것입니다. 이것은 평면밖에 안됩니다. 그렇기 때문에 횡적인 기준이 필요하고 전후가 필요합니다. 가정애를 초월할 수 있는 것은 형제애밖에 없습니다. 만민동포애란 말과 같습니다. 그것이 있어야 구형이 벌어지는 것입니다. (236−11.1992. 11. 2)

동포애, 형제애를 가지고 세계를 품어야 모든 것이 이상적인 구형이 되는데 부딪치더라도 충격이 없는 것입니다. 그래야 비로소 하나님이 생각하던 모든 실체가 여기에 와 가지고 결실되는 것입니다. 하나님의 자녀이상이 여기에 와 가지고 결실되어서 합함으로 자녀의  사랑 결실체가 되는 것입니다. 그 다음에 형제의 사랑결실체, 부부의 사랑결실체, 부모의 사랑결실체가 되는 것입니다. 무형의 하나님이 창조당시에 구상했던 모든 실체를 다 이루면 하나님과 상하, 전후, 좌우가 일치할 수 있는 것입니다.

형제를 통해서 국민이 형성되고 인류가 형성되는 것입니다. 형제는 전후를 표시하는 것이지만 그것이 살이 되는 것입니다. 이것이 납작하게 있다가 살이 붙은 것입니다. 거기에서 원형이 생기는 것입니다. 그러니까 원형을 만드는 것은 형제요 국민인 것입니다.

형제가 확장되어서 국민이 되는 것입니다. 형제애라는 것은 세계애와 통하는 것입니다. 많은 형제들이 자라는 가정은 세계의 인류를 품고 이상적인 천국, 지상천국과 천상천국을 만드는 모델과 같은 겁니다. 그렇기 때문에 형제는 여기에서 확장되는 것입니다. (235－268, 1992. 10. 1)

천성경 2091 여러분은 하나님 앞에 효자가 되어야 합니다. 효자는 혼자서 될 수 있는 것이 아닙니다. 삼위기대를 중심삼고 세형제가 하나 되어야 효자가 될 수 있는 것입니다. 여러분 삼위기대 알지요? 그 삼위기대가 하나 되어야 합니다.

그것이 이스라엘의 제1의 기반인 것입니다. 지파, 족속 다시 말하면 씨족 창립의 기원이 되는 것입니다. (30－220, 1970. 3. 23)

하늘의 황족이 되려면 효자, 충신, 성인, 성자가 되어야 됩니다. 그 훈련장소가 가정입니다. 완성한 가정이 확대되면 이상적인 왕국이 되는 겁니다. 언제나 가정이 센터입니다. 남자 여자 두 사람 문제라는 겁니다. 이상적 남자와 이상적 여자가 부부가 되어 가정을 이루면 모든 것이 완성되는 것입니다. 이상가정이 확대되어서 국가가 되고 세계가 되는 겁니다. (293－211, 1998. 5. 26)

천성경 243 하나님은 3세대를 원하시는데 이 3세대를 갖지 못했습니다. 1대는 하나님, 2대는 아담과 해와, 3대는 아직까지 갖지 못했습니다. 지금까지 하나님을 중심삼고 인류가 번성하지 못하고 오직 사탄에 속하게 되었다는 것입니다. (215－171, 1991. 2. 17)

천성경 2085 부모님의 소원이 뭐냐? 어머니 아버지로서 혈통적으로 하나 된 뿌리가 없습니다. 아들딸을 낳아야 그 집안의 핏줄이 이어지는 것입니다. 아들딸이 부모를 사랑함으로 말미암아 관계없던 어머니 아버지의 핏줄이 나로 말미암아 통일이 벌어지는 것입니다. 자식으로 말미암아 부모의 완성을 가져오는 것입니다. 그 아들딸이 효도함으로 말미암아 어머니 아버지의 완성이 벌어집니다.

그렇기 때문에 부모를 완성시키는 것은 나의 완성을 가져올 수 있는 것입니다. 내가 크면 어머니 아버지와 같이 하나되어야 된다는 것입니다. 그렇기 때문에 서로 완성하는 것입니다.

(223－174, 1991. 11. 10)

천성경 2093 효자가 되려면 언제나 부모의 마음 방향과 일치되어야 되는 것입니다. 효자의 길을 가는 사람은 부모와 동떨어진 행동을 하는 사람이 아닙니다. 부모가 동으로 가면 동으로 가야 되는 것이고, 부모가 서로 가면 서로 가야 되는 것입니다. 가다가, 가는 목적을 제시했다가 한꺼번에 뒤로 돌아서라면 돌아서야 되는 것입니다. 거기에는 이의가 없어야 하는 것입니다. 열 번 가다가 열 번 돌아서라 하더라도 또 돌아서서 따라 가야 되는 것입니다. 반항했다가는 끝까지 효자의 도리를 지키지 못하는 것입니다.

부모가 미친 놀음을 하면 자식도 미친 놀음을 해야 되는 것입니다. 부모의 명령이라면 미친 놀음이라도 해야 되는 것입니다. 미친 놀음을 하는 그 자체는 안 됐지만, 부모가 모르고 하면 모르지만 알고 한다는 것입니다. 그러면 왜 부모가 미친 놀음을 하느냐? 효자 가운데서 최고의 효자를 선출하기 위해서는 그 길밖에 없기 때문입니다. 백 명의 효자가 있다면, 그 백 명 가운데 으뜸 될 수 있는 효자를 만들기 위해서 그 부모는 미친 놀음을 하는 것입니다. 그렇지만 그 변덕을 사실로 알고 생명을 바쳐 가지고 그 부모의 명령 앞에 절대 순응함으로 말미암아 그는 효자의 왕도 될 수 있는 것입니다. (62-32, 1972. 9. 10)

효자는 부모님을 사랑하고 형제를 사랑한 사람입니다. 보다 위하고 보다 사랑하는 사람이 그 가정의 상속자가 되는 겁니다. 그렇기 때문에 전부 다 그런 길로 방향을 잡아야 됩니다. 오늘날의 모든 이상적 작용의 주류가 참사랑이 가는 길입니다. 참사랑이 주류입니다. 그 외에는 모든 것이 방계적 흐름입니다.
(141-298, 1986. 3. 2)

천성경 2095 그러니까 선생님은 "어버이가 제대로만 서 있다면 자식이 구원되지 않는 일이 없다."고 봅니다. 만약 부모에 대해서 불효자가 있다면 내쫓아야 합니다. 그리고 부모에게 효도하는 자를 집에 데려다가 양자로 세워야 합니다. (15-202, 1965. 10. 9)

천성경 2131 선생님을 위해서 하나님은 많은 눈물을 흘리고 있습니다. 그러한 것을 모르겠지요? 여러분 가운데서 선생님으로 하여금 눈물을 많이 흘리게 하는 효자 효녀가 어디 있느냐? 그걸 바라는 것입니다. 그러한 사람은 아직까지 찾아내지 못하고 있습니다. 심각한 일입니다. (256-26, 1994. 3. 12)

### 5) 8단계 효자 효녀의 도리

효자 효녀의 도리에 왜 8단계 효자 효녀가 있어야 하는가? 인간조상 아담 해와는 3단계 성장기간을 통해서 순결한 몸과 맘을 지키고 하나님 앞에 축복을 받아 결혼함으로써 완성하게 되어 있었다. 그러나 타락으로 인하여 복귀의 과정을 거치게 되는데 그 과정이 8단계가 있게 되었다. 횡적 8단계는 개인, 가정, 종족, 민족, 국가, 세계, 천주, 하나님이다. 그래서 사람은 누구나 남자는 효자의 길을, 여자는 효녀의 길을 가야 한다. 처음에는 남녀가 각각으로 출발하지만 둘이 또는 두 가정이 두 종족이 두 민족이 두 국가 두 세계 두 천주 이렇게 단계적으로 올라가야 한다. 역사적으로 예수님은 1단계의 개인적 효자의 길을 가셨고, 참부모님은 2단계의 가정적 효자 효녀의 길을 가셨지만 3단계의 종족과 4단계의 민족적 효자 효녀의 길은 참부모님께서 직접 가실 수 없는 길이기에(천247 하뜻26) 대신으로 지방에 있는 축복가정들에게 일찌감치 이루라고 일러 주셨다. 그러므로 5단계 국가도 6단계 세계도 7단계 천주 8단계 하나님까지도 축복가정들이 중간허리부터 채워 승리하지 않으면 하나님의 복귀섭리는 이룰 수 없음을 참부모님은 말씀을 통해서 설명하고 계신다. 그 중에서도 4단계인 민족적 효자 효녀의 길을 가는 것이 포인트의 자리임을 알 수 있다.

(천246 민족복귀를 종결짓고...)

천성경 2130 가정에서 편안히 사는 사람들은 멍청이입니다. 가정천국 울타리 안에서밖에 머무르지를 못합니다. 그래서 대표적 가정이 되고 중심적 가정이 돼야 된다 이겁니다. 그래서 효자 충신 성인 성자의 도리는 내가 갈 길이다 이겁니다. 천성적으로 내가 필연적으로 가야할 길이라는 것입니다.

선생님은 일생동안 자나 깨나 뜻이라는 초점을 잃어버린 적이 없습니다.

선생님이 승리한 무엇이 있기 때문에 종족적 메시아의 책임을 못

해도 국가적 메시아의 책임을 해서 자기들의 잘못된 것을 청산하라고 내세운 겁니다. 거기서 효자가 되어야 되고 충신이 되어야 됩니다. 세계국가를 사랑하는 마음으로 형제들을 위해서 기도하고 그래야 됩니다. 이래야 부모님을 따라 성자의 지위를 가지고 하나님 앞에 어전(御殿)에 나타날 수 있는 것입니다.

(283-77, 1997. 4. 8)

뜻길 349 하늘이 축복을 해준 것은 자기들을 위하여 해준 것이 아니요, 종족복귀를 위하여 민족복귀를 위하여 세계복귀를 위하여 천주복귀를 위하여 해준 것이다.

천성경 245~6 복귀의 길을 가는 여러분은 개개인이지만 여러분 개인만이 가는 길이 아닙니다. 언제나 복귀의 길을 가는 여러분은 참부모를 대신해서 가는 것입니다. 그렇지 않고는 종족적, 민족적, 혹은 국가적인 참부모의 승리의 터전을 마련할 수 없다는 것입니다. 여러분이 바르게 참부모를 대신해서 가기 위해서는 참부모가 세계적인 영적인 승리의 기준을 세우기 위해 나간다면 여러분은 국가적인 승리의 기준을 세우기 위해 나가야 된다는 것을 확실히 알아야 합니다. 영적으로는 참부모의 승리의 기준이 세워졌기에 지상에 참부모의 승리의 기준을 세워야 하는데 여러분이 민족적인 기준을 넘어가야 할 참부모의 책임을 대행하고 있다는 것입니다.

(13-288, 1964. 4. 12)

축복 499 통일교회가 가는 길에 있어서 개인적인 십자가를 선생님이 지고 나오고 있습니다. 가정적인 십자가의 길까지도 선생님이 지고 나왔습니다. 여러분은 그 내용을 모릅니다. 이것을 알려면 원리를 자세히 알아야 하고, 기도를 못해도 십년 이상은 해야 합니다. 부모가 고생한 내용을 말하지 않으면 자식은 모릅니다. 부모가 말할 수 없는 그런 사연이 깃들어 있습니다. 이런 선생님 가정을 중심 삼고 통일교회 축복가정들이 종족이 되어, 이 땅 위의 모든 민족을 복귀해야 하는 사명을 지고 있습니다. 이렇게 자꾸 커 가는 것입니다. (1969. 9. 14 전 본부교회)

천성경 247 참부모에게는 이 민족을 넘어 세계적인 십자가를 지고 가야 할 책임이 있습니다. 그러므로 민족적인 십자가는 지방에 널려있는, 참자녀의 입장에 있는 축복가정들이 지고가야 된다는 것입니다. 축복가정 전체가 하나의 종족적인 발판, 민족적인 발판이 되어야만 하늘의 역사는 이민족을 중심삼고 승리의 고개를 넘어갈 수 있다는 것입니다. (13－288, 1964. 4. 12)

가정맹세2절 천일국 주인 우리가정은 참사랑을 중심하고 하늘부모님과 참부모님을 모시어 천주의 대표적 가정이 되며 중심적 가정이 되어 가정에서는 효자, 국가에서는 충신, 세계에서는 성인 천주에서는 성자의 가정의 도리를 완성할 것을 맹세하나이다.

천성경 246 참부모 앞에 참자녀로 서기 위해서는 자녀의 개인적인 복귀노정이 있는 것이요, 자녀의 가정적인 복귀노정이 있는 것이요, 자녀의 종족적인 복귀노정이 있는 것이요, 자녀의 민족적인 복귀노정이 있는 것이요, 자녀의 국가적인 복귀노정이 있는 것입니다. 부모의 개인, 가정, 종족, 민족, 국가적인 복귀노정과 자녀의 개인, 가정, 종족, 민족, 국가적인 복귀노정을 완결하여, 부모와 자녀가 일체되어 승리했다는 기준을 세워 놓고서야 비로소 민족복귀를

종결 짓고 세계적인 무대를 향해 새로이 출발할 수 있는 것입니다. (13－288, 1964. 4. 12)

천성경 1547 축복가정은 가정을 중심삼고 가정적 메시아, 종족적 메시아, 국가적 메시아, 세계적 메시아가 있음으로 말미암아 새로이 자르딘 교육을 받는 그 기지에 와 가지고 천국 갈 수 있는 티켓을 해주는 것입니다. 여러분에게 사진을 다 찍어 주는 것입니다. 이 사람들은 틀림없이 선생님의 역사적 조상대열에 참가시키는 것입니다. 그 사진이 없어 가지고는 안 된다는 것입니다. 문제가 되는 것입니다.

(298－224, 1999. 1. 8)

천성경 1999 지금 선생님이 여러분한테 메시아라는 이름을 주었습니다. 종족적 메시아! 그러면 여러분이 어떻게 해야 돼요? 메시아로서 무엇을 해야 되겠어요? 국가적 메시아, 세계적 메시아, 천주적 메시아가 될 수 있는 모든 것을 다 준비 해 놓았습니다. 산과 같이 큰 보물을 여러분을 위해 준비했습니다. 여러분이 메시아가 되기만 하면 보석산 같은 이 모든 것을 다 상속받는 것입니다. 수도관 같은 것이 연결되어 가지고 물이 흘러서 내려가듯이 여러분에게 상속되는 것입니다. (189－247, 1989. 4. 9)

천성경 1999 종족적 메시아가 싸구려인 줄 알아요? 똑똑한 선생님이 메시아 사명을 하기 위해서 일생을 바쳤어도 미치지 못해서 부끄럽게 생각하는 겁니다. 여러분 앞에 종족적 메시아란 말은 놀라운 일입니다. 예수보다도 더 귀한 가치의 자리에 설 수 있는 것입니다. 뿐만 아니라 통일교회를 반대하고 별의별 욕설을 퍼붓던 사람까지 타락하지 않은 아담의 자리에 끌어올려 준다는 것입니다. 세상에 그 말이 있을 수 있는 말이냐는 것입니다. 말하는 문 아무개는 참부모님의 자리에 있기 때문에 지금까지 말한 모든 것을 다 이루었습니다. 안 이루어진 것이 없습니다. (219−150, 1991. 8. 29)

뜻길 351 축복가정은 민족복귀의 밑뿌리가 되어야 한다. 썩은 뿌리에 접붙일 수 없는 것이다.

축복 508 1968년도에 430가정을 축복할 때에 선생님이 지시한 바와 같이 종족적 메시아가 되라는 것입니다. 그 사명을 해야 합니다. 선생님을 중심삼고 협회에 36가정이 조직되어 있듯이 김씨면 김씨 가문에서 먼저 축복 받은 가정을 중심삼고 김씨 가문의 36가정형이 있어야 됩니다. 알겠어요? 36가정이 못 되면 여러분이 12가정형의 조상이라도 되어야 합니다. 그건 여러분이 부모니까 여러분의 아들딸을 중심삼고 삼위기대를 이루어서 그 기준을 만들어 나가야 합니다. 그리하여 여러분들이 여러분 씨족의 조상이 되어 여러분 가정을 중심삼은 새로운 지파편성을 해야 될게 아니에요? 그것이 12지파 형인데 그것을 형성하면 그 12지파권내에 전부 들어가는 것입니다. 12지파 형태와 마찬가지로 12제자가 있어야 되고, 12제자가 중심이 되어 70문도가 되고 나아가 120문도와 같은 형태를 갖추어 나가야 됩니다. 이것이 직계종족입니다.
(1970. 6. 4 전 본부교회)

### 6) 축복가정이 참부모님 대신 왜 교육을 해야 하는가

왜 축복가정이 참부모님 대신 교육을 해야 하는가? 축복가정 중에서 효자 효녀의 도리를 다하는 가정이 나오게 되면 그 가정은 모델가정으로서 참부모님을 대신하여 다른 가정들에게 효자 효녀의 도리를 가르쳐 줄 수 있는 충분한 스승의 자격이 있다 할 것이다. 참부모님이 반복하여 교육하시는 것도 좋지만 그 교육을 받고 참부모님을 닮고 나온 참자녀가 된 축복가정이 있다면 그 경험과 노하우를 다른 축복가정들에게 가르치는 것이 더욱 효과적일 것이다. 그래야 만이 교육의 전통성과 영원성이 있을 것이다.

천성경 1448 이제 선생님은 가정에 대한 규범, 천국가정으로서 가져야 할 생활에 대한 규범을 가르쳐주어야 한다는 것을 느끼고 있습니다. 그런데 복귀의 노정을 걸어야할 사람들은 원리를 중심삼고 가르쳐 줄 사람이 있으니까 그 사람들을 통해서 가르침을 받아야 되겠습니다. 선생님이 직접 그런 문제를 책임지는 시대는 지나갔습니다. 가정 하나 하나를 중심삼고 재차 수습해야 했습니다. 우리 통일교회의 조직은 가정조직입니다. 가정을 위주로 한다는 것입니다. 개인을 위주로 해오던 것을 가정을 위주로 한다는 것입니다. (22−334, 1969. 5. 11)

천성경 1447 가정천국은 남자와 여자가 완전히 하나 되어야 이루어지고, 개인천국은 몸과 마음이 완전히 하나 되어야 이루어집니다. 가정천국은 하나님의 뜻을 중심으로 부부가 하나 되어야 하고 자녀와 하나 되어야 합니다. 그 뜻의 목적은 만민을 위하는 것입니다. 그리고 그 뜻의 중심은 하나님입니다. 그래서 하나님을 중심삼고 만민을 위하는 데서 가정천국이 연결되는 것입니다. 하나님만 위해야 하는 것이 아니고 하나님을 중심삼고 만민을 위해야 합니다. 하나님은 그런 가정을 찾으려고 하는 것입니다. 세계가 복귀될 때까지 그런 가정을 찾아 세우지 않으면 만민을 구할 수 없고, 만국을 구할 수 없고, 만 가정을 구할 수 없기 때문에 그런 가정을 만들기 위해 축복가정을 세운 것을 여러분은 알아야 되겠습니다. (100-310, 1978. 10. 22)

하뜻 467~8 내가 이제 죽는다면 나같이 하나님을 사랑하고 나같이 인류를 사랑하는 사람이 이 땅 위에 누가 있을까 하는 염려가 앞섭니다. 그런 의미에서 내가 오래 살아야 되겠다는 것입니다. 선생님은 여러분 가운데서 그런 사람이 빨리 나왔으면 얼마나 좋겠느냐는 눈으로 여러분을 바라보고 있다는 것을 알아야 합니다. 하나님이 이 레버런 문에게 축복을 해주신다면 나는 하나님이 나에게 그런 사람을 주시는 것이 제일 큰 선물이요, 축복이라고 보는 것입니다. 지금까지 불신 받고 수난 당하신 하나님을 대해서 선생님이상 사랑하고, 선생님이상 인류를 해방해 주기 위해서 노력하겠다는 사람이 이 시간 나온다면 오늘은 영광의 날일 것입니다.

하뜻 772 여러분은 지금 교회의 축복은 받았지만 나라의 축복과 세계의 축복까지 받아야 합니다. 앞으로는 선생님의 직계를 잇는 중심가정이 생길 것입니다. 그때는 그 중심가정을 중심삼고 후손들도 하나 되어야 하는 것입니다. 그렇게 되면 같은 시대에서 여러분과 하나 되는 것과 마찬가지가 됩니다. 대 축복권내를 넘어가기 전까지는 절대적으로 선생님 일족을 중심삼고 이 운동을 전개해야 합니다. 이것 때문에 선생님의 후손도 그와 하나 되어야 되고 여러분들도 하나 되어야 같은 입장으로 넘어간다는 것입니다. 그게 본연의 세계입니다.

하뜻 739 가인과 아벨과 선생님의 자녀를 연결함으로써 소생, 장성, 완성기반이 이루어지고 그런 하나의 중핵을 중심으로 하여 세계의 모체가 되는 전통이 세워지게 됩니다.

하뜻 448 타락한 인류 앞에는 복귀의 과정이 남아있기 때문에 그 과정을 부모 될 수 있는 사람이 전부 다 닦아야 되고 그 다음엔 이런 과정을 어떤 중심가정이 나와서 세계를 대표해서 닦아주지 않고는 여러분들 자신이 하나님 앞으로 돌아갈 길이 없다는 것입니다. 그래서 여러분들은 공식노정을 거쳐 가야 됩니다. 공식만 알고 그대로 행하면 풀린다는 것입니다.

## 제6절 하나님의 창조목적과 참사랑의 열매

### 1) 하나님은 삼대를 원하신다

하나님의 창조목적의 완성은 3대를 통한 사위기대 완성에 있다. 하나님, 아담 해와(부모), 가인 아벨(자녀, 형제)이 삼대상 목적을 이룬 사위기대가 완성되어야 한다. 그러나 그 3대가 모두 타락했으므로 복귀된 3대를 찾는 것이 복귀섭리의 완성을 의미한다. 이와 같이 3대(천손)을 통하지 않으면 하나님의 구원섭리는 이루어지지 않기 때문에 하나님과 아담 해와도 3대인 천손에게 숭배하고도 남는 심정을 가지게 되는 것이다.

뜻길 27

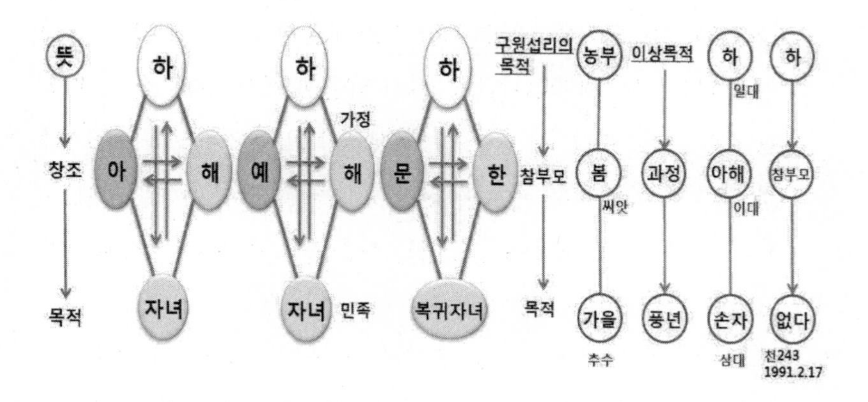


뜻길 27

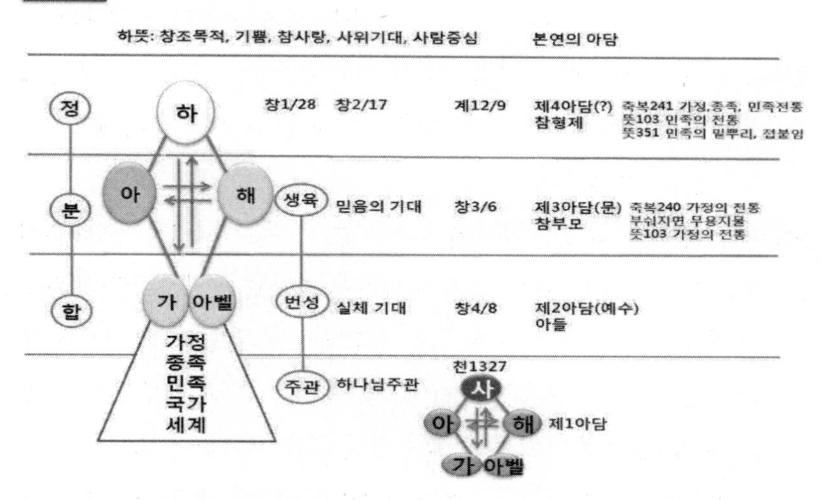


뜻길 27 하나님이 아담 해와를 창조하심은 아담 해와의 자녀에게 목적이 있었다. 메시아를 세우신 것도 메시아 자체에게 목적이 있는 것이 아니라 인류에게 목적이 있는 것이다.

뜻길 373 가정은 삼대가 전통을 세워야 한다.

천성경 2274 참된 나와 참된 가정을 찾아야 됩니다. 가정하게 되면 3대를 말합니다. 할아버지하고 부모하고 부부하고 자녀입니다. 이것을 확대한 것이 세계입니다. 그렇기 때문에 어떤 사람이든지 필요한 것이 뭐냐? 부모, 처자(부부), 형제, 자녀입니다. 공식이에요, 이것. 그렇게 사랑 못한 사람은 천국 못갑니다. 우리 가정맹세에 나오는 4대심정과 3대왕권 황족권을 체휼 못하면 천국 못 가게 되어 있습니다. (272−212,1995. 8. 30)

창 1/28 하나님이 그들에게 복을 주시며 하나님이 그들에게 이르시되 생육하고 번성하여 땅에 충만하라, 땅을 정복하라, 바다의 물고기와 하늘의 새와 땅에 움직이는 모든 생물을 다스리라 하시니라

축복 222 3합이 맞아야 합니다. 3점이 결합되어야 면적이 생깁니다. 2점으로는 선밖에 되지 않기 때문에 그것만으로는 부족합니다. (1967. 11 전 본부교회)

천성경 58 천지를 창조한 하나님은 어떠한 분이냐? 지극히 선한 분이요, 사랑의 주체입니다. 그렇기 때문에 하나님은 천지만물을 창조한 후 온 우주의 귀한 모든 것을 인간에게 주고 싶어 했습니다. 하나님은 자신이 참으로 믿을 수 있고, 사랑할 수 있고, 모든 것을 맡길 수 있는 사람이 있으면 제일 귀한 것을 고스란히 넘겨주고 싶어 합니다. 하나님이 우리 아버지라면 아들딸을 짓는 데에 있어서 시시하게 만들고, 못하게 만들고 싶지 않았을 것이 틀림없습니다. 하나님은 인간을 전지전능한 하나님과 같은 동등한 자리요 동위의 자리에 설수 있게 만드셨기 때문에 우리의 양심은 최고의 것을

희망하는 것입니다. (53-224, 1972. 2. 28)

천성경 2158 새로운 시대의 사위기대는 아담과 해와의 아들딸로부터 시작됩니다. 그러니까 아담과 해와가 결혼해 가지고 번성하면 결국은 사위기대권을 이루게 되는 것입니다. 들어가는 데는 어떻게 들어가느냐? 하나님 본래의 심정과 하나님이 바라시던 이상가정을 중심삼고 상대권이 새로 벌어지는 것입니다. 사위기대가 3단계잖아요? 하나님, 아담과 해와, 아들딸입니다. 이 경우가 종적입니다. 이것이 횡적으로 전개되어야 합니다. 횡적으로 착륙함으로 말미암아 종적인 요소가 이것을 기반으로 해서 무수히 평행으로 번져나가는 것입니다. 이것이 하나의 모델이 됩니다. 아담이 이상했던 4위기대가 전 세계적으로 발전하기 위해서는 이러한 전통적인 가정의 내용을 이루어야합니다. 이것을 이루지 않고는 횡적인 연결을 지을 수 없다는 것입니다. 따로 갈라서 생각하지 말라는 것입니다. 아담 해와가 결혼해서 산다면 벌써 하나님이 오른편에 와있고, 자기 아들딸은 왼편에 서는 것입니다. 이게 하나입니다. 이 셋이 하나 되어 있다는 것을 알아야 합니다.

(240-14, 1992. 12. 11)

천성경 2159 아담을 기점으로 해서 12지파가 생겨났고, 그 12라는 숫자를 중심으로 360일과 같은 날이 확장되었듯이 모든 민족확장을 위한 섭리의 기준을 세우는 것이 창조이상의 완성이라는 것입니다. 그런 면에서 볼 때 뜻길은 창조이상의 완성입니다. 창조이상의 완성은 사위기대 완성을 말합니다. 아버지를 중심삼고 어머니를 중심삼고 아들을 중심삼고 딸을 중심삼은 것이 아닙니다. 참사랑을 중심삼은, 참가정을 중심삼은 사위기대 완성입니다. 참사랑을 중심삼은 책임분담 완성입니다. 책임분담 완성이란 것은 모든 사랑이상을 기준으로 남자 여자가 완전히 하나 되어 하나님이 창조하던 그 모든 기준에 일치되면 지상에서 종적인 기준으로 이어받은 모든 아담과 해와의 전통을 육신을 통해 횡적으로 비로소 전개시켜 나가는 것을 말합니다. 아들딸은 하나 둘만 낳게 되어 있지 않습니다. 아담과 해와시대에 오면 동서남북으로 아들딸을 많이 낳게 되어 있습니다. (228－249, 1992. 7. 5)

천성경 2160 사위기대를 어디서 이루어야 되느냐? 이 지상에서 이루어야 합니다. 어느 때 이루어야 되느냐? 자기가 죽기 전에 이루어야 합니다. 그것을 이루지 않고는 국가를 맞이할 수 있는 국민이 되지 못하는 것이요, 세계를 맞이할 수 있는 인류가 되지 못하는 것이요, 하나님의 뜻이 이루어지면 천국세계를 맞이할 수 있는 천민이 되지 못하는 것입니다. (45－62, 1971. 6. 13)

천성경 243 하나님은 3세대를 원하시는데 이 3세대를 갖지 못했습니다. 1대는 하나님, 2대는 아담과 해와, 3대는 아직까지 갖지 못했습니다. 지금까지 하나님을 중심삼고 인류가 번성하지 못하고 오직 사탄에 속하게 되었다는 것입니다. (215－171, 1991. 2. 17)

천성경 2341 2대 창조주의 기준은 약속되어 있지만 3대 창조주인 아들딸, 손자를 못 봤다는 것을 알아야 됩니다. 여러분이 손자가 되어야 된다는 걸 알아야 됩니다. 그 손자는 제1의 보이지 않는 하나님과 제2하나님이 자라나온 모든 전체를 재현시켜 가지고 하나님도 기뻐하고 부모도 기뻐할 수 있는, 자기 스스로의 과거 전체 역사를 전개시켜서 두 세계의 사랑의 세계를 느끼게 할 수 있는 존재입니다. 그런 입장에 선 것이 아담도 아니고 하나님도 아니고 손자입니다. 그래서 하나님도 아들딸을 숭배한다는 것입니다. 하나님도 손자를 숭배한다는 것입니다. 아담도 자기 아들딸을 숭배해야 된다 이겁니다. 아들딸을 잘못 기르면 안 된다는 것입니다. 그렇기 때문에 여러분의 가정에 있어서 타락한 자식을 보게 된다면 가정 탈락이라는 기막힌 사실이 벌어지는걸 알아야 됩니다. (264－195, 1994. 10. 9)

2) 하나님이 메시아를 보내신 목적

하나님께서는 인간 시조가 타락한 그 흔적을 남기고 싶지 않으신 심정이 있어서 새 창조 보다는 구원섭리를 선택하셨고 타락한 인류를 구원하시고자 이 땅위에 메시아를 보내신 것이다.

하뜻 200 내가 평양에서 나올 때 불과 한 시간정도가면 부모님을 다 만날 수 있었지만 달려가지를 못했습니다. 부모가 죽음길을 가더라도 상관할 수 없는 길, 다른 종족을 찾아나서야 할 운명길을 출발하여 남한으로 내려오게 된 것입니다. 누구보다 나를 사랑하던 어머니와 누구보다 나를 사랑하던 그 형님 누나들이 공산치하에서 희생되어 갔다고 보고 있습니다. 내가 사랑하는 가족을 버리고 혈족을 버리고 만나겠다고 하던 사람들이 여러분들입니다.

하뜻 26 제2차 7년노정은 그러한 기준을 각자 자기를 중심삼고 전개해야 되는 기간입니다. 선생님이 육신의 혈족을 앞세우고 사랑했더라면 복귀섭리는 이루어질 수 없는 겁니다. 하나님도 사랑하는 독생자와 선민을 희생시키고 십자가를 지게 하셨습니다.

천성경 1544 선생님은 지금까지 선생님의 말을 절대복종하라고 하지 않았습니다. 우리는 역사적인 노정을 순응해 나가야 됩니다. 역사적인 노정이 뭐냐 하면 하나님을 위한 섭리적인 역사노정입니다. 지금까지 여러분에게 복귀섭리노정을 통일교회 문 선생을 위해서 가르쳐 준 것이 아닙니다. 그러므로 선생님도 가는 것입니다. 주체 될 수 있는 하나님의 목적을 향하여, 상대될 수 있는 인류의 목적을 향하여 가는 것입니다. 그 목적을 한 점으로 결말 못 지었기 때문에 이것을 결말지어 주자는 것이 오늘날 이 시대 통일교회가 주장하는 통일원리요, 통일사상이다 하는 것을 알아야 되겠습니다. (71－64, 1974. 4. 28)

천성경 250 참부모가 뭐냐 하면, 여러분의 아버지 어머니 대신입니다. 본래의 부모가 참부모입니다. 여러분의 부모와 여러분은 하나되어야 합니다. 그럼 할아버지는 누구입니까? 하나님입니다. 하나님의 명령에는 참부모도 마음대로 못 합니다. 부모는 자기 아들딸을 할아버지가 원하는 길로 데리고 가야 됩니다. 그것이 부모가 가는 길입니다. (128－30, 1983. 5. 29)

뜻길 315 믿음의 자녀에게 내가 가진 최고의 자리를 내어 줄 수 있느냐?

### 3) 하나님은 참사랑을 원하신다

하나님은 참사랑의 이상세계를 이루시려고 아담 해와를 창조하셨지만 아담 해와의 남녀의 참사랑만으로는 영원할 수 없기 때문에 부모에서 자녀로 자녀에서 형제로 종에서 횡으로 참사랑의 구형운동을 통해서 영존할 수 있는 구형원리를 만드셨다.

천성경 2153 하나님은 참사랑으로 아담과 해와를 지었습니다. 그 아담과 해와는 뭐냐 하면 하나님 본래의 성상과 형상이 전개된 실체입니다. 하나님의 보이지 않는 성상과 형상이 실체로 나타난 것이 창조된 아담과 해와입니다. 그렇기 때문에 이게 커 올라가야 합니다. 커 가지고 하나님과 하나 되어야 하는 것입니다. 완성한 아담과 해와가 되었더라면 그들의 몸과 마음이 자동적으로 하나 되는 것입니다. 그러나 타락 때문에 그들의 몸과 마음이 싸웠던 것입니다. 지금까지 이것을 몰랐습니다. 하나님의 창조이상대로 인간이 완성되었다면 몸과 마음이 싸우지 않습니다. 싸우는 사람이 되었다는 것 자체가 하나님이 없다고 부정할 수 있는 조건이 되는 것입니다. (238－29, 1992. 11. 19)

천성경 2153 참사랑은 혼자 이룰 수 없습니다. 상대가 있어야 합니다. 여러분도 자기 상대가 자기보다 낫기를 바라지요? 누구든지 자기 아들딸이 자기보다 낫기를 바란다는 겁니다. 그런 마음은 하나님으로부터 온 것입니다. 그렇기 때문에 하나님도 사랑의 상대가 하나님보다 낫기를 바라고 있다는 사실을 알아야 합니다. 사랑의 상대는 횡적으로나 종적으로나 자기보다 낫기를 바라는 본연적 기원이 하나님에게 있었다는 것입니다. (203－103, 1990. 6. 17)

천성경 2153 여자의 마음과 남자의 마음이 하나 되고 여자의 몸과 남자의 몸이 하나되면 하나님의 형상이 되는 것입니다. 그러면 그 중심에 하나님이 임재 하셔서 영원히 정착할 수 있다는 겁니다. 정분합작용이 3단계를 거쳐 마음적 기준과 몸적 기준이 일체이상을 이루는 것입니다. 사랑의 일체, 종횡으로 이상세계의 일체권이 이루어진다는 것입니다. 심신 일체라는 개념으로 모든 것이 통합되는 것입니다. 사랑이 일체됨으로 말미암아 실체의 하나님으로서 지상에 정착해서 번식한 가정이 하나님의 가정이 되고 하나님의 일족이 되고 하나님의 백성이 되고 하나님의 세계가 되는 것입니다. 그렇게 되면 타락으로 인한 몸과 마음의 싸움이 대번에 없어집니다. 하나님의 성상과 하나 돼 있기 때문에 자연히 하나님의 사랑이 임재 하여 남자와 여자의 상충이 없어지는 것입니다. 상충이 없이 자동적으로 서로서로가 사랑할 수 있게 되는 것입니다. 거기에 하나님이 임재해 가정에서 마음적인 존재가 되고 부부는 몸적인 존재로서 일체를 이루는 것입니다. (294−313, 1998. 8. 9)

천성경 550~1 하나님께서 인간을 왜 만들었을까? 첫째는 하나님 자신이 부모의 입장에 서기 위함입니다. 부모는 영계에서도 무형입니다. 모형이 없습니다. 그래서 모양을 가진 인간의 부모가 되기 위해서는 모양을 가져야 됩니다. 그렇지 않으면 중심이 될 수 없는 것입니다. 두 번째는 뭐냐 하면 수직선은 한 점에 머무릅니다. 면적이 없습니다. 즉, 영계에서는 번식할 수 없다는 것입니다. 수직차원에서 그것을 횡적으로 전개하여 360도 구체가 되어야 많은 공간이 생기게 됩니다. 세 번째는 사랑의 상대권의 영원성을 유지하기 위함입니다. 하나님의 상대되는 것은 아담과 해와 뿐이 아니라는 것입니다. 아담과 해와가 상대의 위치에 섬과 동시에 그 자녀들도 상대의 위치에 서게 되는 것입니다. 그러니까 하나님의 상대위치를 영속적으로 보존시키기 위해 인간을 창조했던 것입니다. 아담과 해와도 하나님을 아버지라고 부릅니다. 그러면 그 자녀들은 하나님을 삼촌이라고 부를까요. 할아버지라고 부를까요? 아버지라고 부릅니다. 상대란 평등한 것입니다. 하나님의 사랑을 횡적으로 번식하여 그 사랑의 가치를 완성해야 합니다. 완성된 사랑의 가치는 하나입니다. 평등하다는 것입니다.
(222−338, 1991. 11. 7)

천성경 1646 우주는 사랑에서 시작했습니다. 그거 무슨 사랑이에요? 종적인 사랑과 횡적인 사랑입니다. 그리고 전후의 사랑입니다. 그것은 구형의 사랑을 말하는 것입니다. 상하, 좌우, 전후를 연결하는 중심은 가정입니다. 하나님한테 "하나님 어디 계시오?" 하면 "사랑의 중심에 있다." 하는 것입니다. "사랑의 중심이 어디요?" 하면 "사랑의 정착지다." 하는 것입니다. "사랑의 정착지가 어디요?" 하면 "생식기다!" 하는 것입니다. (279−48, 1996. 6. 9)

천성경 1646 하나님이 창조할 때 남성과 여성의 생식기를 중심삼고 만들었는데 거기에는 영적인 요소, 육신적인 요소, 피의 요소, 모든 요소가 연결될 수 있는 연합기관이 돼 있습니다. 여러분 눈의 요소도 거기에 다 달려 있지요? 이빨의 요소도 어머니와 아버지를 닮잖아요? 안 닮은 데가 어디 있습니까? 마음도 다 닮습니다. 그러니까 그 기관에서 전부 다 집약해 가지고 모든 신경기관 혈통기관 전체가 거기에 달려 있다는 것입니다. 그게 뿌리입니다. 인간의 뿌리는 머리가 아닙니다. 뿌리가 거기에 있다 이겁니다.
(194−139, 1989. 10. 17)

축복 750 여러분이 영계에 가 보면 그 세계는 다음과 같습니다. 즉, 부모, 형제자매, 부부, 자녀에 대한 사랑을 충분히 가진 자, 즉 가정

생활에서 깊은 사랑의 경험을 한 사람은 많은 자유를 누릴 수 있을 것입니다. 그는 어디든지 아무 제한 없이 어느 방향이라도 갈 수 있습니다. 그 반대로 사랑의 경험이 없는 사람은 속이 좁고 영계에서도 자기 혼자 고립되어 있고 자유가 전혀 없습니다. 부자간의 사랑은 종적인 관계이고 부부간의 사랑은 횡적인 관계이고 형제자매간의 사랑은 선회하며 에워싸는 관계인 것입니다. 이 세 관계는 서로 다릅니다. 그러므로 지상에서 이 세 가지의 서로 다른 방법으로 깊은 사랑의 경험을 가져야만 제한 없이 종적, 횡적, 원으로 선회 할 수 있습니다.

천성경 370 왜 형제가 필요하냐? 종횡을 중심삼고 연결되는 것이 형제입니다. 아담과 해와를 횡적이라고 하게 되면, 하나님과 아담과 해와는 종적인 것입니다. 이것은 평면밖에 안됩니다. 그렇기 때문에 횡적인 기준이 필요하고 전후가 필요합니다. 가정애를 초월할 수 있는 것은 형제애밖에 없습니다. 만민동포애란 말과 같습니다. 그것이 있어야 구형이 벌어지는 것입니다. (236－11.1992. 11. 2)

동포애, 형제애를 가지고 세계를 품어야 모든 것이 이상적인 구형이 되는데 부딪치더라도 충격이 없는 것입니다. 그래야 비로소 하나님이 생각하던 모든 실체가 여기에 와 가지고 결실되는 것입니다. 하나님의 자녀이상이 여기에 와 가지고 결실되어서 합함으로 자녀의  사랑 결실체가 되는 것입니다. 그 다음에 형제의 사랑결실체, 부부의 사랑결실체, 부모의 사랑 결실체가 되는 것입니다. 무형의 하나님이 창조당시에 구상했던 모든 실체를 다 이루면 하나님과 상하, 전후, 좌우가 일치할 수 있는 것입니다. 형제를 통해서 국민이 형성되고 인류가 형성되는 것입니다. 형제는 전후를 표시하는 것이지만 그것이 살이 되는 것입니다. 이것이 납작하게 있다가 살이 붙은 것입니다. 거기에서 원형이 생기는 것입니다. 그러니까 원형을 만드는 것은 형제요 국민인 것입니다. 형제가 확장되어서 국민이 되는 것입니다. 형제애라는 것은 세계애와 통하는 것입니다. 많은 형제들이 자라는 가정은 세계의 인류를 품고 이상적인 천국, 지상천국과 천상천국을 만드는 모델과 같은 겁니다. 그렇기 때문에 형제는 여기에서 확장되는 것입니다.

(235-268, 1992. 10. 1)

## 제7절 통일세계 484호를 통한 문선명 참부모님의 회고와 마지막 소원

통일 484호 (p5~9) 이제는 반을 넘어선 세계가 된 것을 여러분이 알아야 돼요.

예수가 2천년전에 죽었는데, 2년8개월을 산 생애가 어떻게 됐어요? 누더기에 싸여서 흘러가고, 그러한 폐품에 싸여서 없어질 수 있었던 사나이가 어떻게 세계문화의 기원과 더불어 환경적인 여건을 소화해 가지고 그 사상이 인류역사에 영향을 미쳤느냐 이거예요. 그걸 보면, 하늘이 있었다는 것을 알아야 됩니다...

이 천정궁을 중심삼고 내가 천정궁의 주인이 된다고 생각하지 않습니다. 주인의 자리에 섰다고 생각하지 않아요. 모든 화살이 천정궁을 향해 있다는 걸 알기 때문에 보다 더 차원 높은 데 가든가 아래로 가든가 해야 되는데 아래로는 갈 수 없는 거예요. 사다리를 아니까 올라가는데 어떤 자리에 올라가느냐?

… 여러분은 통일교회에 들어와서 몇 년씩이 됐어요? 통일교회가 여러분이 건너다닐 수 있는 다리예요, 교량이에요, 사다리예요? 답변하기 힘들지요? 사다리가 참 많습니다, 통일교회에는. 이 말씀들이 전부 다 여러분의 갈 길이에요. 선생님의 설교집 들 가운데 중요한 거예요. 오늘 훈독한 것은 설교한 날짜가 며칟날이에요? 「1970년 2월 16일입니다.」

하나님이 누구이고 하나님의 밀사, 낮의 하나님, 밤의 하나님…. 누시엘을 지은 것은 밤의 하나님인데, 아담 해와를 지은 것은 누구예요? 하나님이 누시엘을 통해서 같이 지었습니다.

여기의 제목이 뭐예요? '천지인참부모 정착', 이 제목이면 다 됩니다. 문 총재의 비밀이 다 들어가 있어요. 그 다음에 '실체말씀 선포'라고 했습니다.

이번에 선생님의 93세와 어머니의 70세 생일을 하나로 맞추기 위해서 얼마나 준비할 게 많은지 몰라요. 여러분은 모르지만 말이에요. 어쩌면 그렇게 될 수 있느냐? 다 그렇게 됐습니다. 한두 가지밖에 안 남았습니다. 다 끝났어요.

다 축복을 진짜로 받아야 돼요, 결혼식 이후에. 알겠어요? 같은 시간이 될지도 모릅니다.

천지에 참부모님의 생신이 필요하고, 그 날에 축복식이에요. 지금까지 축복을 받았지만, 그 축복을 받은 것은 진짜가 아닙니다. 사탄 세계의 그물을 벗어나기 위한 조건이에요. 축복받고, 진짜 뒤집어져야 돼요. 바로 되어야 돼요.

선생님도 1차와 2차의 축복은 했어요. 3차가 마지막입니다. 참부모가 돼 가지고 축복받은 적은 없습니다. 참부모의 결혼식과 생일식인데, 어머니 아버지가 쌍둥이처럼 난 날이 같아요. 여러분이 알아야 할 것은 참부모님의 결혼식이 역사 이래 어떤 왕이나 어떤 왕국의 기념일보다 백배는 성대해야 된다는 거예요.

나는 이제 밤의 하나님과 낮의 하나님을 참부모의 자리에 가서 모실 수 있는 가정과 종족의 길을 다 알고 있어요. 나는 그 길을 가는데 여러분을 못 데리고 갑니다. 아담이 잘못해서 거짓부모가 됐으니 내가 해방시켜 주고, 참부모가 될 때까지 고생하던 모든 길을 참아온 하나님을 해방해야 돼요. 밤의 하나님과 낮의 하나님이 얼마나 내가 크기를 바랐겠노! 얼마나 내가 결혼시켜 주기를 바랐겠노! 몇 천년이 아니라 몇 억만년이에요.… 잘 들어봐요.

우리의 디데이(D-Day)가 멀지 않았어요. 몇 개월이 남았어요? 「1년 5개월이 남았습니다.」 디데이가 옵니다. 그 때는 어떻게 한다고요? 참부모님 이라는 사람이 진짜 결혼해 본 적이 있느냐?

진짜 참부모님이 결혼식을 하는 그 날은 만물뿐만 아니라 죽었던 사람까지 무덤 가운데 썩어진 뼈에 살을 붙여서 나와서라도 구경하고 싶은 거예요. 여러분도 죽었다면 안 그렇겠어요, 그렇겠어요? 여러분의 조상들 중에서 늙어죽은 사람도 몇 천년이나 몇 만년이 됐지만 다시 살아 나와서 참부모님의 결혼식을 한번 축하하고 싶겠어요, 안 하고 싶겠어요?…
참부모님의 결혼식에 관심이 있어요?… 여러분은 언제 결혼할래요? 참부모가 결혼을 못 했는데, 누구한테 축복을 받을래요? 참부모의 결혼식 날이 여러분의 결혼식 날도 되는 걸 알아야합니다.…

그래, 부모님의 성혼식이 있게 될 그날의 같은 시간에 축복해 준다면, 그 이상의 복이 없지! 핏줄이 하나예요. 둘이 아닙니다. 동고동락이에요. 위도 없고 아래도 없고, 크고 작은 것도 없어요. 그냥 그대로예요.…

참아버님은 2011년 9월 2일(92세)당시 그 동안 이 땅에 구세주로 오셔서 참부모로써 하나님의 뜻을 이루시기 위한 사명을 다 하였는가? 라는 일생의 총 결산과 같은 깊은 사고에 잠기시게 되셨다.

내가 참부모로써의 사명을 제대로 완수 하였는가? 완성하였다면 완벽한 100%사명을 다하였는가? 교회문제, 하나님의 조국문제, 가정문제, 자녀문제 등 여러 가지로 아버님 스스로가 검토하신 결과 무엇인가 부족하다는 결론을 내리시게 되신 것이다. 그렇다면 그것은 무엇인가? 그 원인을 찾아도 시원치 않으신 아버님은 고뇌에 고뇌를 거듭하셨다. 아버님은 할 수만 있다면 처음부터 새롭게 출발하여 살아 보았으면 하는 마음으로 결혼을 다시 해야 한다는 결론을 내리셨다. 결혼을 왜 다시 해야 되느냐고 묻는다면 초부득삼의 원리로 추진하시기로 결심하시고 어머니께 세 번째 결혼식을 2012년에 해야 한다고 말씀하셨다. 그날이 바로 기원절이라는 것이다. 그 말씀을 들은 어머님은 결혼식을 세

번 이미 했다고 답을 하셨다.(천정궁 훈독회에서 하셨던 말씀) 사실은 우리도 잘 알고 있듯이 참부모님은 1960년, 2003년, 2009년 세 차례 결혼식을 하셨다. 그러나 아버님은 원리적 명분을 찾아 세우기 위해서는 세 번째는 한 번 더 해야 세 번이라고 말씀하신 것이다. 결과적으로는 2012년으로 예정되어 있었던 기원절(결혼식)은 다음 해로 연장 되었고 아버님은 2012년 9월 3일(천력7/17) 기원절을 173일 남겨두고 성화하셨다. 만약에 1960년 3월 16일(양4/11)의 참부모님의 성혼식이 완벽 했었더라면 그 날이 기원절이 되었을 것이고 세 번이나 결혼식을 하실 필요가 없었을 것이다.

아버님은 내가 진짜 참부모가 되어 축복 받은 적은 없다고 2011년 9월(484호) 통일세계에 말씀하셨다. 우리는 이런 충격적인 아버님의 말씀을 훈독하면서 과연 기원절에 한 번 더 결혼식을 하시면 진짜 참부모가 되는 것인가? 그리고 이것에 대한 답을 아니라고 내렸을 때 어떻게 하면 진짜 참부모가 될 수 있는가?에 대해서도 생각을 다시 해봐야 될 것이 아니겠는가? 저도 이런 의문을 가지고 기도를 해보았고 그 답을 받았지만 여기에서는 다음으로 미루고 이 글을 보는 모든 분들이 생각할 수 있는 기회를 가졌으면 한다. 2011년 9월(484호) 통일세계에 실린 아버님의 말씀을 정독해 보시기를 부탁드린다.

<참고> 통일세계 484호 2011.9.2 / 천정궁 아침 훈독회때 말씀

## 제8절 하나님의 복귀섭리와 상속

태초로 하나님의 섭리를 상속 받아야 했던 아담이 타락으로 인하여 상속을 받지 못했고 그의 자녀들(가인, 아벨)까지도 살인타락을 하므로 말미암아 하나님의 섭리를 상속받지 못한 결과가 되었다.

하나님은 아담에게 주지 못했던 상속축복을 제2아담 예수 그리스도에게(고린15/45) 주시기로 약속 하셨다. 그러나 예수 그리스도는 3대축복 중 제1축복인 개성완성은 이루셨지만 지상에서 해와를 찾지 못하고 제2축복인 번성축복을 이루시지 못했다. 결국 예수님은 제2축복의 출발인 결혼식도 못한 채 개성완성한 실체를 사탄에게 내어 줌으로써 십자가 형틀에서 돌아가시고 말았다.

하나님은 아담과 예수님에게 주셨던 3대축복의 사명을 제3아담으로 오신 문선명 선생님을 통해 이루시려고 하셨다. 제1아담 그리고 제2아담(예수님)도 3대축복을 이루지 못하고 실족했기 때문에 제3아담인 아버님은 그 사명과 책임분담을 완수하시기 위해 원리적으로 빈틈없이 탕감복귀의 길을 가셔야만 하셨다.

우리는 위의 말씀훈독을 통해서 참부모님이신 문선명 선생님께서 제1축복인 개성완성과 가정완성을 완료하신 것으로 충분이 인지할 수 있다. 전지전능하신 하나님께서 상속자인 제1아담과 제2아담(예수님)를 잃어버리신 후 제3아담인 문선명 참부모님을 맞이하기까지 수많은 역경과 혼란을 격고 오셨다. 마찬가지로 참부모님께서 자신의 책임분담은 완료하셨지만 그 승리하신 업적과 하나님의 섭리를 이어 뜻을 성취시킬 수 있는 하나님 앞에 아버님과 같은 상속자 복귀된 아들을 찾는 것이 참으로 중요한 섭리가 아닐 수 없다.

오늘날 참부모님의 후계자 문제로 여러 가지 가슴 아파하며 섭리가 어떻게 될 것인지 미래를 걱정하지 않는 식구가 어디 있을 것인가? 그러나 하나님의 섭리는 하나님의 섭리대로 이어져 갈 것이다. 하나님의 섭리에 맞지 않으면 수정 될 때까지 반복적 섭리가 되풀이 되고 복귀섭리역사는 그렇게 동시성을 그리면서 섭리되었음을 우리는 알고 있다. 그렇다면 하나님의 섭리를 이어 계승받을 수 있는 상속자로서의 자격이란 무엇인가?

**-하나님의 3대 혈통-**
**하나님의 형상적 혈통 (육적 혈통)**
**하나님의 성상적 혈통 (심정적 혈통)**
**하나님의 섭리적 혈통 (정통적 혈통)**

**1) 하나님의 형상적 혈통 (육적 혈통)**

첫째는 육신의 형상과 DNA일체다. 창2/7 여호와 하나님이 흙으로 사람을 지으시고 그 코에 생기를 불어 넣으시니 사람이 생령이 된지라. 하나님의 섭리를 상속 받으려면 말씀으로 수육(受肉)되어 말씀의 실체가 되어야 한다. 그러나 아담과 해와는 하나님의 말씀을 어기고 창3/6 위치를 이탈한 천사의 뜻을 받아 드리므로 육신의 완성 성년식을 맞이하지 못하고 타락하고 말았다. 타락한 아담 해와는 육적인 DNA가 바뀐 것이 아니라 하나님의 심정적 혈통과 섭리적 혈통을 이어받지 못했던 것이다.

창 2/7 여호와 하나님이 땅의 흙으로 사람을 지으시고 생기를 그 코에 불어넣으시니 사람이 생령이 되니라요 14/6 예수께서 이르시되 내가 곧 길이요 진리요 생명이니 나로 말미암지 않고는 아버지께로 올자가 없느니라

요 3/16 하나님이 세상을 이처럼 사랑하사 독생자를 주셨으니 이는 그를 믿는 자마다 멸망하지 않고 영생을 얻게 하려 하심이라

천성경 1241 그래서 여러분이 축복받을 때 혈통전환식을 했지요? 그걸 내 생명보다 더 믿어야 되는 것입니다. 통일교회의 하나의 의식이라고 해서 그저 일반 종교의식으로 생각해서는 안 되는 것입니다. 이것은 죽었던 사람을 회생시키는 주사약과 마찬가지입니다. 해독 주사입니다. (216－107,1991. 6. 9)

천성경 1242 성주식이 무엇 하는 것이냐? 새로운 사랑을 중심삼고 하나님의 몸을 자기 몸속에 투입시키는 의식입니다. 타락한 몸뚱이는 하나밖에 없으니 하나님의 사랑을 중심삼고 바꿔치기 하는 것입니다. 이것이 바로 성주식이라는 것입니다. 예수께서 떡은 내 몸을 상징하는 것이요, 포도주는 내 피를 상징하는 것이니, 너희는 그것을 받아먹고 마셔야 한다고 했던 말과 마찬가지로, 사랑을 중심삼고 하나님의 실체를 중심삼고 새로운 핏줄을 이어 받아 원죄를 씻을 수 있는 식입니다. 이 식을 거치지 않고서는 축복의 자리에 못 나가는 것입니다. 그렇기 때문에 이 식은 혈통을 전환시키는 식입니다. (35－245, 1970. 10. 19)

뜻길 352 하나님의 구원섭리의 목적은 아버지 앞에 양자 아닌 직계의 아들을 찾아 세우는 것이고 그 수속이 어린 양 잔치(祝福)이다.

2) 하나님의 성상적 혈통 (심정적 혈통)

둘째는 하나님의 심정과 일체를 이루어야 한다. 이것이 심정적 DNA 일체다.(심정적 혈통) 그러나 아담 해와는 창2/17 선악과를 따먹지 말라는 하나님의 심정을 헤아리지 못하고 타락했기 때문에 하나님의 심정의 혈통을 상속받지 못한 결과가 되었다.

천성경 1234 혈통적 전환을 이루기 위해서는 아담의 골수까지, 골육의 중심부까지 들어가서 장래 아이가 될 그 씨에 하나님의 사랑과 결속된 승리적 조건을 충족시키지 않고는 하나님의 자녀로 태어날 수 없습니다. 이것은 이론적으로 틀림없다는 것입니다. 성서에 그렇게 해 온 기록이 있다면 성서는 하나님의 말씀이라는 것입니다. (35－163, 1970. 10. 13)

천성경 1236 거듭난다는 것은 마음이 개변돼야 하는 것입니다. 니고데모가 예수님에게 "어떻게 해야 구원을 받을 수 있습니까?" 라고 묻자, "거듭나지(중생) 않으면 안 된다." 고 말했던 것입니다. 그것은 사탄의 자식으로 태어났으니, 구원을 받으려면 하나님의 성령을 받아 다시 태어나야 한다는 말입니다.

천성경 1236 거듭나는 데는 아담과 해와 보다 못해 가지고는 안 되며, 또한 근본복귀도 할 수 없는 것입니다. 거듭나는 데도 개인이 거듭나야 되고 가정, 민족, 국가, 세계가 거듭나야 합니다. 이 사실을 오늘날 기독교인들이 모르고 있습니다. (58－42, 1972. 6. 6)

천성경 1237 돌감람나무에 참감람나무의 접을 붙일 때는 가지를 자르고 그곳에 붙이는 것이 아니라 나무의 밑 둥을 잘라 뿌리만 남겨 놓고 그 위에 붙이는 것입니다. 이 말은 기성교회가 다시 오시는 주님에 의해 기존 체제나 제도, 또는 모든 의식을 바꿔 새롭게 출발하게 된다는 것을 뜻합니다. (축복-244)

천성경 1237 신랑 되시는 예수님의 사랑과 신부 되시는 성신의 사랑이 일체가 된 그 사랑이 나의 뼈와 살과 하나 되어야 합니다. 즉 "내가 너희 안에 있고, 너희가 내 안에 있을 것이다." 라는 예수님의 말씀과 같이 사랑의 심정 기반이 이루어지기 전에는 기독교에서 말하는 중생(重生)이 있을 수 없다는 것입니다.

(114-27, 1981. 5. 14)

천성경 1237 여러분은 중생(重生) 받아야 된다고 말 하지만, 중생 받으려면 예수님을 누구보다도 사랑해야 됩니다. 타락권 내에서, 즉 사탄의 사랑권 내에서 이루어지는 그 어떤 사랑보다 하나님을 중심삼고 이루어지는 사랑이 더 차원 높지 않는 한, 하나님과 연결될 수 있는 길이 없다는 것을 알아야 합니다.

(114-27, 1981. 5. 14)

천성경 1238 간장이 녹아나도록 "신랑 예수여, 오시옵소서!" 라고 2천년동안 부르짖어도 오지 않았습니까? 그러나 몸이 터져 나가고 가슴이 찢어지고, 뼛골이 녹아나는 자리, 몸 안에 있는지 몸 밖에 있는지 모르는 경지, 오직 하나님이나 예수님과만 통할 수 있는 경지에 들어가게 될 때 비로소 성신이 임하는 것입니다.

(114-27 1987. 5. 14)

천성경 1238 혈통전환은 누가 하는 것일까요? 그것은 아무나 할 수 있는 일이 아닙니다. 선생님이 이 일을 하기 위해 눈물겨운 십자가의 길을 걸었다는 것을 알아야 합니다. 이런 기준이 있기에 여러분은 아무 공로 없이 축복이라는 새로운 전통을 잇게 되었습니다. 전환의 승리권을 세우는 데는 수 천년에 이르는 하나님의 노고와, 실체를 중심으로 한 선생님의 고난의 생애가 있었습니다. 이것을 바탕으로 선 곳이 바로 여러분이 서 있는 자리입니다. 축복받는다는 것은 악의 혈통을 잘라버리고 새롭게 접붙이는 것입니다. 접붙임으로서 혈통이 달라지는 것입니다. (35－178, 1970. 10. 13)

천성경 1239 하나님의 심정은 어디서 연결되느냐? 이론으로 연결되지 않습니다. 핏줄을 통해서만이 연결되는 겁니다. 여러분은 하나님의 심정의 핏줄을 받았습니다. 지금까지는 몰랐다는 겁니다. 그래서 여러분이 축복받기 전에 혈통전환식이 있는 겁니다. 그때는 내가 아무것도 없다는 무의 경지에 들어가야 됩니다. 내 몸뚱이는 없다 하는 자리에 서 가지고 부모님의 혈육에 다시 이어받는 결착점이 나로부터 시작된다는 신념을 가져야 합니다.
(180－159, 1988. 8. 22)

천성경 1240 축복가정은 어떤 의미를 갖느냐? 축복가정을 중심삼고 볼 때, 사탄이 축복가정을 지배할 수 없다 이겁니다. 선생님을 완전히 믿고 참부모님께 속했다는 신념을 가지고 어떤 나라에든지 서있게 될 때 사탄이 그것을 침범할 수 없는 겁니다. 왜 그러냐? 부모님의 심정을 중심삼고 혈통전환한 심정권에 연결되어 있기 때문입니다. 그렇기 때문에 여기서부터는 사탄이 손을 못 대는 겁니다.
(149－53, 1986. 11. 2)

천성경 1240 타락 인간은 혈통을 전환해야 됩니다. 이게 근본적인 문제입니다. 하나님과 인간의 관계는 부자의 관계인데, 이러한 모든 것이 미지의 사실로 남아 있었기 때문에 역사가 풀리지 않았고, 지금까지도 하나님의 섭리를 몰랐다 이겁니다. 혈통전환도 개인권, 가정권, 민족권, 국가권, 세계권 전부 다 해야 됩니다. 이것은 메시아가 돼야 하는 겁니다. (161-147, 1987. 1. 18)

천성경 1247 3일행사의 식을 진행할 때 먼저 여자가 기도하는 겁니다. 소생적 아담을 해산하는데 축복이 있어야 됩니다. 그 다음에는 예수시대로 들어오는 겁니다. "예수님과 같은 제2차 아담을 해산하는 축복을 해주시옵소서!" 라고 같은 식을 하는 겁니다. 그래서 두 번을 낳고 나면 예수님 입장인 동시에 완성적인 입장으로 자란 이런 단계로 넘어가는 것입니다. 그때서야 비로소 남편의 자리로 나가는 겁니다. 주체적 자리로 나간다 이겁니다.

(90-134, 1976. 10. 21)

천성경 1250 여러분은 참부모의 진짜 아들딸이에요? 참자녀는 무엇을 중심삼고 말하는 거예요? 참혈통입니다. 물론 참사랑을 통해 인연되지만 이루어지기는 참혈통을 통해 연결되었다는 것입니다. 그렇기 때문에 참혈통을 통해 연결된 것은 어머니 아버지를 닮는 것입니다. 여러분은 선생님을 닮았어요? 여러분의 눈은 새파랗고 나는 새까맣고 머리카락도 다릅니다. 머리카락이 전부 하얗다는 겁니다. 나는 동양 사람이고 얼굴이 편편합니다. 닮는 데는 제일 골자만 닮습니다. 골자만 닮는데 뭘 닮느냐 하면 사탄을 이기는 것하고 하나님을 절대로 사랑하는 것만 닮습니다. 그것만 닮는다는

겁니다. 그래 가지고 사탄을 주관하여 컨트롤한다는 것입니다. (170－237, 1987. 11. 21)

천성경 1251 여러분이 선생님을 얼마만큼 사랑해야 되느냐? 근본문제로 돌아가는 겁니다. 사탄세계의 사랑의 흔적이 있는, 그 사랑이 물든 자리에서 사랑하면 안 됩니다. 그 이상이라야 됩니다. 여러분이 사탄세계에서 태어난 어머니 아버지 처자 그 누구보다도 더 사랑해야 됩니다. 그래서 성경에서 말하기를 "네 처자를 나보다 더 사랑하면 나에게 합당치 않고, 네 어미나 아비를 나보다 더 사랑하면 나에게 합당치 않다." 고 한 겁니다. 전부 그런 결론을 내린 겁니다, 그러면서 나중에는 "네 십자가를 지고 나를 좇으라!"고 했습니다. 십자가를 져야 된다고 했습니다. 반대로 끌고 가는 힘을 누르고 넘어 가려니 십자가입니다. 여기에서 비통한 눈물을 흘려야 됩니다. (178－87, 1988. 6. 1)

뜻길 233 타락한 인간에게 하나님이 구원의 줄은 내려줄 수 있어도 떨어져 내려간 곳까지 직접 가서 끌어내 줄 수는 없다. 그렇기 때문에 내려준 종교의 줄을 잡고 스스로 힘을 다하여 매어 달려야한다. 그것이 심정이다. 그 심정이 얼마나 간절 하느냐에 따라서 거리가 가까워질 것이다.

뜻길 219 상대기준이라는 말은 심정을 두고 한 말이다 완성이라는 것도 바로 심정의 완성을 말하는 것이다.

뜻길 219 통일 신도가 가져야 할 오직 하나의 소유관념은 하나님의 심정이다.

뜻길 227 하나님의 자녀가 되려면 하나님의 심정을 닮아야 한다. 하나님의 심정은 세계에 심겨있다. 그러므로 세계인을 사랑해야 한다.

뜻길 231 심정이라는 것은 사람을 알아만 가지고는 느낄 수 없다. 심정을 알려면 같이 사랑하고 살아봐야 아는 것이다.

천성경 2178 타락한 인간은 그 참부모를 중심삼고 하나님의 심정을 배워야 합니다. 그러면 어느 정도로 심정을 접붙여야 하느냐 하면, 아버지 뱃속에서부터 접붙여 가지고 아버지와 같이 살았다는 조건을 세운 다음, 어머니 뱃속을 통해 태어나 자라면서 부모를 모시고 살아야 합니다. 그러나 그것으로 끝나는 것이 아니라, 아버지 어머니와 같이 살 수 있는 친척과 더불어 사랑의 인연을 맺고, 친척을 중심삼은 종족과 더불어 심정의 인연을 맺고, 그 종족은 민족과 더불어 심정의 인연을 맺고, 그 민족은 국가와 더불어 심정의 인연을 맺고, 그 국가는 세계와 더불어 심정적인 인연을 맺고, 그 세계는 하늘땅과 더불어 심정의 이연을 맺고, 그 하늘과 땅을 통해 하나님 까지 심정의 인연을 맺었다는 기준을 세워야 합니다. 그래야 하나님이 '너는 내 아들이다!' 라고 하지, 자기 자신만을 중심삼고 심정의 인연을 맺은 사람을 하나님께서 내 아들이라고 하지 않을 것입니다. (17-129, 1966. 12. 11)

다시 태어나야 한다는 것은 타락한 아담과 해와의 후손 된 부모의 혈육을 통해서 태어나야 된다는 것이 아니라 타락과 관계없는 부모의 혈육을 통해서 태어나야 된다는 것입니다. 그러지 않고는 하나님께로 돌아갈 수가 없습니다. 죄의 근본은 아담과 해와로 부터 시작되었기 때문에 이것을 밟고 넘어서서, 즉 원죄와 인연이 없는 자리에서 태어났다는 자격을 갖추지 않고는 하나님의 곁으로 돌아갈 수가 없는 것입니다. 하나님이 우리 인류를 구원하고자 할 때 타락권 이하에서는 아무리 구원하려 해봤자 구원이 안 되는 것입니다. 그래서 하나님은 타락하지 않은 아담과 해와 이상의 참된 부모를 이 땅 위에 다시 보내 가지고, 그 부모를 통해서 인류가 다시 해산되는 노정을 거치게 해서 사탄과 영원히 관계가 없게 하시고 사탄이 참소하려야 참소할 수 없게 하시어서, 하나님만이 주관하고 하나님만이 간섭하실 수 있게 하신다는 것입니다. 그런 자리에서 인류가 다시 태어나지 않고는 원죄를 가진 인간이 원죄가 없는 자리로 돌아갈 수 없는 것입니다. (22−269, 1969. 5. 4)

축복 478 오늘날 인류는 하나님의 섭리에 의하여 심정적 전통을 계승한 완성된 인간이 되어야 하는 것입니다. (1972. 5. 7 일본 동경교회)

3) 하나님의 섭리적 혈통 (정통적 혈통)

셋째는 하나님의 말씀의 실체가 되고 하나님의 심정과 하나 되어서 하나님의 섭리의 뜻을 알고 그것을 이루어야 한다. 이것이 섭리적 혈통이다. 그러나 아담 해와은 하나님의 육신의 DNA를 이어 받았음에도 불구하고 사탄의 마음과 거짓사랑으로 하나 되어 타락하고 말았다. 결과적으로 아담 해와는 하나님의 섭리를 전혀 알지 못하고 하나님의 섭리적 혈통을 상속 받지 못했다.

천성경 1548 참된 가정, 참된 부모, 참된 부부, 참된 아들딸이 되어야 합니다. 순결을 지키고 전통적 핏줄을 이어받은 왕자 왕녀는 사탄이 상대할 세계가 없다는 것입니다. (248−242, 1999. 1. 8)

하나님은 제1창조주, 아담은 제2창조주, 손주는 제3창조주입니다. 여기서부터 소생, 장성, 완성, 3을 넘어섬으로 말미암아 정착입니다. 그래서 4차 아담을 세움으로써 전부 다 아담 아들딸로부터 번식해 나가는 것입니다. (295-255, 1998. 9. 8)

하뜻 596 선생님은 지금까지 처량한 일생을 거쳐 왔지만 감사할 일이 가면 갈수록 많아지는 것을 알고 있습니다. 그것이 어디서부터 생기느냐? 가정에서부터 생기는 것입니다. 그래서 선생님이 여러분에게 상속해 줄 것이 무엇이냐 하면 가정적 승리권입니다. 그런 상속을 받을 수 있는 가정은 어떤 가정이냐? 세계를 대표한 가정, 메시아적 사명을 하는 가정입니다. 여러분의 가정은 세계를 대표한 가정으로서 모든 것을 안고 출수 있는 치다꺼리할 수 있어야 합니다. 그리고 세계 만민을 왕래시킬 수 있는 중심 가정이 되어야 합니다. 오색 인종이 그 가정을 파고 들어가려고 하고 그 가정과 관계 맺고 싶도록 해야 합니다. 그런 중심 가정이 되면 만인이 그 가정을 통하게 될 것입니다. 천국도 참다운 중심 가정, 핵심 가정이 없으면 이루어지지 않는다는 것입니다.

천성경 246 참부모 앞에 참자녀로 서기 위해서는 자녀의 개인적인 복귀노정이 있는 것이요, 자녀의 가정적인 복귀노정이 있는 것이요, 자녀의 종족적인 복귀노정이 있는 것이요, 자녀의 민족적인 복귀노정이 있는 것이요, 자녀의 국가적인 복귀노정이 있는 것입니다. 부모의 개인, 가정, 종족, 민족, 국가적인 복귀노정과 자녀의 개인, 가정, 종족, 민족, 국가적인 복귀노정을 완결하여, 부모와 자녀가 일체되어 승리했다는 기준을 세워 놓고서야 비로소 민족복귀를 종결 짓고 세계적인 무대를 향해 새로이 출발할 수 있는 것입니다. 그러면 통일교회의 사명은 무엇이며 여기에 입교한 여러분은 어떤 입장에 있느냐? 선생님을 중심한 이 통일교회에 불려온 여러분은 서러운 6천년 종적역사를 횡적으로, 실체적으로 전개해야 하는 입장에 있는 것입니다. (13-288, 1964. 4. 12)

하뜻 448 타락한 인류 앞에는 복귀의 과정이 남아있기 때문에 그 과정을 부모 될 수 있는 사람이 전부 다 닦아야 되고 그 다음엔 이런 과정을 어떤 중심가정이 나와서 세계를 대표해서 닦아주지 않고는 여러분들 자신이 하나님 앞으로 돌아갈 길이 없다는 것입니다. 그래서 여러분들은 공식노정을 거쳐 가야 됩니다. 공식만 알고 그대로 행하면 풀린다는 것입니다.

하뜻 467~8 내가 이제 죽는다면 나같이 하나님을 사랑하고 나같이 인류를 사랑하는 사람이 이 땅 위에 누가 있을까 하는 염려가 앞섭니다. 그런 의미에서 내가 오래 살아야 되겠다는 것입니다. 선생님은 여러분 가운데서 그런 사람이 빨리 나왔으면 얼마나 좋겠느냐는 눈으로 여러분을 바라보고 있다는 것을 알아야 합니다. 하나님이 이 레버런 문에게 축복을 해주신다면 나는 하나님이 나에게 그런 사람을 주시는 것이 제일 큰 선물이요, 축복이라고 보는 것입니다. 지금까지 불신 받고 수난 당하신 하나님을 대해서 선생님 이상 사랑하고, 선생님이상 인류를 해방해 주기 위해서 노력하겠다는 사람이 이 시간 나온다면 오늘은 영광의 날일 것입니다.

천성경 1250 여러분은 참부모의 진짜 아들딸이에요? 참자녀는 무엇을 중심삼고 말하는 거예요? 참혈통입니다. 물론 참사랑을 통해 인연되지만 이루어지기는 참혈통을 통해 연결되었다는 것입니다. 그렇기 때문에 참혈통을 통해 연결된 것은 어머니 아버지를 닮는 것입니다. 여러분은 선생님을 닮았어요? 여러분의 눈은 새파랗고 나는 새까맣고 머리카락도 다릅니다. 머리카락이 전부 하얗다는 겁니다. 나는 동양 사람이고 얼굴이 편편합니다. 닮는 데는 제일 골자만 닮습니다. 골자만 닮는데 뭘 닮느냐 하면 사탄을 이기는 것하고 하나님을 절대로 사랑하는 것만 닮습니다. 그것만 닮는다는 겁니다. 그래 가지고 사탄을 주관하여 컨트롤한다는 것입니다.
(170-237, 1987. 11. 21)

천성경 250 여러분이 참부모의 심정적인 내용을 얼마나 알고 있습니까? 또, 혈통 문제, 인격 문제, 말씀의 문제, 생활의 문제, 그리고 국가관, 세계관, 천주관이 참부모와 얼마나 하나되어 있습니까? 이것은 여러분이 진정한 의미에서 하나님의 참아들 딸이 될 수 있느냐 하는 문제를 결정짓는 모체가 되는 것입니다. 여러분 자체만 가지고는 불안하기 때문에 어떻게 여러분을 참부모와 연결시키느냐 하는 것이 문제입니다. 근원이 없으면 안 됩니다. 즉, 그 핵심이 없어 가지고는 안 된다는 것입니다. (28-247, 1970. 1. 22)

천성경 243 하나님은 3세대를 원하시는데 이 3세대를 갖지 못했습니다. 1대는 하나님, 2대는 아담과 해와, 3대는 아직까지 갖지 못했습니다. 지금까지 하나님을 중심삼고 인류가 번성하지 못하고 오직 사탄에 속하게 되었다는 것입니다. 그 사탄은 사랑의 원수입니다.
(215-171, 1991. 2. 17)

천성경 236 여러분 가정에서 3대 주체사상의 실체를 갖춘 참형제 참부부 참부모가 나와야 됩니다. 실체 존재입니다. 참형제가 되어야 참부부가 나오지요? 참부부가 나와야 참부모가 나옵니다. 참부모의 자리에 서면, 참부부가 되는 것은 물론이고 참자녀가 되는 것입니다. 부모의 의식, 주체사상을 중심삼고 그대로 대상적인 입장에서 하나 되는 것입니다. 사랑으로 하나 되는 것입니다. 사랑만이 이 모든 것을 화합할 수 있습니다. (201-129, 1990. 7. 1)

천성경 1547 제4아담시대는 자연복귀시대로 진입하는 것입니다. 탕감복귀시대가 끝났으므로 제4아담시대는 여러분의 노력에 의해서 개인 아담권을 승리해 가지고 가정아담권을 넘어 종족아담권, 세계까지 넘어설 수 있는 자유 해방권이 벌어집니다. 이제는 여러분의 가정이 이상적 가정이 되어 부모님과 하나님을 직접 모시고 부모님 대신이 되어야만 합니다. 여러분은 구약시대, 신약시대에 온 메시아, 신약시대를 넘어서 성약시대에 온 메시아, 1차 아담, 2차 아담, 3차 아담의 대신가정이 됨으로 하나님을 모시게 되어 만민이 천국 직행할 수 있게 되는 것입니다. 그렇게 됨으로 제4차 아담권 해방 축복시대로 들어가는 것입니다. 제4차 아담의 시대가 확정되면 축복 2세들은 부모가 직접 축복해 주는 시대가 열리는 것입니다. (298-224, 1999. 1. 8)

천성경 1548 하나님은 제1창조주, 아담은 제2창조주 아담과 해와도 제3창조주를 거쳐 세상에 지상천국 잔치가 벌어지기 때문에 우리 통일교회에 있어서의 제4차 아담권 시대로 넘어가 정착해 가지고 본연의 축복과 만대의 후손이 자기 부모의 전통을 존경하고 후손이 자기 부모의 전통을 존경하고 아들딸이 하나 되어서 천국 들어

갈 수 있는 전환된 세계가 눈앞에 왔다는 것입니다. 절대신앙, 절대사랑, 절대복종위에 절대 유일가정 영원불변의 가정 하나님을 모실 수 있는 영원한 가정이 되어 가지고 그것이 영원한 종족, 영원한 민족, 영원한 국가, 영원한 세계를 이루어 지상천국을 이루고 그것이 천상천국으로 직결되는 하나의 체제를 이루어야 합니다. 하나님에 대해서 손자도 아버지라 하고 아들도 아버지라 하고, 아버지도 아버지라 부르면서 하나님을 동가치적으로 아버지로 모시는 아담과 같은 자리를 만민이 갖게 돼야 합니다. 여러분은 이제부터 조상이 되는 것입니다. (295-255, 1998. 9. 8)

하뜻 92 나는 사람을 끌어 모으려고 노력하는 사람이 아닙니다. 공적으로 살려는 한 사람, 천륜을 위주로 살려는 한 사람, 나의 모든 것을 넘겨줄 수 있는 대표자 한 사람만 찾으면 나는 승리했다고 생각하는 것입니다. 사고방식이 여러분과 다르다는 것입니다.

# 맺는 말

하나님께서는 아담 해와를 중심으로 3대축복이 뜻하는 지상천국과 천상천국을 이루시려고 하셨습니다.

그러나 아담과 해와는 성장과정에서 선악과를 따먹지 말라는 계명을 어기고 타락하였다. 하나님은 가인과 아벨의 제물로 복귀하고자 하였으나 가인이 아벨을 살인하므로 투쟁의 역사가 이어져 나갔다.

하나님은 구원 섭리를 선택하셨고 제2아담으로 예수님을 이 땅에 보내시게 되었다. 예수님은 구세주의 사명으로 오셨으나 하나님의 3대축복인, 생육하고 번성하여 하나님의 선주관권을 이루는 데 실패하였다. 예수님은 아담 대신 생육의 사명은 이루셨으나 번성의 책임은 이루지 못했다. 번성의 사명을 하기 위해서는 아담에게 해와가 있었듯이 예수님에게 신부가 있어야 한다. 예수님은 해와 대신 신부를 찾아가지고 하나님 앞에 서서 축복 결혼을 하여 자녀를 번성해야 한다. 그러나 예수님은 독생자로 십자가에 돌아가심으로 번성의 책임도, 선주권의 세계도 찾아 세우지 못하고 재림을 약속하시게 되었다.

하나님은 제3아담을 이 땅에 보내시게 되었고 그 사명자로 문선명 선생님을 탄생하게 하셨다. 문선명 선생님은 생육의 책임을 다하시고 예수님이 이루지 못한 참가정을 이루셨다. 또한 장성기 완성급의 자리에 축복결혼의 문을 열고 93년이란 생애를 거쳐 4억쌍 이상의 가정을 축복하셨다.

온 인류는 제3아담으로 오신 문선명 선생님에게 축복으로 접붙여서 종적 8단계 횡적 8단계 탕감노정을 본인의 책임분담으로 걸어서 장성기 완성급을 넘어 완성기 완성급까지 가야 한다. 우리는 장성기 완성급까지 참부모님의 은사로 그 자리에 축복은 받았으나 자리축복이고 사람축복은 아니어서 언제든지 책임을 못하면 스스로 물러나야 할 교체대상이었다.

문선명 선생님은 오늘날 통일식구 가정들 때문에 중간영계가 생겼고 나와 여러분들이 같은 날에 새로 축복을 받아야 한다는 말씀을 하셨다.

제3아담 문선명 선생님은 2004년 5월 15일 선문대학교에서 5만 명 집회 때 축복가정들에게 제4차 아담시대를 선포하셨다.

1차 아담과 2차 아담인 예수님은 사명은 같지만 사람은 다르고, 2차 아담 예수님과 3차 아담인 문선명 선생님도 사명은 같지만 사람은 같지 않다. 이와 같이 3차 아담의 사명과 4차 아담이 되어야 할 축복가정의 사명은 같지만 사람은 다르다고 말해야 할 것이다.

제4차 아담시대는 탕감이 없는 자연복귀시대이다. 우리는 신약시대의 메시아와 성약시대의 메시아로 오신 2차 아담, 3차 아담의 대신가정이 됨으로 하나님을 모시게 되면 만민이 천국에 직행할 수 있는 시대가 되는 것이다.

하나님은 제1창조주, 아담은 제2창조주, 손주는 제3창조주가 된다. 소생, 장성, 완성, 3을 넘어섬으로 말미암아 비로소 하나님의 뜻이 이 땅에 정착되는 것이다. 그래서 3창조주인 4차 아담을 세움으로써 하나님의 아들딸들이 번식해 나가는 것이다. 그 자녀들은 아담과 동가치적인 자리에서 하나님을 아버지로 모시게 되고 조상이 되는 것이다.

예수님을 믿으면 천국에 갈 수 있는 것이 아니라 예수님을 믿으면 닮게 되고 모시고 살아야 예수님이 가신 곳에 같이 갈 수 있는 것처럼 우리도 참부모님을 닮아 함께 살다 보면 참부모님의 자녀가 되는 것입니다. 축복받은 4억쌍 모두는 제4차 아담이 되겠습니다. 우리는 제4차 아담이 되는 책임분담의 길을 찾아 가야 하겠습니다.

우리 모두가 개성진리체로서 하나님의 실체가 되고 하나님의 한과 참부모님의 한을 풀어 드리는 효자 효녀가 되기를 바랍니다.

# 참고문헌


◈ 세계기독교통일신령협회 (1978) 「뜻길」 서울 성화사

◈ 세계기독교통일신령협회 (1986) 「하나님의 뜻과 세계」 서울 성화사

◈ 세계기독교통일신령협회 성화사말씀연구소 (1987) 「축복과 이상가정」 서울 성화사

◈ 세계평화통일가정연합 (2001) 「세계통일국 개천일」 서울용산 성화사

◈ 세계평화통일가정연합 (2002) 「천지부모통일안착권 생활권시대」 서울용산 성화사

◈ 세계기독교통일신령협회 (2005) 「천성경」 서울 성화출판사

◈ 세계평화통일가정연합 (2007) 「평화훈경」 서울 성화출판사

◈ 문선명선생 말씀편수위원회 (1984) 「문선명선생 말씀선집1－210권」 서울 성화사

◈ 미국복귀의 챔피언이 되자 「통일세계」 1987, 196, p12－23

◈ 제31회 자녀의 날 「통일세계」 1990, 241, p12－55

◈ 남북통일방안 「통일세계」 1990, 241, p74－81

◈ 한국교회 부흥을 고대합니다 「통일세계」 1990, 241, p129－135

◈ 제17회 칠일절의 섭리적 의미 「통일세계」 2007,434, p38－52

◈ 영원한 축복 참부모님의 성혼식 「통일세계」 2011, 484, p5－9

**김영수 회장 약력** (**연락처** : 010-7597-9807)

| | |
|---|---|
| 1943.3.15 | 충남 부여군 내산면 운치리513 출생 (부:김주현, 모:정복례) |
| 1961.7.21 | 세계기독교통일신령협회 입교<br>(믿음의 어머니:정분옥 권사,기성축복53가정) |
| 1961.12.20 | 동계계몽 참석으로부터 1967년까지의 1차 7년노정<br>하계전도와 동계계몽 공적노정 동참 |
| 1968.2.22 | 430가정 (이계순 여사)축복, 종족적 메시아<br>세계기독교통일신령협회 충남교구 (사업부장, 경리부장, 가정부장) |
| 1969.6.1. | 세계기독교통일신령협회 충남 당진군 지역장 역임 |
| 1972.10 | 통일산업 주식회사<br>(인사계장, 총무과장, 관리부장, 공장장 근무) |
| 1976.2.25 | 성균관대학교 경영행정 대학원 19기 수료<br>(경영 진단사 자격획득) |
| 1991.2 | 세계기독교통일신령협회 경남 창원 사파동 교회장 역임 |
| 1996.8.1. | 세계평화통일가정연합 터키 국가메시아(회장) |
| 2000.4 | 남북통일운동국민연합 공주 부여연합회장 |
| 2004.2 | 선문목회대학원 석사과정 수료 |
| 2004.10.24 | 세계평화통일가정연합 대전교구 중구교역장 |
| 2007.2 | 선문목회대학원 박사과정 수료 |
| 2008.4 | 우간다 분봉왕 |
| 2009.10 | (현) 천주평화연합 대전광역시 중구지부장 |
| 2015.4.29 | (현) 사단법인 남북통일운동국민연합<br>대전광역시 중구회장 |

# 하나님의 천비


| | |
|---|---|
| 초판 1쇄 발행일 | 2016년 11월 24일 |
| 재판 2쇄 발행일 | 2017년 2월 27일 |
| 지은이 | 김영수 |
| 펴낸이 | 정진이 |
| 편집장 | 김효은 |
| 편집/디자인 | 우정민 박재원 백지윤 |
| 마케팅 | 정찬용 정구형 |
| 영업관리 | 한선희 이선건 최인호 최소영 |
| 책임편집 | 백지윤 |
| 인쇄처 | 국학인쇄사 |
| 펴낸곳 | 국학자료원 새미(주) |

등록일 2005 03 15 제25100－2005－000008호
서울특별시 강동구 성안로 13 (성내동, 현영빌딩 2층)
Tel 442－4623 Fax 6499－3082
www.kookhak.co.kr
kookhak2001@hanmail.net

| | |
|---|---|
| ISBN | 979-11-87488-23-1 *93200 |
| 가격 | 13,000원 |